优秀员工最需要的工作理念

SHUISHIGONGSI ★ ★ ★ ★ ★
ZUIXUYAODEREN

谁是公司最需要的人

敬业 忠诚 没借口

张建军 编著

一本给员工指明成长方向的实用经典枕边书

每一个企业都在寻找那些工作敬业，忠诚于公司，
遇到问题不找借口找方法的员工，并以他们的表现来奖赏、重用他们。

jingyezhongchengmeijiekou

中国华侨出版社

图书在版编目(CIP)数据

谁是公司最需要的人 / 张建军编著.—北京：
中国华侨出版社,2010.9
ISBN 978-7-5113-0644-9

Ⅰ.① 谁… Ⅱ.①张… Ⅲ.①企业–职工–职业道德
–通俗读物 Ⅳ.①F272.92–49

中国版本图书馆 CIP 数据核字(2010)第 168092 号

谁是公司最需要的人

编　　著 / 张建军
责任编辑 / 文　心
责任校对 / 胡首一
经　　销 / 新华书店
开　　本 / 787×1092 毫米　1/16 开　印张/19.5　字数/ 336 千字
印　　刷 / 北京溢漾印刷有限公司
版　　次 / 2010 年 11 月第 1 版　2010 年 11 月第 1 次印刷
书　　号 / ISBN 978-7-5113-0644-9
定　　价 / 33.00 元

中国华侨出版社　北京市安定路 20 号院 3 号楼　邮编:100029
法律顾问:陈鹰律师事务所
编辑部:(010)64443056　　64443979
发行部:(010)64443051　　传真:(010)64439708
网址:www.oveaschin.com
E-mail:oveaschin@sina.com

前　言

　　小和尚在一座寺庙里负责撞钟。他觉得早晚各撞一次钟，单调重复，谁都能做，并且钟声只是寺院的作息时间，没什么大的意义。就这样，他抱着"做一天和尚，撞一天钟"的态度敲了半年多。

　　有一天，方丈宣布调他到后院挑水劈柴。小和尚很不服气地问道："让我去干挑水劈柴的重活，难道是我撞的钟不准时、不响亮吗？"

　　方丈告诉他说："你的钟撞得很响，但是钟声空泛、疲软，没什么力量。因为你心中没有认识'撞钟'这项看似简单的工作所代表的深刻意义。"

　　"钟声不仅仅是寺里作息的准绳，还是为了唤醒沉迷的众生。因此，钟声不仅要洪亮，还要圆润、浑厚、深沉、悠远。心中无钟，即是无佛。不敬业，不虔诚，怎能担当神圣的撞钟工作呢？"小和尚很惭愧，默默地向后院走去。

　　这个故事对于工作着的人的启示就是：一个不忠诚、不敬业、寻找借口的人是不会很好地完成工作的，因此，他们总是在失业。

　　那么，谁是公司最需要的人呢？那些工作敬业、忠诚于公司、遇到问题不找借口找方法的员工，这样的员工才是公司最需要的人。

一、工作敬业

　　敬业，是一种高尚的品德。它表达的是这样一种含义：对自己所从事的职业怀着一份热爱、珍惜和敬重，不惜为之付出和奉献，从而获得一种荣誉感和成就感。可以说如果社会各个行业的人们都具有敬业精神，我们的社会就会更加文明进步，更加充满生机和活力。敬业精神，是和兢兢业业、精益求精的工作态度联系在一起的，是和诚实守信、质量效率联系在一起的。

　　对绝大多数人而言，事业是你生命中最重要的部分。因此，敬业是一种人生态度，是珍惜生命、珍视未来的表现。我们每个人都有责任、有义务、责无旁贷地做好每一项工作，我们都应该为之尽一份心、出一份力。

二、忠诚于公司

在一项对世界著名企业家的调查中，当问到"您认为员工应具备的品质是什么"时，他们几乎无一例外地选择了"忠诚"。比尔·盖茨这样说道："怎样才算是一名优秀的员工呢？作为一个独立的员工，你必须与公司制订的长期计划保持步调一致，忠诚于自己的公司。"一个忠诚的人十分宝贵，这样的人走到哪里都有一条大路向他们敞开。相反，一个人即使能力再强，如果缺乏忠诚，也往往被拒之门外。

忠诚是一种责任，是一种义务，是一种操守，是一种品格。在工作中，我们要忠诚于公司，忠诚于老板，忠诚于客户，忠诚于同事，忠诚于自己。

三、遇到问题没借口

我们经常可以碰到这样的情况，遇到一些自己不愿干或不想干的事情，找个理由替自己推脱——"没有时间"；看到一些成功人士的事例，想到自己一事无成，找个理由自我安慰——"别人的机遇好，而自己不走运"……如果我们真的想做一件事，想得食不甘味，夜不能寐，就一定会去做，而且一定会做好。

每一个借口都是自欺欺人的。在某些时候与某种程度上，这些借口看起来只是拿来应付别人、推诿别人而已，可认真想想其实是自己拿来当做原谅自己，推卸自己应负的责任和应尽的义务的理由。在你每找一个借口的同时，你也不经意间失去了一次机会。

遇到问题不找借口找方法，实际上是自己向自己挑战，是为自己寻找走向成功的阶梯。

美国前教育部长、著名的教育家威廉·贝内特说："工作是我们要用生命去做的事。"每一位职场人士都是在为自己工作，都是在为自己的幸福工作。幸福、美好的人生源于忠诚、敬业、没借口的工作习惯和工作准则。希望本书能给您带来一定的启迪，在工作中赢得上司的赏识和重用。

书中谬误之处，敬请批评指正！

目　录

第二部分　　忠　诚

写在前面的话

目录

第三部分　没借口

写在前面的话

第一部分　敬　业

写在前面的话

　　为什么现在有许多企业找不到合适的员工，而许多人在失业，找不到合适的工作？主要原因是由于大部分人在工作中缺乏"敬业精神"。无敬业精神者必无真才实学，下岗是必然结果。所以敬业精神是社会的需要、个人和家庭的需要，也是适应未来竞争机制的需要。这么多的迫切需要，也必是一种时代气息和时代呼唤。

　　什么是敬业精神？敬业精神是以明确的目标选择、朴素的价值观、忘我投入的志趣、认真负责的态度，从事自己的主导活动时表现出的个人品质。敬业精神是做好本职工作的重要前提和可靠保障。

　　当2003年非典袭来的时候，许多医护人员、科研人员冒着生命危险主动投入到救治病人和探寻病因的战斗之中，不辞艰辛，日夜鏖战。他们为什么能够有如此的勇气和热忱？广州呼吸疾病研究所所长钟南山，被记者问到为什么主动提出把危重病人集中到自己这里来，为什么如此年龄还不顾安危每日到病房亲自查看病人？他的回答很简单："我要找到那个未知数。"许多医生和护士也是这样回答的："我们的职业就是治病救人，既然选择了这个职业，就没什么可说的。"没有多少豪言壮语，但这些简单朴素的语言令人肃然起敬。

　　敬业，是一种高尚的品德。它表达的是这样一种含义：对自己所从事的职业怀着一份热爱、珍惜和敬重，不惜为之付出和奉献，从而获得一种荣誉感和成就感。可以说如果社会各个行业的人们都具有敬业精神，我们的社会就会更加文明进步，更加充满生机和活力。敬业精神，是和兢兢业业、精益求精的工作态度联系在一起的，是和诚实守信、质量效率联系在一起的。

　　敬业精神是支撑现代社会的精神支柱之一。它是人们对自己所选择的职业的高度认同和热爱，同时也是社会责任感的具体化，因而是一种发自内心的持久的动力，而不是一时的激动和热情。它是一种职业素质、职业精神的表现，是一种做人做事的境界。对于一个社会来说，一定人群达到这种境界是需要很多条件的，也需要很长时间和多方面的努力。

对绝大多数人而言，事业将是你生命中最重要的部分。因此，敬业是一种人生态度，是珍惜生命、珍视未来的表现。我们每个人都有责任、有义务、责无旁贷地去做好每一项工作，我们都应该为此尽一份心、出一份力。敬业，离不开对自己工作的认真思考和奉献。

"不以善小而不为，不以恶小而为之"，我们要脚踏实地，从现在做起，从身边做起。在我们的身边经常有这样的事，当你被吩咐去做某事或需要其他部门的人协助时，你或他也许会睁大眼睛，满脸狐疑地问经理："怎样做？""这事我不知道啊？"很少去思考其实有很多事情都是我们以前不曾碰到过的，但如果我们不去思考，不主动去做，而只是简单地重复过去，我们怎能谈得上提高呢？

随着社会生产力的发展，社会分工将越来越细。现代社会就像一部复杂的大机器，每一份工作犹如机器中的一个部件。如果哪一个部件不正常运转，就势必影响全局，最后也将事关具体部件的生存期限。

由于逆反心理的作用，许多人忽略甚至蔑视敬业精神，但敬业精神的最大受益人是敬业者自己，这是社会发展的必然规律，决无半点牵强。

首先，成才与否的关键在于是否具有敬业精神。"业精于勤，荒于嬉"。敬业者因为不愿虚掷光阴，为了胜任工作，他们调动自己的聪明才智，补基础、查资料、练技术、攻难关，为学而做，做中求学，那么在学识和业务上的进步才能与日俱增。在业务上的不断进步，必将使职称和职务获得持续晋升，这是水到渠成的必然规律。有些人靠投机取巧和运气巧合而获得晋升，但这些人晋升只能是短暂和不连续的。因为纸终究包不住火，只有真金才不怕火炼。

其次，社会、单位、家庭和亲友都需要敬业者。社会呼唤敬业者，单位的领导和同事都喜欢会做事的人。在经济社会中单位都需要能人为它做事和赚钱，以维持发展。同事们希望得到你在业务上的帮助和指导；家庭期待着你的进步和成绩；亲友们希望在必要时得到你的帮助和支持。所以敬业者将拥有很好的人缘并受人尊敬。

J·H·罗宾斯说："敬业，就是尊敬、尊崇自己的职业。如果一个人以一种尊敬、虔诚的心灵对待职业，甚至对职业有一种敬畏的态度，他就已经具有敬业精神。但是，他的敬畏心态如果没有上升到敬畏这个冥冥之中的神圣安排，没有上升到视自己职业为天职的高度，那么他的敬业精神就还不彻底、还没有掌握精髓。天职的观念使自己的职业具有神圣感和使命感，也使自己生命信仰与自己的工作联系在了一起。只有将自己的职业视为自己的生命信仰，那才是真正掌握了敬业的本质。"

一　工作中无小·事

　　工作满意的秘密之一就是能"看到超越日常工作的东西"。一旦心情愉快起来，就会全身心投入，本来你觉得乏味无比的事情就会变得妙趣横生。这正是工作的本质所在。

　　细节决定成败，小事决定大事。百姓开门七件事，柴米油盐酱醋茶，没有一个是经国大计，但任何一个当政者都不能忽视。一颗马掌钉决定了一场战争的胜负就是最好的例子。

　　未来最终改变我们这个世界、影响人们生活的，不在宇宙，乃在毫微。小的不仅仅是美好，而且关键时刻它孕育一种与命运相关的改变。

1.端正工作态度

本来事业并无大小之分。大事小做，大事变成小事；小事大做，则小事变成大事。

——陶行知

人们通常的理解是：工作给人尊严。诚然，这是对的，但这只是硬币的一面。其实人也能给工作以尊严！没有不重要的工作，只有看不起自己工作的人。

千万不要轻视自己的工作，要知道，工作是实现自我的必由之路！

世界上没有卑微的工作，只有卑微的工作态度，只要全力以赴地去做，再艰难的工作也会变成最出色的工作。就像希尔顿说的那样："世界上没有卑微的职业，只有卑微的人。"

这就是问题的症结。如果你只把目光停留在工作本身，那么即使从事你最喜欢的工作，你依然无法持久地保持对工作的热情，而如果在拟定合同时你想的是一个几百万的订单，搜集资料、撰写标书时你想到的是招标会上的夺冠，你还会认为自己的工作百无聊赖、枯燥无味吗？

工作满意的秘密之一就是能"看到超越日常工作的东西"。一旦心情愉快起来，就会全身心投入，本来你觉得乏味无比的事情就会变得妙趣横生。这正是工作的本质所在。

假使你决意做每一件事，并且竭尽全力，你对工作就不致产生厌恶或痛苦的感觉。一切全视你的精神和你的态度。积极、昂扬的精神可以使最艰难的工作变得趣味横生，颓废的精神可以使人对于最高尚的事务产生厌恶的感觉。

一个不重视自己工作的员工，他就不能尊敬自己；一个不认真对待工作的员工，他的工作肯定做不好。如果你轻视自己的工作，那么，老板也会因此而轻视你。

　　作为员工，不要幼稚地认为对工作的玩世不恭会瞒得过老板的视线。老板们或许并不了解每个员工的表现，熟知每一份工作的细节，但是一位聪明而精明的老板很清楚轻视工作带来的结果是什么，从而明智地根据他的认真程度，做出对他的判断。可以肯定的是，老板赞许和赏识的，决不会落在这些员工身上。

　　有些工作只从表面看，也许索然无味，一旦深入其中，你就会认识到其不同凡响的意义。因此，当老板交付你一项差劲的工作时，你可试着从工作本身去理解它、认识它、看待它。当你从平凡表象中，洞悉其中不平凡的本质后，你就会从卑微的境况中解脱出来，厌恶感也会烟消云散。

　　佐拉和爱德华是同班同学，两人大学毕业后，恰逢英国经济萧条，都找不到适合自己的那份工作，于是他们降低了求职要求，到了一家工厂去应聘。碰巧的是，这家工厂缺少两名保洁员，问他们是否愿意干。爱德华略思片刻，便下定决心干这份工作，因为在他的心底里，是不情愿靠领取社会救济金来维持生计的。

　　尽管佐拉压根儿看不上这份工作，但他也愿意留下来与爱德华一起干一段时间。因此，出于这种心态，他上班拖拖拉拉，懒惰散漫，每天打扫卫生时慢条斯理，敷衍了事。起初的一段时间里，老板认为他刚大学毕业，缺乏生活锻炼，加之恰逢经济萧条，也就同情这位大学生的遭遇，于是便原谅了他。然而，佐拉心窝子里对这份保洁工作抱着很强的不满情绪，每天都在应付，缺乏积极主动性。结果，刚干满三个月，他便彻底打消了继续做保洁工作的念头，辞职后又回到社会上，重新开始求职。当时，各工厂企业都在裁员，哪里还有适合他的工作呢？因此，他不得不依靠社会救济金度日。

　　与此形成鲜明对照的是，在工作中，爱德华完全把自己当做一名保洁员，每天把办公室、过道、车间、场地都打扫得干干净净。不到半年，因为他工作认真负责，老板便安排他做高级技工的学徒。一年后，他成为一名技工。尽管如此，他依然抱着一种认真负责的态度，在工作中不断求进步、求发展。两年后，经济萧条的局面稍稍稳定后，他便成为老板的助理。

　　通用人力资源负责人曾经这样说："我们在分析应征者能不能适合某项工作时，经常要考虑他对目前工作的态度。如果他认为自己目前的工作很重要，我们就会觉得他很重要，即使他对目前的工作不满也没有关系。这个道理很简单，如果他认为他目前的工作很重要，他对下一项工作也可能抱着'我以工作成就为荣'的态度。我们发现，一个人的工作态度跟他的工作效率确实有很密切的关系。"

　　就像你的仪表一样，你的工作态度，也会对你的领导、同事、部属以及你所接触的每一个人表现出你的内心世界、你的价值取向。

　　这也就是说，你认为你怎样就会怎样。因为你的思想不知不觉会使你变成你所想的那样，你对工作没有热情，表现得很消极，那你就不可能在工作上取得任何成就。如果你认为你很虚弱，你的条件不足，会失败，是二流货色等等，这些想法会注定你平平庸庸地度过一辈子。

　　反过来，你如果认为自己很重要，有足够的条件，是第一流的人才，自己的工作也确实很重要，那么你很快就会迈上成功之路。

2.注意你在办公室里的言行

每个人都有自己的位置。任何人都是用两条腿走路的，但步态各不相同。

——阿·巴巴耶娃

置身于办公室的人，难免与同事或上司发生某些磕磕碰碰，进而形成某种分歧和误解之类的纷扰，处理不好，就会造成自己的心态失衡，情感受挫；同时也容易恶化办公室的人际关系。那么，怎样才能平息冲突、恢复办公室人际关系的和谐呢？

以下是办公室里要遵守的黄金定律：

（1）.最次排在倒数第二的位置上

知道在自己之后，还有一个排在最末位置上的同事，而且要为所有在他面前出现的错误、疏忽负责任，实在是一件令人安慰的事——只要那个人不是你。不是现在时兴末位淘汰吗？你只要最次保住你倒数第二的位置就够了。假如你身处最末一位的层级，赶紧实施紧急救助，逃将出来。如果你已经在外面，请谨慎，不要再踏进去。

（2）.该闭嘴就闭嘴

有时候，你会突然发现自己身处颇为微妙的境遇：当两个或更多的彼此看不顺眼的人几乎就要起言语冲突时，你刚好就在"现场"。对未经训练的耳朵来说，他们似乎是在争论有关工作上的小事。但是，你要知道这只是表面现象，根本原因在于这两个人根本就彼此讨厌对方。你一定要克服想插嘴的渴望，紧紧地闭上你的嘴。基本上，无论你说什么都将是错的，不是因为你缺乏解决方案或是社交技巧，而是因为没有人会在这时候喜欢裁判员。在这个多变的人际关系"化学世界"中，等到酸碱完全中和，再有所"动作"。

（3）.避免完成别人的句子

我们了解这样的冲动，你想要向别人展示你是如何地与他们思路契合。但是，假如你真的与他们的思路相契合，那么你就该知道，他们多喜欢听自己说话。从在淋浴时唱歌，到在你的答录机上留下一长串的信息，再到在一个会议中把同样一件事情用不同的方法讲五遍，人们似乎永远都不会厌倦自己。假如你够聪明，你就该让他们一偿"夙愿"。假如你需要让别人知道你仍然醒着，只要不时简单地发出"嗯"或"对"就可以了，你将会被称赞是个不只会听人说话，而且还了解别人的人。

（4）.寻找一个容易解决的难题

你天生具有实现自我价值的冲动，但就是懒惰。那么你最好的赌注是去寻找一个容易解决的难题，并且把它给解决，而不是在那寒冷残酷的世界中，搜寻一个真正难以驾驭的难题。什么事是你恰巧碰上，或是无意间已经尝试过了的？也许就是在你已经准备好的一份电脑文件上，再做点小变动；或者只是为特定市场找到现成的普查资料。先请求你的老板提供协助，但是要在他有机会回应之前，就把问题给"解决"了。以这种方式，你将会在投入最小努力的同时，建立起善于应变、自觉、自强的名声。在巧妙地填上你所建立的"空格"后，你将被视为成功的连锁经营商。

（5）.别兴风作浪

除非你正在海滨，或是在一场球赛当中，否则，你千万别"兴风作浪"。在海滨时，你可以冲浪；在球赛中，你可以加入啦啦队的行列；但是在办公室，你将会被淹没在其中。虽然总是会有意外，但是并不需要冒着被呛水的危险去"游泳"。

（6）.让别人认为有别的工作在等着你

在上司与同事的眼中，不会有比自愿离职更有身价的表现了。那就是为什么你必须要看起来总是像要离职，或者是至少正在考虑的样子。如果你的工作业绩已经受到上司认可，那么你成为前雇员的可能性，将提供给你更多加薪、晋升以及受尊重的机会。这是你正在寻找工作的暗示。当你的这类努力刚巧在会议上达到最高境界时，如果更高层主管忽然愿意提供你同样高境界的工作机会，对此你不必感到特别惊讶。

3.办公室生存法则

用智则暴露锋芒，用情则随波逐流，固执则难以通融。总之人世难处。

——佚名

每天出入办公室的人们，日出而作，日落而息，务求在工作上得到成就是最大的目标，以下"招数"，能帮助你在处理工作时游刃有余，得心应手。

（1）.尊重别人的私人空间

在办公室里，私人空间是很宝贵的，必须受到尊重。"打搅的"、"不好意思"是有求于人或打断别人工作时必不可少的话。另外，谨记先敲门再进入别人的办公室，不要私自阅读别人办公室上的信件或文件，或未经许可而翻阅别人的名片盒。

（2）.讲究办公室礼仪

1）电话：若你要找的同事恰巧不在，别让他的助理替你记下一大段口信，应请他转拨至电话录音，留下你的姓名、内线、简单的内容，然后挂线。

2）复印机：当你有一大叠文件需要复印，而轮候在你之后的同事只想复印一份时，应让他先用。如果复印纸用完，谨记添加；若纸张卡塞，应先处理好再离开，如不懂修理，就请别人帮忙。

3）走廊：如非必要，别打断同事间的对话。假如你已经打断，应确保原来的同事不被忽略。

3.保持清洁

1）办公桌：所有食物必须及时吃完或丢掉，否则你的桌子上有可能会变成苍蝇密布的垃圾堆。

2）如果有公共厨房：别将脏了的咖啡放在洗碗池内，也不要将糊状或难以辨认的垃圾倒入垃圾箱。此外,避免用微波炉加热气味浓烈的食物。若菜汁四溅,谨记抹干菜汁后再离开。若你喝的是最后一杯水,请添补。

3)洗手间:如厕后谨记冲厕并确保所有"东西"已被冲走。若厕所纸用完,请帮忙更换新的。废物应准确抛入垃圾桶。

(4).有借有还

假如同事顺道替你买外卖,请先付所需费用,或在他回来后及时把钱交还对方。若你刚好钱不够,也要在第二天还清,因为没有人喜欢厚着脸皮向人追讨金钱。同样地,虽然公司内的用具并非私人物品,但也须有借有还,否则可能妨碍别人的工作。

(5).严守条规

无论你的公司如何宽松,也别过分从中取利。可能没有人会因为你早下班15分钟而责备你,但是,大模大样地离开只会令人觉得你对这份工作不投入、不专业,那些需超时工作的同事反倒觉得自己多事。此外,也别滥用公司给你应酬用的资金作私人用途,如打长途电话。

(6).不要人云亦云,学会发出自己的声音

老板赏识那些有自己头脑和主见的职员。如果你经常只是别人说什么你也说什么的话,那么你在办公室里就很容易被忽视,你在办公室里的地位也不会很高了。有自己的头脑,不管你在公司的职位如何,你都应该发出自己的声音,应该敢于说出自己的想法。

(7).守口如瓶

即使同事在某项工作上的表现不尽如人意,也不要在他背后向其他人说起,说是道非最容易引起同事们的不信任。道理非常简单:当某同事在你面前说别人是非时,难道你不会怀疑他在其他人面前如何议论你?

上司通常极其厌恶是非。你向上司打小报告只会令他觉得虽然你是"局内人",却未能专心工作。假如上司将公司机密告诉你,谨记别泄露一字半句。

(8).不要成为"耳语"的散播者

耳语,就是在别人背后说的话,只要人多的地方,就会有闲言碎语。有时,你可能不小心成为"放话"的人;有时,你也可能是别人"攻击"的对象。这些耳语，比如领导喜欢谁，谁最吃得开谁又绯闻等等，就像噪音一样，影响人的工作情绪。聪明的人，要懂得该说的就勇敢地说，不该说的就绝对不要乱说。

（9）.切忌插话

别人发表意见时中途插话是一件极没有礼貌的事情，更影响你的信誉和别人对你的印象。在会议中（或任何时候），请留心别人说的话。若你想发表意见，先把它记下，待适当时机再提出。

（10）.办公室互诉衷肠

我们身边总有这样一些人，他们特别爱侃，性子又特别直，喜欢向别人倾吐苦水。虽然这样的交谈能够很快拉近人与人之间的距离，使你们之间很快变得友善、亲切起来，但心理学家调查研究后发现，事实上只有1%的人能够严守秘密。所以，当你的生活出现个人危机，如失恋、婚变之类，最好还是不要在办公室里随便找人倾诉；当你的工作出现危机，如工作上不顺利，对老板、同事有意见有看法，你更不应该在办公室里向人裸露胸襟，任何一个成熟的白领都不会这样"直率"的。自己的生活或工作有了问题，应该尽量避免在工作的场所里议论，不妨找几个知心朋友下班以后找个地方好好聊。

（11）.别炫耀自己

如果你的专业技术很过硬。如果你是办公室里的红人，如果老板非常赏识你，这些就能够成为你炫耀的资本了吗？骄傲使人落后，谦虚使人进步。再有能耐，在职场生涯中也应该小心谨慎，强中自有强中手。倘若哪天来了个更加能干的员工，那你一定马上成为别人的笑料。倘若哪天老板额外给了你一笔奖金，你就更不能在办公室炫耀了，别人在一边恭喜你的同时，一边也在嫉恨你呢！也不要在肥胖的同事面前自夸"吃什么也不会胖"，这样只会令别人疏远你。

4.小事决定大事

工艺上的小差异往往显示民族素质上的大差异。

——张瑞敏

当今社会最让人惊慌害怕的是什么?是肉眼看不到的细菌,是至今人们找不到因由的癌细胞,是一些无法医治的病毒。

历史记载的许多胜者为王败者为寇,兴兴衰衰朝代事,感人的都是那些生在枝枝杈杈间曲环交错的细节。有些片段,当时看着无关紧要,后来事实上却牵动了大局。历朝历代发生的"巨堤容蝼"而致"漂邑杀人","突泄一星"而致"焚宫烧积"的事,实在太多了。

国王理查三世准备与敌军决一死战,因为这场战斗的胜者将统治英国。

战斗进行的当天早上,理查派马夫去备好自己最喜欢的战马。

马夫对铁匠说:"快点给它钉掌,国王希望骑着它打头阵。"

铁匠回答:"你得等等,我前几天给国王全军的马都钉了掌,现在我得找点儿铁片来。"马夫不耐烦地叫道:"我等不及了,敌人正在向我军推进,我们必须在战场上迎击敌兵,有什么你就用什么吧。"

铁匠埋头干活,钉了三个掌后,他发现没有钉子来钉第四个掌了。"我需要一个钉子,"他说,"得需要点儿时间砸出一个。"

马夫急切地说:"我告诉过你我等不及了,我听见军号了,你能不能凑合一下?"

"我能把马掌钉上,但是不能像其他几个那么结实。"铁匠说。

"能挂住吗?"马夫问。

"差不多能,"铁匠回答,"但我没太大把握。"

"好吧,就这样,"马夫叫道,"快点,要不然我们得挨罚的。"马掌钉好后,马夫将战马牵到国王面前。

两军交锋,理查国王冲锋陷阵,鞭策士兵迎击敌人:"冲啊,冲啊!"

他还没走到一半,突然,一只马掌掉了,战马跌翻在地,理查也被掀倒在地上。

国王没有再抓住缰绳,惊恐的畜生就跳起来逃走了,理查环顾四周,他的士兵们见国王倒下了,便纷纷转身逃跑。敌人的军队包围了上来。不一会儿,敌人的士兵俘获了理查,战斗结束了。

从那时起,人们就说:少了一个铁钉,丢了一只马掌;少了一只马掌,丢了一匹战马;少了一匹战马,败了一场战役;败了一场战役,失了一个国家。

这次战斗的损失都是因为少了一个马掌钉。

细节决定成败,小事决定大事。百姓开门七件事,柴米油盐酱醋茶,没有一个是经国大计,担任何一个当政者都不能忽视。一颗马掌钉决定了一场战争的胜负就是最好的例子。

任何庞然大物,都不忽略小,只有小,才是最具繁衍力的。近代尽人皆知的重大发明、发现,从苹果落地发现地心引力,到开水冒气引发的蒸汽机的利用,无不是由偶发思端的小事影响整个世界的。正是由于近代科学发现了最小的物质颗粒——电子、质子、中子、光子,人类才浩荡地走过 20 世纪,快速发展到今天。微电子技术的诞生和发展,是从最初集成电路只包含几个、几十个元器件,发展到一个小小硅片上可以制作出几十万个、上百万个元器件,形成微型电子电路的。正是这个微型电子电路,带来当今世界飓风般的各种生产方式大规模乃至超大规模变化。

可见,未来最终改变我们这个世界、影响人们生活的,不在宇宙,乃在毫微。小的不仅仅是美好,而且关键时刻它孕育一种与命运相关的改变。

5.追求细节上的完美

　　如果你热爱工作，你每天就会尽自己所能力求完美，而不久你周围的每一个人也会从你这里感染这种热情。
　　　　　　　　　　　　　　　　　　　　　　　　　　——山姆·沃尔顿

　　成功者与失败者之间到底有多大差别？人与人之间在智力和体力上差异并不是想象中的那么大。很多小事，一个人能做，另外的人也能做，只是做出来的效果不一样，往往是一些细节上的功夫，决定着完成的质量。

　　米查尔是一位著名的雕塑家。

　　有一天，米查尔在他的工作室中向一位参观者解释为什么自这位参观者上次参观以来他一直忙于一个雕塑的创作。他说："我在这个地方润了润色，使那儿变得更加光彩些，使面部表情更柔和了些，使那块肌肉更显得强健有力；然后，使嘴唇更富有表情，使全身更显得有力度。"

　　那位参观者听了不禁说道："但这些都是些琐碎之处，不大引人注目啊！"

　　米查尔回答道："情形也许如此，但你要知道，正是这些细节使整个作品趋于完美，而让一件作品完美的细小之处可不是件小事情啊！"

　　那些成就非凡的大家总是于细微之处用心、于细微之处着力，这样日积月累，才能渐入佳境，出神入化。

　　成功的标准，就是追求细节上的完美，这是成功者的要求，也是成功者的想法。如果你能这样想，无论你做什么，品质都很好，都不会自满。因为很少有东西是完善的，即使是最好的产品都有缺陷。

　　然而，无论在公司或组织中，就是因为你设立这样一个完美的目标，可以提升每一个人重视品质的意识，使每个人做事都变得非常认真，因为每个人都在研究，要怎样把事情做得更完美。

只要你追求细节上的完美，就可以保证你成功。而世界上为人类创立新理想、新标准，扛着进步的大旗、为人类创造幸福的人，就是具有这样追求完美无缺素质的人。无论做什么事，如果只是以做到"还可以"为满意，或是半途而废，那就很难成功。

　　在工作中应该追求完美、满分。不完整的工作成果只会使别人麻烦，对自己也没有成长的好处。

　　人类的历史有不少悲剧，都是那些工作不可靠、不认真的人苟且作风所造成的。无知与轻率所创造的祸害，不相上下。许多青年人的失败，就在这"轻率"的一点上。他们念念不忘的，是想寻得较高的位置，较大的机会，使自己有"用武之地"。他们常对自己这样说："我们在平凡、渺小的职务下，枯燥、机械的工作，有什么意义呢？那真是不值得去拼搏！"因此，他们的工作，往往需要他人的审查、校正。这样的人，难于升到优异的位置上。

　　但是，凡是出类拔萃的青年，对于寻常、细微的每件事，都能认真思考，不肯安于"还可以"或"差不多"，必求其尽善尽美。他们能在简单、平凡的工作岗位中，看出与造成大机会来。他们比一般人更敏捷，更可靠，自然能吸引上级的注意，博得领导的赏识。他们每做完一件事，都能勇敢地对自己说："对于这份工作，我已尽心尽力，可以问心无愧。我不但做得'还好'，而且在我能力范围内做到了'最好'。对于这份工作，我能够经得起任何的人检查批评。"

　　巴尔扎克有时一星期时间只写成一页稿纸，但他的声誉，却远非近代的某些不严肃的作家所能企及。狄更斯不到预备充分时，不肯在公众前读他的作品。这些都是人们务求尽善尽美的美德。然而不少人对于职务、工作的苟且、潦草，借口时间不够，这是不对的。因为，时间足够使我们把每件事情办得更好。

　　追求完美的过程，不可能一步到位，因此不能急于求成。不管任何事，任何人都无法一次做到尽善尽美，要反复、一次又一次地实践，不要老顾盼自己离"完美"还有多远，现在可以打多少分，这样不好。成功需要靠时间和努力的点滴积累，把"完美"当做一种目标装在心里，然后埋下头，专注于自己的工作。在达到完美境界的过程中，有许多人为的因素，也有很多现实生活中不能克服的障碍。但是，如果我们无法坚持不做自己不清楚的工作的基本信念，就会因为工作量或处理产品件数的增加，而顾此失彼。现在某些公司就因非常坚持这个原则而大有发展。这类公司只要自己的产品有点瑕疵，不管是谁订的，或订的是什么货，在什么状况下，都不会贸然出货。即使因此使同行抢先了一步也没有关系，这是他们坚持的方针。换句话说，就是希望自己的货都是完美的。

做事干净利落，不拖泥带水，该做的事尽早去做，该了结的尽快了结，有这种工作和生活习惯的人，处处会受到别人的信赖和喜爱。追求细节上的完美，这是事业成功的因素，也是个人魅力的展露。

二 你在为自己工作

　　如果一个人工作的目的只是为了薪水，那么他永远也不会成功。因为挣再多的薪水他也会觉得不够，欲望会随着钱的增多而加大。成功人士会为自己的职业生涯寻找机会而不是单纯地等待机会，他们会积极地开发一个项目或想尽办法帮助别人，而不会去计较利益的得失。

　　把你当成那个造船的师傅吧，想想你的船，哪怕每天你敲进去一颗小钉子，加上去一块板，或者选一根木头，用你的智慧好好建造吧！你的生活是你唯一的按你意愿不受控制地创造的，而且是一生的，唯一的，不能拆了重建。即使只有一天可活，那一天也要活得优美、高贵，墙上的铭牌上写着："生活是自己创造的。"

1.别只为薪水工作

> 伟大的事业是根源于坚韧不断地工作，以全副精神去从事，不避艰苦。
>
> ——罗素

吉米是一个铁路工人，一天，从一列豪华列车上走下来一个人，他对着吉米喊起来："吉米是你吗？"吉米抬头说："是我，迈克，见到你真高兴。"于是，吉米和迈克（吉米工作的这条铁路的总裁），进行了愉快的交谈。半小时后，迈可走了。吉米的同事都围了上来，他们对于吉米是迈克铁路公司总裁的朋友这一点感到十分震惊。吉米告诉他们，十多年前他和迈克是在同一天开始为这条铁路工作的。有个同事问："为什么你现在还在这里工作，而迈克却成了总裁呢？"吉米忧伤地说："我每天都在为20美元的工资工作，迈克从开始就立志为这条铁路工作。"

吉米的话形象地说出了造成两个差别的深层原因：为薪水而工作与为事业而工作，其效果是截然不同的。

工作有着比薪水远为丰富的内涵。工作是人生的一种需要。我们生命的价值寓于工作之中，工作是获得乐趣和享受成就感的需要，只有积极地、创造性地进行工作，才能取得成就感，才能体会到成就带给你的快乐。同时，人总要以一定的组织形式存在，要参与到各种各样的组织当中。当你处于一个组织当中的时候，你在自身生命之外，又被赋予了一种组织的生命，你就有了为所在组织工作的意义，并从赢得的荣誉中使生命获得升华，从为他人、为组织、为社会的奉献中找到生命的意义。

此外，工作是学习和进步的需要。从生命的本质来说，工作不是我们为了获取薪水谋生才去做的事，而是我们用生命去做的事。所以，工作有着远比薪水多得多的内容。

薪水是我们工作价值的一种反映，是对我们工作的一种回报。我们需要薪水，用以满足我们基本的物质生活和精神生活的需求。但如果你只为薪水而工作，那就意味着你把薪水看成是工作的目的，当成是工作的全部。只为薪水而工作，就像活着是为了吃饭一样，大大降低工作的意义以及生命的意义。所以，如果只为薪水而工作，那么你不仅会让你在工作上失去很多，而且也会让你的生命失去很多。

为薪水而工作，最终吃亏的是你自己，失败的也只能是你自己。职场上许多人工作只是为了自己的那份薪水，他们总会盘算：我为老板做的工作应该和他支付给我的工资一样多，只有这样才公平。

在他们的心里，工作的理由很简单：我为公司工作，公司付给我同样价值的薪水，这是等价交换。薪水是他们工作的目标，他们没有工作的信心与激情，对待工作只是应付，能偷懒就偷懒，能逃避就逃避，觉得为公司多做一点点工作自己就会吃亏。他们的工作仅仅就是为了对得起这份薪水，而从来不去想这会和自己的前途有没有关系。他们不知道职位的升迁是建立在把自己的工作做得比别人更完美、更迅速、更正确、更专注上面。

一个人一旦有了这种想法，无异于淹没自己的才能，断绝自己的希望，使自己能够成功的一切特质都得不到发挥。为了表示对薪水的不满，你虽然可以随便应付工作，但如果你一直这样做下去的话，你最终会变成一个庸碌狭隘的懦夫。

土光敏夫曾经担任日本东芝株式会社社长，他对员工要求非常严厉。他告诉员工："为了事业的人请来，为了工资的人请走。"唯有为了共同事业的人聚集在一起才能将事业做大，当企业面临困难的时候，他们才会同舟共济。而那些为工资而来的人只看重企业给他们的待遇，若有一天企业出现困难，他们就会一走了之，重新寻找能满足他们物质要求的企业。

在现代社会里，高薪一直成为许多人工作的目的。所以他们很容易被短期利益蒙蔽，看不清未来发展的道路，即便日后奋起直追，振作努力，也无法超越。

如果一个人工作的目的只是为了薪水，那么他永远也不会成功。因为挣再多的薪水他也会觉得不够，欲望会随着钱的增多而加大。成功人士会为自己的职业生涯寻找机会而不是单纯地等待机会，他们会积极地开发一个项目或想尽办法帮助别人，而不会去计较利益的得失。伴随着你对公司、对团队贡献的不断增加，相应的报酬也会随之而来，你的未来就掌握在你自己的手上。

其实有很多商业界的名人他们开始工作时收入都不是很高，但是他们从来没有将眼光局限于眼前的利益，他们依然努力工作。在他们看来，他们缺少的不是钱，而是能力、经验和机会。最后当他们事业成功的时候，谁又能衡量得出他们的真正收入是多少呢！正所谓：不计报酬，报酬更多。

克拉克受命去采访著名的石油大王哈默。克拉克很珍惜这次采访机会，为此他做了精心准备。那天，他发挥得很出色，采访大获成功。采访结束后，哈默饶有兴趣地问克拉克："小伙子，你的月薪是多少？"

"薪水很低，才一千美元。"克拉克羞涩地回答道。

"很好！虽然你现在的薪水只有一千美元，但是，你知道吗，你的薪水永远不止这个数字。"哈默微笑地对他说。

克拉克听后，很是疑惑。哈默接着说道："年轻人，你要知道，你今天能争取到采访我的机会，明天也同样能争取到采访其他名人的机会。把钱存进银行是会生利息的，同样，如果你能多多积累这方面的才能和经验，那么你的才能也会在社会的银行里生利息，将来它会连本带利地还给你。"哈默的一番话，使得克拉克茅塞顿开。

没过几年，克拉克成为报社的社长。

工作的报酬远不只是薪水，因为它只是工作的一种最直接，也是最低级的报酬方式。只为薪水而工作是一种短视行为，受害最深的不是别人，而是你自己。我们要意识到金钱只是埋藏在精神底下的物质因素，它和发展机会的多少，自我实现的几率等才构成衡量薪水高低的标准。

因此，当你工作的时候，你要告诉自己我要为自己的现在和将来努力工作，不论自己得到的薪水是多还是少。注重才能和经验的积累远比关注薪水的多寡更重要，因为它们是可以创造资产的资产，它们的价值永远超过了你现在所积累的货币资产,是你最厚重的生存资本。

工作不是一个关于干什么事和得什么报酬的问题,而是一个关于生命的问题。工作是人生的一种需要,是为了获得乐趣和成就感,是为了他人与社会,最后才是为了获得自己认为合理的薪水。正是为了成就什么或获得什么,我们才专注于什么,并在那个方面付出精力。从这个本质上说,工作不是我们为了谋生才去做的事,而是我们用生命去做的事!

2.找到适合自己的工作

对于一个人来说，在这个世界上的首要问题，是要找到他应做的工作。

——托·卡莱尔

有一个人一生劳苦，于是非常羡慕那些衣食无忧可以不用工作的人。这个人死后，前往阴曹地府的路上遇到一个金碧辉煌的宫殿，他停下来敲门准备歇歇脚，宫殿的主人热情地招待了他，并邀请他留下来，他犹豫地说："你知道吗？我在人世间辛苦地忙碌了一辈子，现在我只想吃得饱，睡得好，其他的我都不要，我实在不想再工作了。"

宫殿主人一听，笑着说："你留下来不需要工作的，我不会让你做任何辛苦的工作，你只要每天吃好睡好就是了，我宫殿里有最好的山珍海味，保证你享用不尽。"竟然有这样的好事，这人便毫不犹豫地住下来。刚开始的日子里，他吃饱睡，睡醒再吃，过得很舒服，特别快活，只是渐渐开始感觉有些寂寞和空虚。于是他请求宫殿的主人给他些任务，让他工作，但宫殿主人摇摇头说："对不起，我们这里从来没有工作可以做。"无奈之下，这人只好继续原本没有工作的生活，又过了几个月，他终于受不了了，于是跑去对宫殿主人说："这样的日子实在让人受不了，如果你不给我工作，那我宁愿到地狱去，也不要在这里待了。"这时候，宫殿的主人大笑着说："难道你以为这里是天堂吗？这里本来就是地狱！"

每个人都有适合自己的生活方式，如果一味地羡慕别人的快乐幸福生活，而不去想到底哪种生活方式适合自己，盲目追求别人的生活方式，就会陷入不切实际的幻想中。不管什么人，关键是要找到适合自己的生活，不管过程辛苦与否，对于置身其中的人来说，其实都是一种幸福。

刘夏大学毕业后在一家贸易公司当行政助理，因为她沉默寡言，所以助理工作的进展很不顺利。于是她更加不愿意与人沟通，不相信别人。在一些具体工作的细节上又特别苛求，如此一来，同事们都不太愿意与她共事，领导对她也只能暗暗摇头。她也觉察到了气氛的不和谐，但她自己又无能为力。

周末的一个下午，她犹犹豫豫地推开了一家职业顾问工作室的门，坐在首席顾问的对面。

首席顾问和刘夏交谈了几分钟后，就对她下了一个评语：你不太相信别人，只相信自己，你认为只有自己才是完美的。刘夏愣住了，她不明白首席顾问为什么会在如此短的接触后就能一语道破她的"天机"。

接下来，首席顾问进一步给她做出了"诊断"并开出了药方：

你是一个完美主义者。所以，你不适合从事需要较多人际沟通的工作，你可以去尝试一些相对独立的职业，譬如画家、雕刻家、平面设计、自由撰稿人等。尤其是平面设计，社会的需求很大，你可以先利用业余时间去做些相关的培训。

听了职业顾问的话，刘夏的内心像是被点亮了一盏灯。其实，她从小就对美术感兴趣，很有绘画天赋，却阴差阳错当上了行政助理……

半年后，当她再次坐在这家职业顾问工作室里时，简直与以前判若两人，笑容一直挂在脸上，不停地诉说着自己的成功。

原来，那次以后刘夏就跳槽去了一家平面广告设计公司。凭着扎实的美术功底和苛求自己的精神，她先是自己摸索着掌握了电脑设计软件的操作，再加上工作中极其认真负责，经她设计的广告，不断受到客户的赞扬。现在，她已经升职为设计部主管了。

由于个性、特长、爱好各异，所以适合每个人的工作也不一样。如果你的工作表现不是很出色，不必急于否定自己的能力，也许你只是没找到适合自己的那片天空而已。那么还等什么，努力去找吧！

3.公事就是自己的事

为工作而工作，是工作的意义；希望借工作而获得报酬的人，只是在为报酬效劳而已。

——歌德

敬业实际上就是要求我们把工作当作自己私人的事一样去做，付出全身心的努力，认真负责，一丝不苟的工作态度，不惜付出任何代价，克服种种苦难，并且善始善终。看看下面的故事，它会让你重新认识自己的。

有个造船的老师傅想要退休了，他对老板说，想要离开造船业，因为最近添了一个孙子。

老板舍不得他走，就问他能不能帮忙再造最后一艘船，老木匠答应了。

看得出来，他的心已不在工作上，他用的是软料，出的是粗活；造的是船，磨的是洋工。等船造好的时候，老板把桨递给他，说："这是你的船。这么多年，你为我造了很多很好的船。我很感激你，现在你要走了，这是我送给你的礼物。"他惊呆了，愣在那里不知所措；同时，他又后悔了，肠子都青了；更多的，他羞愧了，真想找个地缝钻进去。如果他早知道是在给自己造船，他怎么会这样三心二意，粗制滥造呢？现在他得驾着自己造的下三烂的船去劈风斩浪！

我们又何尝不是这样！我们天天漫不经心地"造"自己的生活，不是充满热情主动出击，而是消极应付敷衍了事，对任何事都不肯精益求精，善始善终，在关键时刻不能尽最大努力，不能坚持到最后。等我们惊觉自己的处境时，早已在自己造的"船"里了。

把你当成那个造船的师傅吧，想想你的船，哪怕每天你敲进去一颗小钉子，加上去一块板，或者选一根木头，用你的智慧好好建造吧！你的生活是你唯一的按你意愿不受控制地创造的，而且是一生的、唯一的，不能拆了重建。

即使只有一天可活,那一天也要活得优美、高贵,墙上的铭牌上写着:"生活是自己创造的。"

日本"经营之神"松下幸之助认为:"人只要有了自觉性和责任心,就有力量完成乍看起来好像不可能完成的困难任务"。

有一次,松下决定任命年方 23 岁、进公司仅半年的斋藤去做神户地区营销主管。让一个新员工远离总部独立工作,似乎有一点冒险。但松下幸之助相信斋藤不会让自己失望。

临行前,松下幸之助对斋藤说:"在松下电器公司,你是第一个有学历的推销员。你不单单是要开展推销活动,而且还肩负着代表松下电器公司,作为我的代理人同用户打交道的重要任务。不要忘记,用户满意即是松下电器公司的成功,你自己便是公司的代表。希望你以这种精神努力工作。"

斋藤很感激松下对他的信任,他带着"代表公司、代表老板"的心情,不知疲倦地在自己负责地区内宣传促销,争取用户,和同行展开竞争,很快打开了局面。

为扩大销量,斋藤还提出了实行售后服务和建立代理店、零售商店和厂家三位一体的销售网络的建议。后来,这种形式为松下电器广为采纳,发展为遍及全国的销售网——"国民店联盟"、"国民店会"。

斋藤还为松下出了一个联络用户感情的主意:免费招待每月购入 10 台收音机的零售店老板到大阪总公司工厂参观和宝冢二日游,并向这些零售店赠送一台收音机,作为该店参加特约的招牌。

这个富有创意的主意使松下电器公司的销售额成倍增加。而斋藤也因为自己的贡献,屡次得到升迁,后来还进入公司董事会,成为专务董事。

4.别把自己太当回事

在谦虚里包含着一个人的道德力量和纯洁，而吹牛则表现了一个人的渺小和无知。

——帕乌斯托夫斯基

生活中，每个人都有被恭维、被赞誉、被羡慕的时刻。遇到这种时刻，有些人会泰然处之，报之于淡淡的微笑，有些人却会腾云驾雾，仿佛自己真就高人一等。理智地分析我们所遇到掌声和鲜花时的背景、处境与缘由是非常重要的，一个人的素质或许就在此刻体现着。

有一个笑话说的是一个国内比较知名的企业，得益于国家政策的扶持，这几年日渐昌盛，也让自己涉足国际市场，并成功收购某国际大企业的一个产品事业部，曾经一度成为媒体关注的热点。暂不论企业政策的优缺，就是企业员工的"企业荣誉感"也该被"称道"。一次，一位专门负责该公司业务的客户经理接到该企业某员工的电话，对话内容是这样的：

某员工：喂！你是×××吗？

客户经理：是的！您是哪位？

某员工：我是×企业的，我现在在前往机场的路上，你让飞机等我一会儿！

该员工预定的飞机此时还有5分钟就要起飞了，如果坐过飞机的人或者有一点常识的人都知道，办理登记手续需要提前，航班一般在起飞前30分钟就已经停止办理登记手续了。更何况此时，这位"大爷"还在奔赴机场的路上，鬼知道他还有多久才能到。于是……

客户经理：这个恐怕不行，飞机还有5分钟就飞了，您就是现在赶到也无法登机了，要不我帮您更改下一班吧！

某员工：不行，我就要走这一班，你让飞机等我。我再有十来分钟就到了！

客户经理：这个不行，飞机不等人！

某员工：怎么不行，你告诉他我是×企业的！

客户经理：……

这个故事听起来像个笑话，细细想来，不知道该哭还是该笑，更不知道这企业的领导听到这样的事情是自豪呢？还是黯然神伤？

老辈的人说，做人不要太张扬，要记得夹着尾巴做人。谦逊有礼是立身处世应有的品德。可是在这个倡导张扬个性的年代，似乎很多人对这个观念都嗤之以鼻。如今要是不把自己当回事好像就无法生存，细细体味，身边不乏这样的实例。其实年轻人难免意气风发，可是不能过，过了就变成了趾高气扬；喜欢被重用后的发号施令，可也不能过，过了就是狐假虎威；喜欢显示自己以此来证明自己的价值，这更不能过，过了就成了跳梁小丑。总之，别把自己太当回事，太当回事只能让人反感，反而会毁了自己。还记得那个大哲学家尼采吗？他说自己是太阳，结果他疯了！人们在剖析了他的一生后发现，其实他极度自卑，一直在寻找一个强而有力的人生观来支持自己。由此可见，太把自己当回事的症结在于，生怕别人不把自己当回事。其实，尊重和爱戴，不是强取豪夺来的，依靠强势政策，攻城略地得来的俯首臣服往往不会长久，否则也就不会有历史上那么多休养生息，抚民安邦的政策实例了。说来说去还是那句话，做人不能太张扬，别太把自己当回事！

林丽在一个离家较远的公司上班。一天，她比平时迟了5分钟起床。当她匆忙中奔到公司班车等候的地点时，时间已是7点05分。班车已经开走了，毕竟班车不是为她一个人而设立的。

突然她看到了公司的那辆蓝色轿车停在不远处的一幢大楼前。那是她的上司的。她像看到了救星那样向那车跑去，在稍稍犹豫一下后，她打开车门，悄悄地坐了进去。

开车的是一位老司机，人挺温和。他从反光镜里看了她一眼，然后，转过头来对她说："小姐，你不应该坐这车。你最好马上找别的车去公司，不然你会后悔的。"

正在这时，上司拿着公文包飞快地走来。待他坐定后，才发现车里的她。她

第
一
部
分

敬业·你在为自己工作

赶忙解释说："班车开走了，我想搭您的车子。"她的语气充满了轻松随意，因为她以为这一切合情合理，因为任何人都没有理由，在这么寒冷的日子里拒绝一位美女搭乘顺风车，更何况这是她的上司。

上司愣了一下，紧接着他坚决地说："不行，你没有资格坐这车。请你下去！"

林丽一下子愣住了，她用近乎乞求的语气对上司说："如果我此刻下车，我会迟到的。您也知道一旦迟到对我意味着什么。所以，我需要您的帮助。"

"迟到是你自己的事。"上司冷淡的语气不容辩驳。

她把求助的目光投向司机，可是老司机看着前方一言不发。委屈的泪水终于在她的眼眶里打转。然而，她并没有下车，而是以沉默来对抗。

僵持了一会儿，他的上司竟然拿着公文包下车向前走去，拦下一辆出租车，飞驰而去。

泪水终于顺着她的脸颊流淌下来。上司给她一帆风顺的人生以当头棒喝的警醒。

自己犯下了错误要自己去弥补，不要依赖任何人。更为重要的是，不可自以为是，不可把自己太当回事，任何时候都要记得自己的身份，并且不能忽略别人的身份，这样才能避免做出不合时宜而令自己难堪的事。

别拿自己太当回事，说到底是一种生活态度，一种对待自己的态度，把自己看得轻一点再轻一点，把自己放得轻松点就能解决很多问题，而不是陷入无尽的烦恼与痛苦之中。别把自己太当回事，谁都没空在乎你。谁不拿自己太当回事，谁就可能活得心境好一些。

5.尽最大努力将工作做得更好

今天尽你最大的努力去做好，明天你也许就能做得更好。　　——牛顿

一位猎人带着他的猎狗外出打猎。猎人开了一枪，打中了一只野兔的腿。猎人放狗去追。过了很长时间，狗空着嘴回来了。猎人问："兔子呢？"狗"汪汪"地叫了几声，主人听懂了，意思是："我已经尽心尽力了，可还是让狡猾的兔子逃脱了。"

那只野兔回到洞穴，家人问它："你伤了一条腿，那条狗又尽心尽力地追，你是怎么跑回来的？"

野兔说："狗是尽心尽力，而我是竭尽全力！"

"尽心尽力"和"竭尽全力"，其区别在于，让自己发挥能力和让自己的潜能充分燃烧，它们所散发出来的能量是大不一样的。我们做任何事情，只是尽心尽力还远远不够，这样你最多比别人干得好一点，却无法从平庸的层次跳出来。只有竭尽全力，发挥出别人双倍的能量，你才会有优秀的表现。

一个人的做事态度决定他一生的成就。你的工作，就是你的生命的投影。它的美与丑、可爱与可憎，全操纵于你之手。一个天性乐观，对人生充满热忱的人，无论他眼下是在洗马桶、挖土方，或者是在经营着一家大公司，都会认为自己的工作是一项神圣的天职，并怀着深切的兴趣。对所干的事充满热忱的人，不论遇到多少艰难险阻，哪怕是洗一辈子马桶，也要做个最优秀的洗马桶人！

有时候我们应该站在老板或领导的角度换位思考一下，你挣人家的钱，拿人家的薪水就得给人家一个交代。这是作为一个人最起码的职业素养，也是良心与道德的问题。如果你的员工偷懒懈怠，你作何感想？再从自己的角度想

一想,如果你想做一番事业,那就应该把眼下的工作当做自己的事业,应该有非做不可的使命感。你也许认为自己志向远大,要做轰轰烈烈的大事,而不适合做这些具体、琐碎的小事,可是你有没有想过,如果你连这些琐碎、具体的事情都做不好,你又怎么可能去做轰轰烈烈的大事呢?

假使你对你所做的事是被动的而非主动的,像奴隶在主人的皮鞭督促之下一样;假使你对你所做的事感觉到厌恶,没有热忱和爱好之心,不能成为一种喜爱,而只觉得其为一种苦役,那你在这个世界上一定不会有很大作为。

自尊、自信是成就大事业的必要条件,做事敷衍塞责的人是不会具有这种自信、自尊的。一个人做事不能尽其至善的努力,则他决不能得到最高的自我赞许,而在一个人将他的工作视为苦役与痛苦时,他是决不能竭尽所能的。

许多人不知道尊重自己的工作,把工作视作取得面包、奶酪、衣服、公寓的一种需要,一种无可避免的苦役。他们不把工作当作一个锻炼能力的东西,一个训练建造品格的大学校。

他们不懂得工作能激发他们内在的最优良的品格,让他们在奋斗、努力中去发挥出他们所有的才能,去克服一切成功路上的障碍。他们不懂得毅力、坚忍力以及其他种种高贵的品格都是从努力工作中得来的。一个人抱怨、鄙视自己的工作,他的生命决不能得到真正的成功。结果恐怕只能是一个,那就是"今天工作不努力,明天努力找工作"!

为了明天不努力找工作,你今天就要时时问问自己:我尽最大努力工作了吗?

1946年,年轻的吉米·卡特从海军学院毕业后,遇到了当时的海军上将里·科费将军。将军让他随便说几件自认为比较得意的事情。于是,踌躇满志的吉米·卡特得意洋洋地谈起了自己在海军学院毕业时的成绩:"在全校820名毕业生中,我名列第58名。"他满以为将军听了会夸奖他,孰料,里·科费将军不但没有夸奖他,反而问道:"你为什么不是第一名?你尽自己最大努力了吗?"这句话使吉米·卡特惊愕不已,很长时间答不上话来。

但他却牢牢地记住了将军这句话,并将它作为座右铭,时时激励和告诫自己要不断进取,永不自满和松懈,尽最大努力做好每一件事情。最后,他以自已坚忍不拔的毅力和永远进取的精神登上了权力顶峰，成为美国第 39 任总统！卸任后，吉米·卡特在撰写回忆录时，曾将这句话作为书名：《你尽最大努力了吗》。

俗话说得好：天不负人。你付出多少，便会得到多少回报。因此，不要埋怨生活，不要哀叹命运，你尽了最大的努力，生活就会给你最丰厚的回报！

在生活中，我们经常听到这样的话："我觉得自己已经尽了最大的努力，可惜结果却令人失望。"说这话的人，是否真的尽了最大的努力呢？未必！他们把做得有点累视为尽了全力，其实还远远未能充分发挥潜力；或者一曝十寒，并未时时努力。

正如我国台湾企业家王永庆所说："有压力感，觉得还不够好，做出苦味来才会不断进步，一放松就不行了。"

事实正是如此，只是感到有一定压力，并不等于竭尽全力，"做出苦味来"，才说明你已努力到十分。

请看"世界首富"比尔·盖茨和他的合作伙伴保罗·艾伦是如何"做出苦味来"的：

1974 年 12 月的一天，比尔·盖茨和保罗·艾伦听说微型仪器公司的老板罗伯特生产出了微型电脑，预感到电脑向家庭普及的时代已为期不远，那么，他们这种软件天才的前途将妙不可言，但当务之急是跟罗伯特携手合作，以便在软件市场上占得先机。

他俩当即跟罗伯特联系，表示愿意替他的微型电脑提供软件。罗伯特表示，至少有 50 个人提出要给他提供软件，而他只想看结果，谁先提供了成熟的软件，他就跟谁合作。

盖茨和艾伦知道，机不可失，时不再来，必须立即采取行动，必须抢在别人的前面。一连八个星期，他俩在哈佛大学的电脑房里埋头苦干，每天只睡一两个小时。当感到非常疲倦的时候，就躺在工作台后打个盹。一醒过来，又接着干。最后，他们终于成功地设计出了一个能在微型电脑上运行的软件，并与罗伯特达成了合作。以此为契机，他俩成立了微软公司，并终于称霸软件世界。

在这个世界上，没有谁会轻易成功，成功的背后一定隐含着许多感人的故事。每一个故事都是以汗水乃至鲜血为基本色调。你必须逼出自己的全部能量，然后才能心想事成。

三　要做就做到最好

　　不论您过去对工作的态度究竟如何，都并不重要，毕竟那都已经成为过去，重要的是，从现在起，您未来的态度将如何？

　　有许多人并不热爱自己已有的工作岗位，这样的话，将工作做得出类拔萃是很难的。其实，当你不重视一份工作时，这份工作也不会重视你，反之亦然。

　　在公司中，很多人都以为自己做得已经足够好了，真的是这样吗？你真的已经做到尽善尽美了吗？你真的已经发挥了自己最大的潜能了吗？

1.做一名优秀的员工

> 如果我曾经或多或少地激励了一些人的信念，如果我的工作，曾经或多或少地扩展了人类的理解范围，因而给这个世界增添了一分欢乐，那我也就感到满足了。
>
> ——爱迪生

一位心理学家在研究过程中，为了实地了解人们对于同一件事情在心理上所反映出来的个体差异，他来到一所正在建筑中的大教堂，对现场忙碌的敲石工人进行访问。

心理学家问他遇到的第一位工人："请问你在做什么？"这个工人很烦躁："在做什么？你没看到吗？我正在用这个重得要命的铁锤，来敲碎这些该死的石头。而这些石头又特别的硬，害得我的手酸麻不已，这真不是人干的工作。"

心理学家又找到第二位工人："请问你在做什么？"

第二位工人无奈地答道："为了每周500元的工资，我才会做这件工作，若不是为了一家人的温饱，谁愿意干这份敲石头的粗活？"

心理学家问第三位工人："请问你在做什么？"

第三位工人眼中闪烁着喜悦的神采："我正参与兴建这座雄伟华丽的大楼。落成之后，这里可以容纳许多人来工作。虽然敲石头的工作并不轻松，但当我想到，将来会有无数的人来到这儿，快乐工作，心中就感到特别有意义。"

同样的工作，同样的环境，却有如此截然不同的态度。

第一种工人，是完全被动的人。可以设想，在不久的将来，他将不会得到任何工作的眷顾，甚至可能是生活的弃儿。

第二种人，是麻木的、对工作的概念只有钱的人。对他们抱有任何指望肯定是徒劳的，他们抱着为薪水而工作的态度，为了工作而工作。他们不是企业可依靠和领导可信赖的员工。

该用什么语言赞美第三种人呢?在他们身上,看不到丝毫抱怨和不耐烦的痕迹,相反,他们是具有高度责任感和创造力的人,他们充分享受着工作的乐趣和荣誉,同时,因为他们的努力工作,工作也带给了他们足够的荣誉。他们就是我们想要的那种员工,他们是最优秀的员工。

第三种工人,完美地体现了工作的哲学:自动自发,自我奖励,视工作为快乐。相信这样的工作哲学,是每一个团队都乐于接受和推广的。持有这种工作哲学的员工,就是每一个企业所追求和寻找的员工。他所在的企业、他的工作,也会给他最大的回报。

或许在过去的岁月里,有的人时常怀有类似第一种或第二种工人的消极看法,每天常常谩骂、批评、抱怨、四处发牢骚,对自己的工作没有丝毫激情,在生活的无奈和无尽的抱怨中平凡地生活着。

不论您过去对工作的态度究竟如何,都并不重要,毕竟那都已经成为过去,重要的是,从现在起,您未来的态度将如何?

一个不想当将军的士兵,不是好士兵。每一个进入军营的战士,在他们的心中,都埋藏着一个当将军的梦想。若非如此,他们就不可能成为优秀的士兵。同样的,在企业里也有许多这样的优秀员工。

比尔·盖茨时常被问及如何做一个优秀的员工,于是他总结出了他认为"最好最杰出"员工的 10 个共同特征:

第一,你必须对自己所在公司或部门的产品具有起码的好奇心。你必须亲自使用自己公司的产品。

第二,在与你的客户交流如何使用产品时,你需要以极大的兴趣、热情和执著打动客户,了解他们欣赏什么、不喜欢什么。你也必须清醒地知道你公司的产品有哪些不足,或哪里可以改进。

第三,当你了解了客户的需求后,你必须乐于思考如何让产品更贴近并帮助客户。

第四,作为一个独立的员工,你必须与公司制订的长期计划保持一致。员工需要关注其终身的努力方向,如提高自身的能力。这种自发的动机是需要培训的,但却也是值得花精力去考虑的。

第五,在对周围事物具有高度洞察力的同时,你必须掌握某种专业知识和技能。

第六,你必须能非常灵活地利用那些有利于你发展的机会。

第七,一个好的员工会尽量去学习了解公司业务动作的经济原理,为什么公司的业务会这样运作? 公司的业务模式是什么? 如何才能盈利?

第八,好的员工应关注竞争对手的动态。

第九,好的员工善于动脑子分析问题,但并不局限于分析。他们知道如何寻找潜在的平衡点,如何寻找最佳的行动时机。

第十,不要忽略了一些必须具备的美德,如诚实、有道德和刻苦。

看过这 10 个特征,我们会发现,一个人要拒绝平庸、选择完美,要在自己的工作岗位上有所成就,就必须具备一种敬业的精神,一种主人翁的责任感,一种服从上级的心态和一种对公司忠诚的理念。

2.一次只做一件事

人的思想是了不起的，只要专注于某一项事业，那就一定会做出使自己感到吃惊的成绩来。

——马克·吐温

一次只做一件事，犹如沙漏里一次只通过一粒沙。

一次处理一件事，一个时期只有一个重点。不要将心力分散在太多的事情上，那样会降低效率徒增烦恼。因为脑里太多信息会导致阻碍思考，就像电脑塞满了处理命令，会导致运行缓慢甚至死机。

为了让你的大脑一次只想一件事，你需要清除一切分散注意力、产生压力的想法，把你的注意力集中在你主要专注的事情上，让你的思维完全地进入当前的工作状态。

你需要把你想做的事情想象成一大排抽屉中的一个小抽屉而不是一排抽屉。你的工作只是一次拉开一个抽屉并满意地完成抽屉内的工作，然后推回抽屉，并不再想它。

你还要了解每一项任务你所承担的责任，了解你自己的极限。如果你不能很好地掌控你自己，你就会效率低下，而且影响到工作的快乐。

为了增加你的效率，你也许需要同公司内部相关人员或咨询师进行面对面的坦率交流和协商。这会让你的工作更有效率，公司里的相关人员也会在交谈中有所收获！

能够将你的身体与心智的能量锲而不舍地运用在同一个问题上而不厌倦的能力，就是专注！

专注是医治工作狂躁症和工作厌恶症的良方，因为当一个人集中精力专注于眼前的工作时，就会减轻其工作压力，做事才不会觉得厌倦，也不会再风风火火和烦躁敷衍。对工作的专注，还能激发一个人更热爱公司，更加热爱自己的工作，并从工作中体会到更多的乐趣。

对所从事的每一件事情都要专注，也许很多人做不到，但是在工作的时候做到专注，却是每一位员工必须具备的品质。

惠子在一家出版社从事校对工作，她曾为自己定下一条原则：除非有特殊的紧急事件要处理，否则就要全身心地投入到校对工作中去。她把所有的精神集中在一件事情上，创造了一个创意与高效率结合的工作环境。当她一坐到桌子前，就不再想别的事，就算是手中的书稿校对到只剩下最后一页，她也绝不会想着下一部书稿是什么。她渐渐地发现，这条原则能让她专心致志地忘我工作，而且很少感觉到校对是一件枯燥无味的工作。她甚至发现一小时的专心工作，可以抵得上一整天被干扰工作的成果。这就是当你"专心致志于一件事情的时候，好像世界上只有一件事"的状态所带来的效果。

做事专注，是一个员工纵横职场的良好品格，一个人不能专注于自己的工作，是很难把工作做好的。在现在的社会中，想必没有哪个企业会喜欢做事三心二意的员工，没有哪个老板会重用这样的员工。从这个意义上来说，工作专心致志的人，能更好地把握工作中的机会，并受到老板的器重和提拔。

应该努力专注于当前正在处理的事情上，如果注意力分散，头脑不是在考虑当前的事情，而是想着其他的事情，工作效率就会大打折扣。即使事情再多，也要一件一件地进行，做完一件事情再做另一件事情。全神贯注于正在做的事情，集中精力处理完毕后，再把注意力转向其他事情，着手进行下一件事情。优秀的员工正是从这方面一点一滴做起的。

如果你在上班的时候，脑子里还在挂念今天有什么球赛，或者回味着昨天夜晚的狂欢，甚至考虑着怎样完成另外一份工作，那你就连最基本的"专注"都没有做到，更不会感到专注工作的成果带给你的动力，也就不会朝着新的理想方向积极努力。

纽约曼哈顿中央火车站的问询处每天都会人潮涌动，匆忙的游客都争着询问自己的问题，希望马上得到答案。对于问询处的服务人员来说，工作的紧张与压力可想而知，疲于应对可能是他们的共同感受。

可是在问询处，一个胸前挂着组长标志的年轻人面对着游客的提问却总是应付自如。在他面前的旅客，是一个肥胖的妇女，脸上汗水不由自主地往下流淌。很显然，她十分焦虑与不安。问询处的年轻人倾斜着上半身，以便能更好地倾听她的声音。"您好，想询问什么？"他把头抬高，集中精神看着这位妇女，接着说道："您要到哪里去？"

此时，有一位手提着皮箱，头上戴着礼帽的男子试图插入这个对话之中。但是，这位服务人员却视若无睹，只是继续和这位妇女说话："您要去春田吗？"他根本无需要看行车时刻表，就说："那班车将在 15 分钟之内到达第二站台。您不用跑，时间还多得很。"

妇女转身迅速地离开，这位服务人员立刻将注意力移到那位戴帽子的男士身上，但是，没过多久，刚才那位胖妇女又汗流浃背地回来问这位服务员："你刚才是说第二站台吗？"这次，这名服务人员却把精神都集中到那位戴礼帽的男士身上，待回答完那位男士的提问后，才又把注意力转移到妇女的身上。

有人问那位服务人员："面对这样众多的提问和急躁的旅客，你是怎样保持冷静的呢？"

那位胸前挂着组长标志的服务人员这样回答："我并没有和所有游客打交道，我只是单纯地处理一位旅客。忙完一位，才换下一位。一次只服务于一位旅客，却一定要让这位旅客满意。"

"一次只服务于一位旅客，却一定要让这位旅客满意。"许多人在工作中把自己搞得疲惫不堪，而且效率低下，很大程度上就在于他们没有掌握这个简单的工作方法，一次只解决一件事。他们总试图让自己具有高效率，而结果却往往适得其反。

我们要学习那位服务员的工作方式，一次只着眼于一件事情，并且集中精力，致力于出色地完成这一件事情，把其他的事情按照轻重缓急顺次安排下来，上一件解决之后，再着手解决其他事情。这样才不会因为事务繁杂，理不出头绪而顾此失彼，导致效率低下的局面。

3.全力以赴

了解你的工作，然后全力以赴。

——卡莱尔

美国作家威廉·埃拉里·钱宁说："劳动可以促进人们思考。一个人不管从事哪种职业，他都应该尽心尽责，尽自己的最大努力求得不断地进步。只有这样，追求完美的念头才会在我们的头脑中变得根深蒂固。"

叶灵和江昊是一家大型跨国公司里的两名优秀职员，在对待工作上，都能够尽职尽责。但是，他们两个人的差别就在于，叶灵认为自己尽职尽责地完成了自己岗位上的工作后，便觉得自己的工作已经努力到家了，而江昊则要求自己在尽职尽责之外，力争把工作做到尽善尽美。3 年后，江昊成为了这家公司的一位部门经理，社交的范围更广泛了，而叶灵只是一名业务主管。

在公司中，很多人都以为自己做得已经足够好了，真的是这样吗？你真的已经做到尽善尽美了吗？你真的已经发挥了自己最大的潜能了吗？

一位叫齐格的成功的推销员向朋友介绍了自己的经历：

在做了两年半不是很出色的推销后，我的职业戏剧性地有了 180 度的大转变。下面就是这个故事。我参加了一个在北卡罗来纳州查勒提开办的由田纳西纳什维尔的梅里尔指导的全日制培训课程。那是一门很棒的课，但我早已忘记那些学来的特殊技巧了。一天晚上，我开车回南卡罗来纳兰卡斯特的家，准备一个晚餐展示会。我是很晚才回到家的，睡觉就更晚了，而且婴儿整夜吵醒我们。当早上 5 点 30 分闹钟响时，习惯的力量将我拉出了被窝。当时我们住在一家蔬菜店楼上的小公寓里，我迷迷糊糊地看见窗外在下雪，而且地面已经落得有 10 英寸厚了，而我却要驾驶无空调的克罗斯利汽车出门。那天早上，我像任何一个聪明人会做的一样，又回到了床上。

当我躺着时，我开始意识到我从不曾误过或迟到过一次推销会。这时母亲的话也在耳边响起："要是不全力以赴，那就别做了。"我迟疑着爬起来，开着车子向着查勒提进发，同时也是向着我不曾料到的一个全新的生活进发。

培训结束后，梅里尔先生将我留下："你知道，我已经观察了你两年半，我从未见到过这样的浪费。"

我有些惊讶地问他是什么意思。他解释说："你有许多能力，你可以成为一个了不起的人，甚至一个全国优胜者。"我飘飘然起来，但仍有点怀疑，就问他是否真的那样认为。他向我保证说："我绝对相信，如果你真正投入工作，真正相信自己，你能冲破一切困难获得成功。"

说真的，当我细细品味这些话时，我惊呆了。你必须理解我当时的处境，才有可能意识到这些话对我有多大的影响。当我是个小男孩时，我长得很小，即使在家穿得最多时也没超过 120 磅。我上学后，从 5 年级开始，放学后周六的大部分时间都在工作，运动方面也不是很活跃。另外，我还很胆小，直到 17 岁才敢和女孩约会，而且还是别人指定给我的一个盲目性约会。一个从小镇中出来的小人物，希望回到小镇上一年赚上 5000 美元，我的自我意识仅限于此。现在突然有一个受我尊敬的人对我说"你能成为一个了不起的人"。所幸的是，我相信了梅里尔先生，开始像一个优胜者一样思想、行动，把自己看成优胜者，于是，真的就像个优胜者了。

齐格说："梅里尔先生并未教很多推销技巧，那年年底，我在美国一家7000 多名推销员的公司中，推销成绩列第 2 位。我从用克莱斯勒车变成用豪华小汽车，而且有望获得提升。第二年，我成为全州报酬最高的经理之一，后来成为全国最年轻的地区主管。"

齐格遇到梅里尔先生后，并不是获得一系列全新的推销技巧，也不是他的智商提高了 50 点，只是梅里尔先生让他确信自己有获得成功的能力，并给了他目标和发挥自己能力的信心。如果齐格不相信梅里尔先生，梅里尔先生的话对他就不会有什么影响。

"不管做什么事情，都要全力以赴。"罗素·康威尔说，"成功的秘诀无他，不过是凡事都自我要求达到极致的表现而已。"

约翰·伍登也有类似的名言，"成功，"他说，"就是知道自己已经倾注全力，达到自己能够达到的最极致的境界。"

成功的人不管做什么事情，必然都会全力以赴、追求完美。

4.少说空话，多干实事

凡事都要脚踏实地去做，不驰于空想，不骛于虚声，而唯有以求真的态度做踏实的工夫。以此态度求学，则真理可明；以此态度做事，则功业可就。

——李大钊

一个农夫家里只有两样值钱的东西：一头会干活的牛和一只会说话的鹦鹉。

一次，牛从田里干活归来，刚一进院，便躺在地上休息。鹦鹉见它气喘吁吁，汗流浃背，十分感慨地说："老牛呀，你那样吃苦受累，可主人说你什么呢？说你干活慢，有牛脾气。你呀，可真是受累不得好呀。你瞧我，不用干活，还让主人养着，主人还经常表扬我，说我会学舌，太可爱了，你说我是不是比你聪明多了。"

老牛说："我知道自己傻，但我相信主人不傻，所以靠漂亮话取宠是不会长久的。"

鹦鹉听了老牛的话不以为然。

有天夜里，农夫家里来了一伙强盗，抓住了农夫，他们逼迫农夫交出一件值钱的东西，否则就要农夫的命。鹦鹉心想：农夫最不喜欢老牛了，他肯定会把老牛交给强盗。

结果却出乎意料，农夫将鹦鹉交给了强盗。

鹦鹉不服气，它问农夫为什么会这样，农夫说："其实这道理很简单，没有牛就不能耕田，我就得挨饿，而没有你鹦鹉，只不过少听一些漂亮话而已，没什么大不了的。"

靠花言巧语是不能取得上司的奖赏与信任的，唯有认真实在地工作，将自己的价值显现出来,才有可能赢得上司的重视与提拔。

今天,有一种说法很流行:光有埋头苦干的精神不行,还得会搞关系。许多人认为现在学会做人比干好工作更重要;会"做人"的人吃香,而一门心思干工作,不过是"傻干",得不到一点好处。有人结合自己的亲身经历得出了"光靠实干要吃亏"的结论。为什么有人会欣赏"既要干工作更要拉关系"的观点呢?问题恰恰出在没把"做什么人"、"做老实人是否吃亏"等问题搞清楚。

有些人受社会上流传的"干得好不如关系硬"、"辛苦干一年,不如领导家里转一转"等歪理的影响,片面相信关系是万能的,导致价值取向和思想道德标准发生偏移,曲解了做人的真谛,把做人之道庸俗化了。如何做人,可以反映出一个人的人生态度、道德情操和思想境界。我们不否认身边确有极少数人靠拉关系得到"回报"和"好处",但绝大多数是靠实干获得进步的,这也是事实。靠实干赢得进步,才有做人的尊严,才能受到他人的敬佩。

有些人尽管工作干得不错,但背后却对领导吹吹拍拍、请客送礼,同样会让他人瞧不起,因为仅有"才"是不够的,人们看重的是德才兼备。更何况,靠关系得到的好处只是暂时的,不可能终生受益。当依靠的关系失去作用力时,好处也就没了。由此可见,认为做人须凭关系,实在是一种本末倒置。当然,光说"老实人终究不吃亏"是不够的,还必须让那些实干而不拉关系的人真正"香"起来,让那些看重关系和拉关系的人确实捞不到好处。作为领导,如果眼睛只盯着和自己亲近的人,实际上就是对拉关系者的纵容。因此,要端正一些人的做人之道,既要靠正确引导,帮助他们认清做人的真谛,同时还要坚持正确的用人导向。只有这样,才能营造一个"进步靠实干"、"实干者吃香"的环境。

5.集中精力去做事

学者有言，一个人到处分心，就一处也得不到美满的结果。　——乔叟

　　一位英国学者指出,如果一个人不把他的全部心灵用在某一件事情上,他就不可能有什么大的成就。歌德曾这样劝告他的学生:"一个人不能骑两匹马,骑上这匹,就要丢掉那匹,聪明人会把凡是分散精力的要求置之度外,只专心致志地去学一门,学一门就要把它学好。"

　　按照高级神经活动学说的解释,注意力这种心理现象,是由大脑皮质活动的重要规律之一——"神经过程的诱导律"所支配的。人在做某一件事时,大脑皮质的某一区域就会发生一种兴奋过程,其他相邻的区域则相应发生一种抑制过程。这样,一个兴奋,一个抑制,就构成了注意力的高度集中。一个人在读书时,如果他的注意力高度集中,书的内容居于他的意识中心,兴奋区域高度兴奋,它就会抑制各种外界干扰。反之,读书时注意力不集中,书的内容只居于他的意识边缘,那他的学习效果肯定不好。前苏联有个教育学家说过:"注意力是心灵的唯一门户,意识的一切都要经过它进来。"战国时候的孟子讲的两个小孩跟全国闻名的棋手学棋的故事,就生动地说明了连学下棋这样的小事情也非有高度的注意力不可。

　　以下的方法可以使你的注意力高度集中:

(1).使刺激引起的兴奋强烈起来

　　爱迪生在实验室可以两天两夜不睡觉,可是一听音乐便会呼呼大睡;苍蝇是四害之魁,瘟神之首,可是在仿生学家眼里,苍蝇竟成了"彩页"。可见,注意力与兴趣有着直接的关系。兴趣大的事情,对人的刺激就大,兴奋程度就高,注意力就容易集中。

（2）.排除外界干扰

这里有两条办法可供选择，一种是闹中取静。一种是闭门谢客，像诗人普希金那样，把自己关进书房，闭门苦读。小说家契诃夫则既能在喧哗的环境里写作，更能在宁静的书屋挥笔。英国科学家培根指出，演算数学题可以使人专心，因为做数学题稍一分心，就会做错或者根本做不出。如果你对数学没有兴趣，那就抄书吧！几张纸抄下来，注意力也就慢慢集中了。法国伟大科学家居里则说："当我像嗡嗡作响的陀螺一样高速旋转时，就自然排除了外界各种因素的干扰。"在这里，高尚的志趣，顽强的意志，完全可以对注意力的集中产生巨大的作用。

（3）.将时间分块，在一块时间中你要保证一次只做一件事情

不管你是在洗碗、打电话、上课、玩游戏、和你的朋友说话，还是阅读杂志，试着把精力只集中于一件事上。要投入到你正在做的事情中去，集中精力，你会发现有两件事开始发生。首先，你将确实在享受你正做着的，甚至是一些平常的事，像洗碗或洗澡之类。当你精力集中，而不是注意力分散，这会使你完全被你所做的事情所吸引，并对此有浓厚的兴趣，而不管它可能会是什么。第二件，你将惊异于你如此迅速和高效地把事情完成。因为你把注意力放在此时此刻，所以，在你生活的各个领域你的技能都有所增进——写作、读书、干杂活、以及打电话。

四 一分钟也不能拖延

一位大学校长在给学生做演讲时说："天才就是不断努力的人。"纯粹靠勤奋和毅力也能产生让人惊讶的成果。即使你的智力比别人稍微差一些，你的实干也会在日积月累中弥补这个弱势。

尽力让自己对现在的时光感兴趣，而不要等待将来。抓住你生命中的每一分每一秒，好好地度过你的每一分每一秒，珍惜你现在的时光。把你的时间耗费在空想或后悔中，只会使你失去现在，从而也不可能把握住未来。

昨天的一切都已属于过去，都已成为身后的风景，而明天的一切尚未到来，还只是未知数。聪明的人会把昨天和明天的担子甩开，聚精会神地关注今天，把手头的事情全心全意做好。

1.不做懒惰者

懒惰：它是一种对待劳动态度的特殊作风。它以难以投入工作而易于离开工作为其特点。

——杰普莉茨卡娅

古罗马人有两座圣殿，一座是勤奋的圣殿，一座是荣誉的圣殿。他们在安排座位时有一个顺序，即必须经过前者的座位，才能达到后者——勤奋是通往荣誉圣殿的必经之路。

由此，我们不难看出，勤奋是一所成功之人必须进入学习的高贵的学校。在这里你可以学到有用的知识，独立的意识得到培养，坚忍不拔的意识也会得到养成。勤奋本身就是财富。你是一个勤奋、肯干、刻苦的员工，就能像蜜蜂一样，采的花越多，酿的蜜也越多，你享受到的甜美也越多。

勤劳，是我们的传统美德。作为一个传统的以农业文明闻名的国家，勤劳总是备受推崇。这个美德至今都是我们的骄傲，我们的荣誉，我们的依靠。可能有人却认为勤劳是旧时代的东西，认为我们现代更需要的是运气，是钻营。可是商业巨子李嘉诚曾对媒体说过："在 20 岁前，事业上的成功百分之百靠双手辛勤劳动换来的；20 岁至 30 岁之间，事业已小有基础，那十年的成功，百分之十靠运气好，百分之九十仍是由勤奋得来；之后，机会的比例也渐渐提高；到现在，运气已差不多要占三四成了。"几年后他继续阐述他的观点："对成功的看法，一般中国人会自谦那是运气，很少有人会说那是辛勤劳动以及有计划的工作换来的。我觉得成功需要三个阶段。第一个阶段完全需要勤奋工作，不断奋斗而取得成果；第二个阶段，虽然有少许运气，但也不会有很多；现在呢？当然也要靠运气，但如果没个人条件，运气来了也会跑掉的。"

想自己的事业成功，想干出一番成就的朋友们，你可得记住了，勤劳是必要条件。当然我们不是每个人都会成为老板，但我不相信一个公司老板会要一个不勤劳的人，会要一个懒惰的家伙。你不做老板，想象一下你是老板的时候，你会要哪种人。在如今这个讲究效率、时间就是金钱的时代，一个懒惰的人是没人会要的，没人会喜欢的，就算是做朋友，条件都有所欠缺，这一点你永远也不要怀疑。有这样一则故事：

有一个又老又脏的乞丐天天站在路旁乞讨，他每天早上都虔诚地祷告，希望奇迹能降临到自己身上。

一天，当他祈祷完毕，一位全身发光的天使站到了乞丐面前。天使告诉乞丐，上帝可以实现他的三个愿望。

老乞丐心中大喜，毫不迟疑地立刻许下了他的第一个愿望：要变成一个有钱人。刹那间，他就置身于一座豪华的大宅院中，身边有无数的金银财宝，终其一生也享用不尽。

老乞丐又向天使许下第二个愿望：希望自己重新拥有青春。果然，一阵轻烟过后，老乞丐变成了二十岁的年轻小伙子。这时，他兴奋到了极点，不假思索地说出了第三个愿望：一辈子不需要工作。

天使点了点头，他立刻又变回了原来那个又老又脏的乞丐了。

乞丐不解地问："这是为什么？这个愿望说出来之后，我为何变得一无所有了呢？"

一个声音从天边传来："工作是上帝给你最大的祝福。想一想，如果你什么都不做，整天无所事事，那是多么可怕的一件事！只有投入工作，你才能变得富有，才有生命的活力。现在你把上帝给你的最大的恩赐扔掉了，当然就一无所有了！"

无论是对个人还是对一个民族而言，懒惰都是一种堕落的、具有毁灭性威力的东西。懒惰、懈怠从来没有使人在世界历史上留下好名声，也永远不会留下好名声。懒惰是一种精神腐蚀剂，因为懒惰，人们不愿意爬过一个小山岗去观赏那一边的风景；因为懒惰，人们不愿意去战胜那些完全可以战胜的困难。因此，那些生性懒惰的人永远不可能在社会生活中成功。成功是那些辛勤劳动的人们头上的花环，懒惰是恶劣而卑鄙的精神重负。做人一旦与这个词语相连,就只会整天怨天尤人,精神沮丧,无所事事,而且对社会无用、对别人无益。

高尔基在谈到劳动的作用时说:"我知道什么是劳动,劳动是世界上一切欢乐和一切美好事情的源泉。我们世界上最美好的东西,都是由劳动,由人的聪明的手创造出来的。只有人的劳动才是神圣的。"

一位大学校长在给学生做演讲时说:"天才就是不断努力的人。"纯粹靠勤奋和毅力也能产生让人惊讶的成果。即使你的智力比别人稍微差一些,你的实干也会在日积月累中弥补这个弱势。

实干并且坚持下去是对勤奋刻苦的最好注解。要做一个好的员工,你就要像那些石匠工人一样。他们一次次地挥舞铁锤,试图把石头劈开。也许100次的努力和辛勤的捶打都不会有什么结果。但最后的一击石头会裂开的。那就是你成功的时候,这种成功正是你勤劳刻苦的结果。

对于勤奋的人来说,事业总是会给他最高的荣誉和奖赏。为了达到更好的更大的工作成就,加薪也好,提升也好,你必须不断地奋斗。刻苦地训练专业技能尤其必要。勤奋的敬业精神更像一个助动器,把你自己推到上司欣喜常识的面前。

如果你是有志于工作的人,你就不会抱怨现在的工作,因为所有的抱怨都是徒劳的,你会不断问自己:"我勤奋吗?"勤奋是走向成功的坚实的基础。当你有一天得到发展的机会,你应该自豪地对自己说:"这都是我刻苦努力的结果。"

勤奋的劳动之所以是神圣的,是因为劳动创造了人,创造了人类社会,创造了人类社会的一切。恩格斯在谈到劳动的神圣意义时指出:"它是整个人类生活的第一个基本条件,而且达到这样的程度,以致我们在某种意义上不得不说:劳动创造了人本身。"人类产生的历史告诉我们,是劳动使得类人猿的手和脚分了工;是劳动使得原始人产生了交流思想的语言;是劳动使类人猿的脑髓逐步发展成为人的大脑,从而使人成为世界上的"万物之灵"。

有歌词唱道:"生活就像爬大山,生活就像趟大河。"不管你是否愿意,生活总是不以人的意志为转移地将难题、困窘推到你的面前,让你时常领略到

"爬山"、"趟河"的滋味。

　　勤奋不仅创造了人类,而且还创造了人类社会。精勤自有丰收日,时光不负苦心人。学海无涯,唯勤是岸;功多艺熟,业精于勤。

2.现在就做,不要等待

失去的土地总是可以复得的——失去的时间则将永不复返。 ——罗斯福

很多人工作都习惯于等待:等一会儿再说,等到条件成熟再说,等到有了好心情再说,等到有了好的状态再说,这些都成了我们的托词,我们花费很多的时间好让自己能"进入状态",却没有想到状态是干出来的而不是等出来的。请记住,栽一棵树的第一个最好的时间是20年前,第二个最好的时间就是现在。

只要我们好好想一想,我们就能知道,除了现在之外,我们并不能把握住其他的时刻。如果能使自己专心致志于自己的现在,专心致志于经常被你忽视并让它白白流逝的现在,那你必定能生活得比过去更充实、更幸福。

但忽视现在可以说是我们传统文化中的通病,为了将来,我们不断地牺牲现在。有这样一个故事,讲的是有一个中国老太太和一个美国老太太死后在天堂中相遇。中国老太太不无惋惜地说:"我辛苦了一辈子,刚刚建好了一栋楼房,可惜没有享受几天。"美国老太太则舒了口气说道:"我住了大半辈子的楼房,前几天刚刚还完了住房贷款。"为了想象中的将来,我们忽视、牺牲了我们的现在。

其实,现在才是我们的一切。将来只是当它来临时,才能成为我们可以把握的时刻。我们应该珍惜我们的每一时刻,过去了的就让它过去,也不要老是幻想将来。好好把握住现在,它才是你唯一的所有。

尽力让自己对现在的时光感兴趣,而不要等待将来。抓住你生命中的每一分每一秒,好好地度过你的每一分每一秒,珍惜你现在的时光。把你的时间耗费在空想或后悔中,只会使你失去现在,从而也不可能把握住未来。

当我们碰到较困难的工作时,经常会不知道从何处着手,迟迟无法采取任何行动。这时,该怎么做呢?

事实上,只要尽量"着手去做"就行了,并且从最简单、最容易下手的部分去做,而不要在乎次序。当简单的部分做完之后,你自然知道应如何继续较艰难的部分。

例如,当你撰写论文或书籍时,迟迟下不了手不能动笔,这时你就可以先从你最熟悉的部分起笔。同时,如果你已养成了直接在计算机上写作的习惯,就可以完全不受先后次序的影响。

英国有句谚语:"开始做便就完成了一半!"其实工作往往不如我们想象的那般棘手,因此,别还没开始就被自己心里的"畏难"逼退了。

搁着今天的事不做,而想留待明天做,在这拖延中所耗去的时间、精力,实际上早能够将那件事做好了。

日本保险行销之神原一平为了实现他争第一的梦想,全力以赴地工作,早晨 5 点钟睁开眼后,立刻开始一天的活动;6 点半钟往客户家中打电话,最后确定访问时间;7 点钟吃早饭,与妻子商谈工作;8 点钟到公司去上班;9 点钟出去行销;下午 6 点钟下班回家;晚上 8 点钟开始读书、反省,安排新方案;11 点钟准时就寝,这就是他最典型的一天生活。从早到晚一刻不闲地工作,从而摘取日本保险史上销售之王的桂冠。

所以,我们应该"抓住今日",不挑时间,不挑地点,说干就干。

3.抓住事情的重点

一条铁链的坚固程度取决于它最弱的一个环节。

——多莱尔

工作是一种价值的创造，不能产生价值的工作不能称之为工作。在我们身边，对工作重点漠不关心，甚至根本就抓不到重点，只把精力花费在那些琐碎小事上，这样的人实在是太多了。他们首先是在思想上没有一种强烈的上进心。

人的一生充满了各种不同的遭遇，很难期望能平平稳稳，没有任何挫折困难，所以，有时不禁也要发出慨叹。然而，在这一连串的不幸事故中，我们总能想法去发现几个重要之处。那种拖拖拉拉、慵慵懒懒面对工作的态度，是不妥当的。

在漫长的人生过程中，因为能够发现工作的重点，我们的心态才得以改变。重要的是，我们倘能分辨、察觉出这一个个的关键，我们的思想也会随之更新改变。了解了这些关键的重要性，并且能切实掌握住这些关键处，各式各样的遭遇全都成为有助于我们更新进步的动力。

社会有"盲目"的一面，所以，工作马虎或整天混日子，有时候也可以过得去，因为社会是宽容的。但如果长此下去，认为社会上的一切事情莫不如此，都可以敷衍了事，终究会遇到"视力正常"的一面，陷于进退维谷的境地。

有时候，一个具有清晰的头脑，肯吃苦、肯努力的人，因为某种因素，难于被别人接受。置身于这种境界，难免认为别人是冷酷的，自己是孤独的，于是丧失希望。所以，不必悲观，瞎子有千人，视力正常的也有千人，社会上仍是温暖的，明眼人自然能接受你的努力态度。尽管有的人是无情的，但有的人却是有情的。对于社会必须保持谦虚的态度，始终抱着希望，脚踏实地，向自己的方向迈进。散漫的工作态度，不可能涌出智慧，也不可能有所创意。没有紧张，也就没有丝毫的喜悦。

工作就是竞赛——一分一秒的竞赛。问题是，人们有没有抱着参加竞赛的思想，认真去做每天的工作呢？一般工作，稍有疏忽，偶尔遭受失败，仍然不至于丧失生命。一天这样过去了，工作暂告一段落，精神上难免松弛不振、疏忽大意。每天重蹈覆辙，总不能令人有耳目一新的表现。这种生活的态度，不可能涌出智慧，也不可能有所创意。没有紧张，也就没有丝毫的喜悦。

太平无事的时候，还可以过着这样的生活，但是，现实却不允许我们如此。当前的形势瞬息万变，不容许片刻的疏忽。置身于这种境界而缺乏找到工作重心的勇气，则无从产生真正的繁荣。勇敢地面对忧虑，打倒它，不要在它面前低头。

头脑越用越灵，经验越积越多，工作越做越顺手，成果越来越显著，这样一个良性循环的过程，需要个人自己去创造。能力，并不是天生的，要靠在工作中，在处理事务的过程中逐步培养，不去锻炼自己，怎么会有过人之处呢！

在工作开始之前明确重点，虽然会花去一定的时间，但这对以后的工作很有影响，可以防止你碌碌无为，帮你少走弯路，少做无用功。磨刀不误砍柴工，这句老话依然有它的不朽风采。

4.积极地行动起来

20世纪80年代的年轻人有句口号："从我做起，从现在做起。"坐着说话不如起来行动，给自己施加一些压力吧，你会惊喜地发现自己有很大的潜力。

——李慧波

长辈们常常叮嘱我们，年轻的时候要多努力，不然到老了会后悔莫及。不论是今日事今日毕的做事态度，还是未雨绸缪的生活哲学，只要今天的你还有能力和体力，就要把握最佳的状态和时机，把能力尽情发挥。

日常要维持一项工作的正常运转，总有一些例行琐事需要处理。久而久之，我们很容易满足于仅仅处理这些日常例行之事，安于现状，不思进取。这是人的惰性使然。其实，在动物界又何尝不是这样。

"大鱼吃小鱼"是大自然的规律，然而科学家通过一项特别实验，却得到了相反的结论：这个试验是将一只最凶猛的鲨鱼和一群热带鱼放在同一个池子，然后用强化玻璃隔开，最初，鲨鱼每天不断冲撞那块看不到的玻璃。但这只是徒劳，它始终不能游到对面去。

而实验人员每天都有放一些鲫鱼在池子里，所以鲨鱼也没缺少猎物，只是它仍想到对面去，想尝试美味，每天仍是不断冲撞那块玻璃，它试了每个角落，每次都是用尽全力，但每次也总是弄得伤痕累累，有好几次都浑身破裂出血，持续了好一些日子，每当玻璃一出现裂痕，实验人员马上加上一块更厚的玻璃。

后来，鲨鱼不再冲撞那块玻璃了，对那些斑斓的热带鱼也不再在意，好像它们只是墙上会动的壁画，它开始等着每天固定会出现的鲫鱼，然后用它敏捷的本能进行狩猎，好像回到了海中。

实验到了最后的阶段，实验人员将玻璃取走，但鲨鱼却没有反应，每天仍是在固定的区域游着，它不但对那些热带鱼视若无睹，甚至于当那些鲫鱼逃到那边去它就立刻放弃追逐，说什么也不愿再过去。实验结束了，实验人员讥笑它是海里最懦弱的鱼。

很多人的心理也像那条鲨鱼一样，心中也有无形的玻璃——惰性。这些惰性让我们忘记了继续前进，以为只要一直按着老办法行事，就会一切太平，这已经使得他们不敢再越雷池半步，让他们不敢大胆地表明自己新的观念，或者在挫折面前采取"一朝被蛇咬，十年怕井绳"的态度。我们要在事业上取得成功，就要不断地打碎心中的这块玻璃，不断与我们的惰性斗争，积极地行动起来，超越无形的障碍，在工作中继续进步。

大家一定都看过电视上的烹饪节目。许多人可能产生过这样的疑问：这个食谱和这个节目有什么了不起的呢？你可能会想：我做的菜可比电视里这个絮絮叨叨的人强多了。

那么，为什么是那个人上了电视而不是你呢？你也许会想，或许是那些有特殊才能的人才有机会上电视吧。不管怎样，结果是他上了电视而你却没有。那么一个人怎样做才能够成功地上电视呢？

实际上在成功的人与不太成功的人之间只有一个小小的区别：那就是成功的人动手去做了，而不成功的人一直在犹犹豫豫。

成功的人不会去想："那样做后果会如何呢？"他们想的是："为什么我不去做呢？"

著名的"红色男爵"曼弗雷德·冯·理查多，是第一次世界大战中最好的战斗机飞行员，但是他本来是个骑兵。有一天，他想："我为什么不去开飞机呢？"他这样想了，也这样做了。他改行的经历起初很失败。在训练中他摔了好几架飞机，上级差一点就开除了他这个自以为会飞的骑兵。但是他从来没有怀疑过自己。一旦伤愈，他就登上另一架飞机开始训练，直到掌握了全部技巧。他人的批评和意见没能影响到他的自信，他全身心地投入了飞行事业。

5.处理事务有条有理

性情宜平，心思宜专。平则不偏，专则不杂。不偏则事理得，不杂则可免始勤终怠之弊。

——陈宏谋

一位商界名家将"做事没有条理"列为许多公司失败的一大重要原因。

工作没有条理，同时又想把蛋糕做大的人，总会感到手下的人手不够。他们认为，只要人多，事情就可以办好了。其实，他们所缺少的，不是更多的人，而是使工作更有条理、更有效率。由于办事不得当、工作没有计划、缺乏条理，因而浪费了大量员工的精力，但吃力不讨好，最后还是无所成就。

没有条理、做事没有秩序的人，无论做哪一种事业都没有功效可言。而有条理、有秩序的人即使才能平庸，他的事业也往往有相当大的成就。

任何一件事，从计划到实现的阶段，总有一段所谓时机的存在，也就是需要一些时间让它自然成熟的意思。无论计划是如何的正确无误，总要不慌不忙、沉静地等待其他更合适的机会到来。

假如过于急躁而不甘等待的话，经常会遭到破坏性的阻碍。因此，无论如何，我们都要有耐心，压抑那股焦急不安的情绪。

一位企业家曾谈起了他遇到的两种人。

有个性急的人，不管你在什么时候遇见他，他都表现得风风火火的样子。如果要同他谈话，他只能拿出数秒钟的时间，时间长一点，他会伸手把表看了再看，暗示着他的时间很紧张。他公司的业务做得虽然很大，但是开销更大。究其原因，主要是他在工作安排上颠三倒四，毫无秩序。他做起事来，也常为杂乱的东西所阻碍。结果，他的事务是一团糟，他的办公桌简直就是一个垃圾堆。他经常很忙碌，从来没有时间来整理自己的东西，即使有时间，他也不知道怎样去整理、安放。

另外有一个人，与上述那个人恰恰相反。他从来不显出忙碌的样子，做事非常镇静，总是很平静祥和。别人不论有什么难事和他商谈，他总是彬彬有礼。在他的公司里，所有员工都寂静无声地埋头苦干，各样东西安放得也有条不紊，各种事务也安排得恰到好处。他每晚都要整理自己的办公桌，对于重要的信件立即就回复，并且把信件整理得井井有条。所以，尽管他经营的规模要大过前述商人，但别人从外表上总看不出他有一丝一毫的慌乱。他做起事来样样办理得清清楚楚，他那富有条理、讲求秩序的作风，影响到他的全公司。于是，他的每一个员工，做起事来也都极有秩序，一派生机盎然之象。

你工作有秩序，处理事务有条有理，在办公室里决不会浪费时间，不会扰乱自己的神志，做事效率也极高。从这个角度来看，你的时间也一定很充足，你的事业也必能依照预定的计划去进行。

厨师用锅煎鱼不时翻动鱼身，会使鱼变得烂碎，看起来就不觉得好吃。相反的，如果尽煎一面，不加翻动，将粘住锅底或者烧焦。最好的办法是在适当的时候，摇动锅子，或用铲子轻轻翻动，待鱼全部煎熟，再起锅。

不仅是烹调需要秘诀，做一切事都是如此。当准备工作完成，进行实际工作时，只需做适度的更正，其余的应该让它有条不紊，顺其自然地发展下去。

人的能力有限，无法超越某些限度，如果能对准备工作尽量做到慎重研究、检讨的地步，至少可以将能力做更大的发挥。

今天的世界是思想家、策划家的世界。唯有哪些做事有秩序、有条理的人，才会成功。而那种头脑昏乱，做事没有秩序、没有条理的人，成功永远都和他擦肩而过。

6.今天的事不要推到明天

如果你爱永远，就该很好地利用时间。昔日不能再回来，明天也不一定有保证，只有今天才是你的，而稍耽误会逝失，失去的将不再复返。一个今天抵得上两个明天。

——奈尔斯

理想主义者说，昨天是今天，明天是今天，今天是今天，后天也是今天，未来的每一个日子，都是今天的延续，每个人的一生都是由"现在"堆积而成的。没有现在，也就没有过去和将来。过去的自己虽然成为现在的自己，但是，却不一定可以持续到未来。所以，不要忽略了"现在"这个生活的黄金时刻。在人的一生中，为了工作、吃饭、迎来送往、睡觉等琐碎而繁杂的事情，因此忙得团团转，很少有人能够在现在过着"安静的生活"、"努力踏实地工作"。

大部分的人都是从早忙到晚，忙工作，忙吃饭，忙学习，忙爱情，忙玩，却不知所为为何，忙来忙去忙死了，却没有休闲的片刻。"忙"字从"心"从"亡"。有的人口中说忙碌，凡事却不肯尽心尽力去做，最后"心"果真"亡"了，而使自己变得更加爱拖延起来。

生活中常有这样的事情发生。朋友打电话来有事找，你不在，同事转告给你，叫你有空给朋友回电话，但你没有立即回电话，而是一天一天地向后拖延，直到有一天记起来，才打电话给朋友，朋友在电话里说，前几天正好有一笔生意介绍给你，一直等不到你，只好告吹了。你听后，一定追悔莫及。在拖延中，使你错过了一次致富的机会。又有不少人写信给你，其中有一些必须立刻回信，但每次你都会偷懒地想："等一下吧。"直等到信都找不到了，才开始懊悔。此外，也有不少人请你写稿，可是桌上尽管摆好了纸笔，却提不起劲来，等到对方催促时，才匆忙振笔疾书，但书稿的质量难尽如人意。

说到底，你应该一日有一日的理想和决断。昨天有昨天的事，今天有今天的事，明天有明天的事。今天的理想，今天的决断，今天就要去做，一定不要拖延到明天，因为明天还有新的理想与新的决断。

放着今天的事情不做，非得留到以后去做，其实在这个拖延中所耗去的时间和精力，就足以把今天的工作做好。所以，把今天的事情拖延到明天去做，实际上是很不划算的。比如写信就是一例，一收到来信就回复，是最为容易的，但如果一再拖延，那封信就不容易回复了。因此，许多大公司都规定，一切商业信函必须于当天回复，不能让这些信函拖到第二天。

命运常常是神奇的，好的机会往往稍纵即逝，有如昙花一现。如果当时不善加利用，错过之后就后悔莫及。

美国商业精英鲍伯·费佛在他的每个工作日里，一开始的第一件事情，就是将当天要做的事情分成三类：第一类是所有能够带来新生意、增加营业额的工作；第二类是为了维持现有的状况、或使现有状态能够继续存在下去的一切工作；第三类则包括所有必须去做、但对企业和利润没有任何价值的工作。

在完成所有第一类工作之前，鲍伯·费佛绝不会开始第二类工作，而且在全部完成第二类工作之前，绝对不会着手进行第三类工作。

"我一定要在中午之前将第一类工作完全结束"，鲍伯给自己规定，因为上午是他认为自己最清醒、最有建设性思考的时间。"你必须坚持养成一种习惯：任何一件事情都必须在规定好的几分钟、一天或者一个星期内完成，每一件事情都必须有一个期限。如果坚持这么做，你就会努力赶上期限，而不是永无休止地拖延下去。"

现在有一种人，他"目光远大"，从来就只看到明天，唯独看不到今天。明天成了他有恃无恐的理由。在他的逻辑中，明天就是希望的象征，而今天比之于明天，就显得太没意义，他不会意识到总有一天，他的生命中将没有明天。而且，明天的成功，没有今天的努力作为踏板怎么行？谁都明白，没有谁能一步登天。若是对自己负责，就不要拿青春去赌明天。

明朝诗人文嘉写过一首《明日歌》：

明日复明日，明日何其多。

我生待明日，万事成蹉跎！

世人若被明日累，春去秋来老将至。

朝看水东流，暮看日西坠。

百年明日能几何？请君且听《明日歌》。

这首诗把"明日"二字透悟得清楚明白，警世作用不可低估。

一位时间管理专家说过一句话："若要享受生命，现在正是时候——不是明朝，不是明年，也不是死后的来世，而是现世报。为了明天有更好的生活，最佳的准备是今天就充实而快乐地生活。相信丰饶的将来没有多大意义，除非先创造一个丰饶的现在。"

这句话道出了正确的时间利用观，同时可以将它推己及人，成为我们的"明日观"。

7.不要拖延,该做的事赶紧去做

盛平不再来,一日难再明;及时当勉励,岁月不待人。 ——陶渊明

时间是这样一种看不见摸不着的东西,它就是在这样一点一点的延误中悄悄地逝去了。然而,拖延者毫不珍惜总是要等到最后一分钟才去做,不但让事情变得更困难,以致经常延误时效,使自己总是生活在焦虑中。

他们总是抱着这样的想法:"白天做不完,夜晚还可以做;平时做不完,周末、星期天还可以做,时间多得是。"这样的想法使得本来八个小时可以做妥的事被拖延到十个小时才能完成;五天可以做成的事要拖到六天甚至一周才完成。这已是一个效应规律。

(1).典型的拖延事例

首先,给你描绘一下一种典型的拖延事例。某天清晨,张三于上班途中,信誓旦旦地下定决心,一到办公室即着手草拟下年度的部门预算。他准时于九点整走进办公室。但他并不立刻从事预算的草拟工作,因为他突然想到不如先将办公桌以及办公室整理一下,以便在进行重要的工作之前为自己提供一个干净与舒适的环境。他总共花了三十分钟的时间,使办公环境变得有条不紊。他虽然未能按原定计划于九点钟开始工作,但他丝毫不感到后悔,因为三十分钟的清理工作不但已获得显然可见的成就,而且它还有利于以后工作效率的提高。他面露得意神色随手点了一支香烟,稍作休息。此时,他无意中发现报纸彩图照片是自己喜欢的一位明星,于是情不自禁地拿起报纸来。等他把报纸放回报架,时间又过十分钟。这时他略感不自在,因为他已自食诺言。不过,报纸毕竟是精神食粮,也是重要的沟通媒体,身为企业的部门主管怎能不看报,何况上午不看报,下午或晚上也一样要看。这样自己一开脱,心也就

放宽了。于是他正襟危坐地准备埋头工作。就在这个时候,电话声响了,那是一位顾客的投诉电话。他连解释带赔罪地花了二十分钟的时间才说服对方平息怒气。挂上了电话,他去了洗手间。在回办公室途中,他闻到咖啡的香味。原来另一部门的同事正在享受"上午茶",他们邀他加入。他心里想,刚费心思处理了投诉电话,一时也进入不了状态,而且预算的草拟是一件颇费心思的工作,若无清醒的头脑则难以胜任,于是他毫不犹豫地应邀加入,便在那前言不搭后语地聊了一阵。回到办公室后,他果然感到精神奕奕,满以为可以开始致力于工作了。可是,一看表,乖乖,已经十点三刻!距离十一点的部门联席会议只剩下十五分钟。他想:反正在这么短的时间内也不适合开始比较庞大的工作,干脆把草拟预算的工作留待明天算了。

张三身上有许多人的影子,养成这样拖延的恶习,终会一事无成。

(2).拖延的代价

没有别的什么习惯比拖延更为有害,更没有别的什么习惯比拖延更能使人懒怠、减弱人们做事的能力。

下面是你为拖延付出的代价:

代价一:拖延是今天的杀手

日子在蹉跎、犹豫中一天天逝去,越拖你越恐慌,越拖你心里越没底。莎士比亚有句名言:"放弃时间的人,时间也会放弃他。"若是时间放弃了你,等待你的将是无限制的恶性循环,如果不及时醒悟,后果将不堪设想。

代价二:拖延会使你终日生活在遗憾中

什么事都做不成,什么事都好像越来越不如意。回顾一天的作为,你会慨叹:今天又有这么多事没完成,明天还有那么多工作要做。你永远都只能生活在无止境的遗憾里。

代价三:拖延使你陷入烦躁的情绪之中

一件事久办未完,在心里沉甸甸地压着,就像脖子上挂着一块石头,又好像陷入了不能自拔的泥坑,这怎么不使你焦虑烦躁、寝食难安呢?

代价四:拖延使你待处理的问题越积越多

每天对着桌面上堆积如山的未处理工作,却不知从何下手,结果往往是丢了这件又忘了那件，一件不成又半途而废，费时费力，结果问题是越来越多。

代价五：拖延使你一再地遭受心理挫折

它会使你对自己越来越丧失信心，你开始怀疑自己的能力，或者迁怒于所处的工作环境，产生怨气，抱怨自己的才能得不到发挥或者老有这样那样的事来阻碍你的工作。

代价六：拖延还会使你健康不良

拖延所带来的工作上的挫败感，使你情绪低落，终日烦躁无味，心思复杂，必定会让你从精神上的消沉发展到身体上的疾病，身心不舒畅，心里抑闷，随之而来的是各种各样的病症，头早早秃了，胸闷了，甚至连感冒也多起来了。须知生理上的健康也是极重要的。

代价七：拖延使你前途黯淡，与晋升无缘

一个上司绝不会一而再、再而三地容忍部下办事拖拉，不讲求实效，做不出什么业绩来。上司需要的是强有力的辅助者，而不是优柔寡断的跟随者。

代价八：拖延使你陷入贫乏的人际关系

如果你做事拖延，当断不断，估计同事、朋友也不愿意与一个拖拉虫来往。很多时间不经意地拖延，会使你失去你本来有的东西，譬如像朋友的友谊，还有同事的帮助，等等。你如果想拥有良好的人际关系，必须先得让自己成为守时、守信、不拖延的人，这样才能赢得良好的人缘。

（3）.解决拖延习惯的方法

如果拖延是你行为模式中的主要问题，那你就改变行为模式，不能再拖延了。

你至少有三个办法可以有效地解决"拖延"问题：

①分阶段实施法。

②平衡评估表。

③养成有系统的习惯。

下面我们具体分析一下这三种办法并看看如何去使用。

方法一，分阶段实施

让我们先来看生活中常见的一个现象：腊肠切开之前非常粗大，看起来令人倒胃口。但是把它切成薄片以后，看起来感觉就不一样了。切好以后，你就可以随意处理它了；你也可以放在嘴里大嚼一番，并发现味道很佳。

当你发觉自己在拖延一项重要的工作时，你可以尽量把它分成许多小而易于立即去做的工作，而不要强迫自己一下子完成整个工作，但要做好你表中所列的许多"阶段工作"中的一项。

例如，你已经拖延很久，不去打一个你应该打但可能会令你不愉快的电话。在这种状况之下，采用"分阶段实施法"你就可以这样去做：

第一，查出电话号码，并且写下来。

第二，定出一个打通这个电话的时间（要求你立刻去打通电话显然有些超出你现有的意志力量，因此让自己先轻松一下。但是要有一个补偿，那就是坚定地承诺在某一时间打通这个电话，并且把这个时间写在你的台历上）。

第三，找到一些相关的资料，看看这个电话到底与什么有关，究竟是怎么一回事。

第四，先要心里想好自己要说些什么。

第五，打通这个电话。如果这是一件主要工作，而且细分的阶段也很多，那就排一个详细的计划表，使每一件细小工作简化便捷到可以在几分钟以内做好。这样当你在每次与人会谈之间，或在等电话的几分钟内，就可以解决一两项立即可以做好的小事。没有这张工作分段表，你可能永远不会着手去做这件大工作。

请记住：这项整个工作的第一阶段——第一件可以立刻做好的小工作——就是用文字列出这件整个工作进行中的许多分步骤。

"分阶段各个击破"的原则不只可以用在作战计划之中，也可以用于工作之上。只要你动动脑筋，任何事都可以迎刃而解。

方法二，平衡评估表

使你脱离困境的另一个好办法，是用文字来分析你所要做的事情。

在一张纸的左边，列出你拖延某一件工作的所有理由，在右边则列出你着手完成这件工作可能得到的所有好处。

这样对比后的效果会极为惊人。在左边你通常只能有一两个情感上的借口，诸如"这会遇到尴尬的场面"，或"我会觉得很无聊"等等。但是在右边，你会列出许多好处，其中第一个好处常是完成一件发布完成而又令人不愉快的工作的那种喜悦感。

这种效果表现得非常快速而富有戏剧性。你会从怠惰中清醒过来，并开始工作，获得你表中所列的许多好处。

方法三，养成有系统的习惯

养成有系统的习惯是最基本的方法，是基于我们认识到不能立刻采取行动，并不是因为这件工作有什么特别的困难，而是我们又已经养成了拖延的习惯。拖延很少是因为某些特定事项，通常是由一种根深蒂固的行为模式所导致。如果我们能够改变思考习惯，前面的两个方法就不很重要了。

这种事实非常重要。那些办事效率高和效率低的人的最大差别往往在于，办事效率低的人习惯于这样想，这件工作虽然必须做，却是一件令人不愉快的工作，因此我尽量把它搁着。而高效率的人则习惯于这样想，这项工作办起来虽然会令人不愉快，却必须做，因此我现在就要把它办好，好早一点把它忘掉。

对于很多人来说，一想到要改变某种根深蒂固的习惯，他们就感到不自在。他们已经努力过好多次，单纯以意志力量来改变习惯，结果都失败了。其实并没有什么困难，只要你采用合适的方法。

美国心理学之父威廉·詹姆士有一篇谈习惯的著名论文，他讨论过一种办法，曾刊登在 1887 年的《大众科学》杂志上。后来的行为学家经过研究，也确认这个办法有效。如果我们将它应用到改变拖延习惯上，这个办法大致是这样的：

第一，当你受到我们所说的这些观点的激励时，就立刻决定改变旧习惯。迅速采取这第一步极为重要。

第二，不要试图一次做太多的事情。不要想一下子完全改变自己，现在只要强迫你自己去做你所拖延的事情之一。

第三，你要接受一项忠告——在你的新习惯逐渐固定形成这段时间，尤其是在头两个星期，你必须要特别小心，不容有任何例外。

8.关注今天,活在今天

抓住今天,现在开始工作!每天都是一次新的生活,抓住它,因为我们在今天已经悄然走进明天。

——鲍尔斯

在工作的词典里,"明天"是一个令人感到愉快的词,因为有了明天,就有了希望、有了憧憬。失意落魄的人用它当作精神上的最后一根支柱,成功得意的人将它当做将到达的下一个目标的里程碑。如果哪一个人对明天失去了信心,那么就可以宣布:他已无药可救!

一位赫赫有名的商界老总,在记者提出让他描绘公司明天前景时,这位老总没有如人们所预料的那样侃侃而谈,而是满怀自信地告诉记者:"我们当然要关注明天,但我们最关注的是今天,只要你看看我们今天实实在在地做些什么,在如何努力地做着,就知道我们的明天会怎样了。"

这位老总的回答透着耐人寻味的道理:只有善于关注今天的人,才能拥有骄傲的明天,任何好高骛远或盲目悲观都是空中楼阁,因为只有脚下的土地才最坚实。

1871 年的春天,一位正在普通医学院读书的年轻人,面对自己一直不曾优秀的学业、面对现实生活中的繁难,面对不可预料的前途,极度地悲观起来,他忧心忡忡担心毕业考试不能通过,担心即使勉强通过了,毕业后又该如何求职,如何创业,如何与人相处,如何少走一些弯路,如何才能少遭遇一些生活的磨难等等,不尽的忧虑,使他感觉不到人生、生活的美好。

无边的烦恼困扰着他,他无助地翻开了一本书。蓦然,书中的一句话像晴空一个霹雳,深深震撼了他的心灵。从那天起,他完全变成了另外一个人,他把所有烦恼统统甩得远远的,用快乐和充实来安排第一天。后来,他成了他所生活的那一时代最负盛名的医学家，创建了世界著名的约翰霍普金医学院，获得了英帝国学医的人所能得到的最高荣誉——成为牛津大学医学院指定讲座教授，他还被英国皇室册封为爵士。死后，他的一生用了厚达 1466 页的长卷书写。

他就是威廉·奥斯勒。他在 1871 年春天读到的改变他一生命运的一句话，内容极其简单——"最重要的就是不要去看远方模糊的画，而要做手边清楚的事。"

1917 年，他在耶鲁大学演讲时，许多同学追问他成功的秘诀是什么，他微然一笑说了四个字——活在今天。

威廉·奥斯勒博士说得没错。昨天的一切都已属于过去，都已成为身后的风景，而明天的一切尚未到来，还只是未知数。聪明的人会把昨天和明天的担子甩开，聚精会神地关注今天，把手头的事情全心全意做好。

所以，你要全身心拥抱每一个迎面扑来的真实今天，让充实、快乐的每一个今天，成为应对明天的最好准备。抓住了"今天"，才谈得上积极进取，力争向上；抓住"今天"，才不至于被时代所淘汰；抓住了"今天"，才不至于处处被动，以至于在急剧变化的形势下手足无措。

贝多芬曾说过这样一段话：我们没有学习到一些有用事物的日子，都白白浪费掉了。人没有比光阴更贵重、更有价值的东西了，所以千万不要把您今天所做的事拖延到明天去做。

有一些人的时间抓不紧，便埋怨今天天气不好、身体不舒服，或者有几个材料没找到不好动手，待找全了资料一鼓作气完成；或者说现在条件不成熟，急不得，慢慢来；或者说昨天夜里没睡好，头昏昏然；或者认为中国向来是"枪打出头鸟"，"雨打出头橡"，还是看看"左邻右舍"再说吧，等等。用不一而足的理由原谅自己。总之，是今天不宜做事，甚至搬出前人的经验，"那些犯错误的不都是急急忙忙傻干的人吗？""你看人家××，临事从来不走到前头，话不多说一句，事不多干一点，明天、后天可以办的事，决不今天办，从来不犯错误。"等等。好像犯错误是"说干就干"的结果，好似充分抓住"今天"就必定犯错误。抓紧"今天"，充分利用时间和犯错误没有必然联系。如果违背国家的法律，所作所为不符合社会公共道德,早干晚干、干快干慢都是错误的。那种工作拖拖拉拉,毫无生气本身就是浪费青春,是一种慢性自杀。

在时间面前,弱者是无能的,他只是看着珍贵的时间白白流去;而强者却是时间的主人,充分利用分分秒秒为实现理想而努力工作。

电视连续剧《西游记》的主题歌唱得好:"路在何方?路在脚下。"这也说明:不要等待,不要观望,从自己立足的地方,大踏步朝前迈就是了。没有条件,努力去创造条件,没有知识,努力去获得知识,在时间上千万不能等待未来。只有牢牢抓住今天,才能赢得未来。

曾有《今日诗》一首,诗云:"今日复今日,今日何其少?今日又不为,此事何时了?人生百年几今日,今日不为真可惜。若言姑待明朝至,明朝又有明朝事。为君聊赋今日诗,努力请从今日始。"如何对待"今日事"?是"今天做"还是"明天做"?是一个人生态度问题,是能否成功的关键。

五　心中常存责任感

　　责任没有重量，责任不是包袱，而是一种喜悦的关怀与无求的付出，责任就是爱！

　　该出手时就出手，公司的每一个部门的每一个岗位都有自己的职责，但是总会有一些突发事件无法明确划分到哪一部门或者岗位，对于这些重要的紧急事件，我们就应该挺身而出，敢于承担责任，积极地处理这些事情，努力维护公司的利益。

　　美国前教育部长威廉·贝内特曾说："工作是我们用生命去做的事。"对于工作，我们又怎能去懈怠它、轻视它、践踏它呢？我们应该怀着感激和敬畏的心情，尽自己的最大努力，把它做到完美。

1.责任不是包袱,是爱

> 责任就是对自己要求去做的事情有一种爱。
>
> ——歌德

不少员工认为责任是一种负担,是沉重的包袱,其实并非如此,责任不是包袱是爱。

有这样一则故事:一位印度教徒步行到喜马拉雅山的圣庙去朝圣。路途遥远,山路难行,他虽然携带很少的行李,但沿途走来,还是显得举步维艰。就在他的前方,他看到一个不到 10 岁小女孩背着一个胖嘟嘟的小男孩,也正缓慢地向前移动,样子看上去很吃力。

印度教徒经过小女孩的身边,很同情地问她:"我的孩子,你背得那么重,一定很累吧?"

小女孩很不高兴地回答说:"我背的不是一个重量,他是我的弟弟。"

是的,在磅秤上,不管是弟弟还是包袱,都会显示出实际的重量,但平心而论,那小女孩说得对极了,她背的是弟弟,不是一个重量,包袱才是一个重量。她对她的弟弟是发自内心的爱。

责任没有重量,责任不是包袱,而是一种喜悦的关怀与无求的付出,责任就是爱!

美国总统肯尼迪说过:"不要问国家能给你什么,而要问你能为国家做点什么!"

"活在责任和义务里"这句名言,是已故著名国学大师耕云先生在台北和北京多所大学里反复强调的一句话。他一再告诫学子们:每个人都是社会的一分子,要尽到对社会的责任和义务;同时又是家庭的一分子,也要尽到对家庭的责任和义务。他说,如果我们每个人都能对社会和家庭尽到应尽的责任和义务，那么我们这个社会就少了许多纷争和掠夺，少了许多奸险和罪恶，而多一些安宁和祥和。

一个人生活在这个世上，就必须承担属于他的责任，履行属于他的义务。对家庭，对国家，对民族，对社会，对人类，你必须尽到责任和义务；对工作，对事业，对同志，对朋友，对子女，你必须尽到责任和义务。

主动承担责任的人，就会感到身上有一股无形的压力；有无形的压力，就会具备谋求生活的动力；具备谋求生活的动力，就会有信心把自己承担的责任承担到底。同理，主动履行义务的人，就会两肩担道义；两肩担道义，就会一身正气；一身正气，就会有力量把自己应尽的义务履行到底。

责任感是创造一切的机会。抓住这种机会，就应该使人现有的生命，全在道义之中，随时随地无愧于人生。如此，则自己的一举一动、一心一念，都不违背道德仁义，都可惊天地而泣鬼神，都会随时随地完成人生，解脱人生，圆满人生。就像诸葛亮做人的要点，全在"鞠躬尽瘁，死而后已"一样。鞠躬尽瘁，就是以生命去尽职，去完成人生；死而后已，就是以死亡去尽责，去力行事业。不但完成自己的人生，而且用死亡履行自己对社会的责任和义务，这是我们应效法的人生观、价值观。

2.关键时刻挺身而出

　　尽管责任有时使人厌烦，但不履行责任，不认真工作的人什么也不是，只能是懦夫，不折不扣的废物。

—— 刘易斯

　　在工作的关键时刻，要敢于挺身而出。俗话说得好："智者千虑，必有一失，愚者千虑，必有一得。"当你发现公司发展有问题的时候，就应该鼓起勇气提出来。要知道，你可能穷尽毕生努力，也不会得到别人的赏识，而抓住这一机会，就可能把你的能力和价值展现给同事和上司。

　　安德烈是美国宾夕法尼亚州一座停车场的电信技工。一天早上，停车场的线路因为偶发的事故，陷入混乱。

　　此时，他的上司还没来上班，怎么办？他并没"当列车的通行受到阻碍时，应立刻处理引起的混乱"这种权力。如果他胆大包天地发出命令，轻则可能卷铺盖走人，重则可能锒铛入狱。但是，安德烈还是私自下了一道命令，在文件上签了上司的名字。

　　当上司来到候车室时，线路混乱问题已经处理好了。这个见机行事的青年，因为漂亮地处理了突发事故，大受上司的称赞。

　　公司总裁听了报告，立即调他到总公司，升他数级，并委以重任。

　　所以说，发现错误一定要及时纠正，千万不要顾虑太多。因为再也没有什么比问题的严重性值得顾虑的了。从另一个方面来说，你发现了老板明显的错误，如果不去劝阻，就要为整体造成很大的损失。

　　该出手时就出手，公司的每一个部门的每一个岗位都有自己的职责，但是总会有一些突发事件无法明确划分到哪一部门或者岗位，对于这些重要的紧急事件，我们就应该挺身而出，敢于承担责任，积极地处理这些事情，努力维护公司的利益。

　　小张是某县委办公室的科员，经常会遇到上访者要求见领导解决问题的事情。领导精力有限，如果事事都去惊动领导，势必影响领导集中精力做好全局工作。每当有来访者吵闹着要见领导时，小张总是利用自己的特殊身份，勇敢地站出来，分清情况，解决纠纷，进行协调，必要时还使用强制手段把问题处理好。经常能够独自解决一些无理取闹、胡搅蛮缠的事件，不怕得罪人。对一些重大的问题也是先调查清楚，安抚好上访者之后，再向领导请示，从不让领导直接面对棘手的问题。无论大事小情他总能处理得有条不紊，众人心服，同样也获得了领导的赞扬。

　　像小张这样的下属，哪个领导能不需要呢？这就是领导所赞美的实干家，他比整天跟在领导后面只知道看领导脸色行事，遇到点大事就往领导后面跑的人要好得多。

　　一家饭店因饭菜质量问题引起社会公众的投诉。电视台记者在这家饭店采访时，最先碰到了该饭店经理的助理小王，小王最怕这种阵式，怕被别人逼问，就对记者推卸道："这件事我不清楚，我们经理正在办公室，你们有什么事直接去问他吧！"这下可好，记者闯进经理办公室，把经理"逮"个正着，经理想躲也躲不开了，又毫无心理准备，只好硬着头皮接受了采访。事后，经理得知小王不仅没有给自己挡驾，还把自己给推了出来，很是生气，把小王给炒了鱿鱼。

　　在工作中，经常会有一些比较艰难而且出力不讨好的任务，一般情况下领导也难以启齿对下属交代，只有靠一些心腹揣测领导的意思，然后硬着头皮去做。做好了，领导心里有数，但不一定有什么明确的表扬；做得不好，领导怪罪，承受着，到时候领导会"认账"的。可是在这种关键时刻不能挡驾反而出卖领导的人，领导就不会宽容。

3.责任所在,义不容辞

责任并不是一种由外部强加在人身上的义务,而是我需要对我所关心的事情作出反应。

——弗洛姆

一名员工,应该牢记自己的使命,尽职尽责地履行义务,面对责任要勇于担当,这是你的工作,责任所在,义不容辞!

"这是你的工作,责任所在,义不容辞!"每一位员工都应牢牢记住这句话。

对那些在工作中推三阻四,老是寻找借口为自己开脱的人;对那些缺乏工作激情,总是推卸责任,不知道自我批评的人;对那些不能按期完成工作任务的人;对那些总是挑肥拣瘦,对公司、对工作不满意的人,最好的救治良药就是大声而坚定地告诉他:这是你的工作,责任所在,义不容辞!

选择了这份工作,你就必须接受它的全部,担负起天经地义的责任,而不是仅仅享受它给你带来的益处和快乐。

有这样一个故事:

一个漆黑的大雪天,约翰·格林中士正匆匆匆忙忙地往家赶。当他经过公园的时候,一个人拦住了他。"对不起,打扰了先生,您是位军人吗?"看起来,这个人很焦急。约翰不知道发生了什么:"噢,当然,能够为您做些什么吗?"

"是这样的,刚才我经过公园的时候,看到一个孩子在哭,我问他为什么不回家,他说,他是士兵,他在站岗,没有命令他不能离开这里,谁知道和他一起玩的那些孩子都跑到哪里去了,大概都回家了。天这么黑,雪这么大。"这个人说:"我说,你也回家吧。他说不,他必须得到命令,站岗是他的责任。我怎么劝他回去,他也不听,只好请先生帮忙了。"

约翰和这个人一起来到公园,在那个不显眼的地方,有一个小男孩在那里哭,但却一动不动的。约翰走过去,敬了一个军礼,然后说:"下士先生,我是中士约翰·格林,你为什么站在这里?"

　　"报告中士先生,我在站岗。"小孩停止哭泣,回答说。

　　"天这么黑,雪这么大,为什么不回家?"约翰问。

　　"报告中士先生,这是我的责任,我不能离开这里,因为我没有得到命令。"小孩回答。

　　"那好,我是中士,我命令你回家,立刻。"约翰的心又为之震了一下。

　　"是,中士先生。"小孩高兴地说,然后还向约翰敬了一个不太标准的军礼撒腿就跑了。

　　约翰和这位陌生人对视了很久。最后,约翰说:"他值得我们学习。"

　　小男孩的倔犟和坚持看起来似乎有些幼稚,但在这个孩子身上体现的对于责任的这种坚守是很多成年人无法做到的,我们不仅对自己负责任,我们还对别人负有责任。正是责任把所有的人联结在一起,任何一个人对责任的懈怠都会导致整个社会链的不平衡。

　　我们这个世界就像一个大机器,每一个人都是机器上的一个齿轮,一个齿轮的松动都会引起其他齿轮的非正常运转,进而影响到整个机器。对于这个社会如此,对于社会的一个单元——企业,亦是如此。

　　你是否趁经理不注意时偷偷地开小差,或者煲与工作无关的电话粥,就像当年上课时老师不注意偷偷地摆弄新买的卷笔刀?又是否将本来属于自己的工作推托给其他同事?抑或当老板布置一项任务时,你不停地提出这项任务有多艰巨,暗示老板是否在你做成之后给你加薪或者你做不成也情有可原,因为这的确不是一项容易的工作?

　　这样的人不多但也不是少数,要不然有问题的企业为什么还那么多,顾客的满意率为什么还那么低?每一个老板都清楚他自己最需要什么样的员工,不要以为自己只是一名普通的员工,其实你能否担当起你的责任,对整个企业而言,同样有很大的意义。

　　对一名公司的职员来说,责任所在,义不容辞!意识到这一点,努力在工作中做到这一点，以它为动力去战胜困难、去完成任务，那么你就是公司真正放心的员工！

有一个城乡结合部正在大搞建设，工地一角突然坍塌，脚手架、钢筋、水泥、红砖无情地倒向下面正在吃午饭的民工，烟尘四起的工地顿时传来伤者痛苦的呻吟。

这一切都被路过的两辆旅游大客车上的人看在眼里。旅游车停在路口，从车里迅速下来几十名年过半百的老人，他们好像没听见领队"时间来不及了"的抱怨，马上开始有条不紊地抢救伤者。

现场没有夸张的呼喊，没有感人的誓言，只有训练有素的双手和默契的配合。没有手术刀就用瓷碗碎片打开腹腔，没有纱布就用换洗衬衣压住伤口。当急救车赶来的时候，已经是 50 分钟以后的事情，从一个外科医生的眼睛来看，这些老人们至少保住了 10 个民工的生命。

在机场，这名医生又遇到了这些老人们的领队，两个时尚的年轻姑娘一边激烈地讨论这么多机票改签和当地陪的费用结算问题，一边抱怨这些老人管了闲事却让她们两个为难。

老人们此时已换上了干净的衣服。他们身上穿的大多都是去掉了肩章的制服衬衣，陆海空都有，每个人都以平静祥和的神态四下张望候机厅的设施。其中一个老人面有歉疚地对两个年轻的姑娘说道："年轻人……不管心里多么过意不去……老头们这脾气……。"

这个老人说得对，如果说责任可以逃避，但你的心能吗？一个人可以完全忘掉歉疚，或者带着歉疚生活一辈子，只要他觉得这份歉疚对自己不会有任何影响。可是，你要知道，任何经历过的歉疚都会像醋酸腐蚀铁制的容器一样慢慢侵蚀你的心灵，久而久之，让你再也无法用明亮清澈的眼睛和一颗坦然的心对待工作和生活。

一个人承担的责任越多越大，证明他的价值就越大。在公司里，只有勇于担责任的员工才会得到老板的信任，才会得到重用。

所以，你应该为所承担的一切感到自豪。想证明自己最好的方式就是去承担责任，如果你能担当起来，那么祝贺你，因为你不仅向自己证明了自己存在的价值,你还向老板证明你能行,你很出色。

"记住,这是你的工作!"每一个优秀的员工都应牢牢记住这句话,哪怕遇到困难,我们也要服从上司命令,服从是需要敬业精神的具体体现。只有具有敬业精神的人才能在竞争激烈的现代企业中有很好的发展。

对那些在工作中推三阻四,老是抱怨,寻找种种借口为自己开脱的人;对那些不能最大限度地满足顾客的要求,不想尽力超出客户预期提供服务的人;对那些不服从上级指示,不能按期完成自己的本职工作的人;对那些总是挑三拣四,对自己公司、领导、工作不满意的人;最好的救治良药就是大声而坚定地告诉他:记住,这是你的工作!

既然你选择了这个职业,选择了这个岗位,就必须接受它的全部,而不是仅仅享受它给你带来的益处和快乐。就算是委屈和责骂,那也是这个工作的一部分。

不要忘记工作赋予你的荣誉,不要忘记你的责任,不要忘记你的使命。一个轻视工作的人,他必将得到严厉的惩罚。

美国前教育部长威廉·贝内特曾说:"工作是我们用生命去做的事。"对于工作,我们又怎能去懈怠它、轻视它、践踏它呢?我们应该怀着感激和敬畏的心情,尽自己的最大努力,把它做到完美。

只要你还在工作,你就没有理由不认真对待工作。当我们在工作中遇到困难时,当我们试图以种种借口来为自己开脱时,让这句话来唤醒你沉睡的意识吧:记住,这是你的工作!

▮4.让使命感植于心中

天下兴亡，匹夫有责。

——顾炎武

你听说过邮差弗雷德的故事吗？

美国著名的职业演说家马克·桑布恩先生刚刚搬入新居几天，就有人来敲门。他打开房门一看，外面站着一位邮差。

"上午好！桑布恩先生！"邮差说起话来带着一股兴高采烈的劲头，"我叫弗雷德，是这里的邮差，我顺道来看看，并向您表示欢迎，同时也希望对您有所了解"。这个费雷德中等身材，蓄着一撮小胡子，相貌很普通，但他的真诚和热情却始终溢于言表。

他的这种真诚和热情让桑布恩先生既惊讶又温暖，因为桑布恩从来没有遇到过如此认真的邮差。他告诉弗雷德，自己是一位职业演说家。

"既然是职业演说家，那您一定经常出差旅行了？"

"是的，我一年大概有 160 天到 200 天出门在外。这也是工作需要。"

弗雷德点点头说："既然如此，那您出差不在家的时候，我可以把您的信件和报纸刊物代为保管，打包放好，等您在家的时候，我再送过来。"

费雷德的周到细致让桑布恩先生很吃惊，不过他对弗雷德说："没有必要那么麻烦，把信放进邮箱里就可以了。"

弗雷德却耐心解释说："桑布恩先生，窃贼会经常窥视住户的邮箱，如果发现是满的，就表明主人不在家，那您可能就要身受其害了。我看不如这样，只要邮箱的盖子还能盖上，我就把信件和报刊放到里面，别人就不会看出您不在家。塞不进邮箱的邮件，我就搁在您房门和屏栅门之间，从外面看不见。如果那里也放满了，我就把其他的留着，等您回来。"

弗雷德的这种敬业精神实在让桑布恩先生感动，他甚至怀疑弗雷德究竟是不是美国邮政的员工。但是，无论如何，他都没有理由不同意弗雷德完美的建议。

两个星期后，桑布恩先生出差回来了，刚刚把钥匙插进房门的锁眼，突然发现门口的擦鞋垫不见了。难道在丹佛连擦鞋垫都有人偷？这不可能。就在他怀疑这些的时候，转头一看，鞋垫跑到门廊的角落里了，下面还遮着什么东西。

原来事情是这样的：桑布恩先生出差的时候，联邦快递公司误投了他的一个包裹，给放到了沿街再向前第五家的门廊上。幸运的是邮差弗雷德发现他的包裹送错了地方，并把它捡起来，放到桑布恩的住处藏好，还在上面留下了张纸条，解释事情的来龙去脉，又费心拉来擦鞋垫把它遮住，以掩人耳目。

弗雷德已经不仅仅是在送信，他所做的是 UPS 分内应该做好的一切事情！这种从顾客需要出发的贴身服务，完全基于对顾客人性的深刻认识，并把所有的细节都做得无微不至，实在是一种难得的敬业精神。

弗雷德的工作是那样的平凡，可是，他的这种敬业精神又是那样高尚。在接下来的 10 年里，桑布恩一直受惠于弗雷德的杰出服务。一旦信箱里的邮件被塞得乱糟糟，那准是弗雷德没有上班。只要是弗雷德在他服务的邮区里上班，桑布恩信箱里的邮件一定是整齐的。

桑布恩开始把弗雷德的事迹在全国各地演讲。每一个人，不论他从事的是服务业还是制造业，不论是高科技产业还是医疗行业，似乎都喜欢听弗雷德的故事。听众从他的故事里得到激励和启发。一位听讲的经理对桑布恩说，原来自己事业的理想就是做一个弗雷德，并且希望自己公司的员工都能像弗雷德那样敬业。美国邮政协会还专门设立了弗雷德奖，专门奖励那些在投递行业认真工作，在服务、创新和尽责上具有同样精神的员工。

我们之中的大多数人都是平凡人，所以我们有太多的借口为自己的懒惰，虚度时日，消极应付，寻找各种借口。

负责，实际上就是要求我们把公司的事当作自己私人的事一样去做，付出全身心的努力，还有认真负责，一丝不苟的工作态度，不惜付出任何代价，克服种种苦难，并且善始善终。现在很多公司的老板越来越不喜欢聘请那种只知道每天固定朝九晚五，缺乏独立思考能力和创造力的员工。想要用"那又不关我的事"作为推托之辞来逃避责任的员工，可能在几十年前的生产线上还有用，可是到了今天，这一套已经不管用了。作为一名员工，每天都要这样提醒自己：你必须独立思考并且积极主动。假设有某位员工失职，其他人所应做的，不是眼睁睁地看着情况继续恶化下去，而是想办法补救。

在现实中，很多老板最看重的就是把公司的事情当成自己事情的人，这样的职员任何时候都敢作敢当，勇于承担责任。责任感任何时候都是最重要的，不论对于公司还是家庭和社交圈子都如此。

"我警告我们公司的每一个人，"美国塞文机器公司前董事长保罗·查莱普说，"假如有谁说：'那不是我的错，那是他（其他同事）的责任'，如果我听到的话，我一定会开除他，因为这么说话的人明显对我们公司没有足够的兴趣——如果你愿意站在那儿眼睁睁地看着一个醉鬼坐进车子里去开车，或者没有穿救生衣、只有2岁大的小孩单独在码头边玩耍——好吧！我是决不容许我们公司的员工这么做的，你必须跑过去保护那个小孩子才行。"

同样的，不管是否是你的责任，只要关系到公司的利益，你都应该毫不犹豫地去维护。因为，假如一个职员要想得到提升，公司的每一件事情都是他的责任。要是你想让老板知道你是一个可造之材的话，那么你最好、最快的方法就是积极地寻找并抓住每一个可以促进公司发展的机会，哪怕不是你的事情，你也要这么做，因为公司的事情就是你的事情。

5.把过错揽到自己的身上

> 人从他被投进这个世界的那一刻起，就要对自己的一切行为负责。
>
> ——萨特

阿牛是一家超市的收款员。

有一天,他与一位中年妇女发生了争执。

"小伙子,我已将50元交给你了。"中年妇女说。

阿牛说:"我并没收到您给的50元呀!"

中年妇女有点生气了。阿牛及时地说:"我们超市有自动监视设备,我们一起去看看现场录像吧,这样,谁是谁非就很清楚了。"

中年妇女跟着他去了。录像表明:当中年妇女把50元放到一张桌子上时,前面的一位顾客顺手牵羊给拿走了。而这一情况,中年妇女,还有超市保安人员都没注意到。阿牛说:"太太,我们很同情您的遭遇。但按规定,钱交到收款员手上时,我们才承担责任。现在,请您付款吧。"

中年妇女说话的声音有点颤抖:"你们管理有欠缺,让我受到了侮辱,我不会再到这个让我倒霉的超市来了!"说完,她气冲冲地走了。

超市总经理获悉这一事件后,当即辞退了阿牛。许多超市员工都为阿牛鸣不平,但总经理的意志很坚决。

总经理找阿牛谈话:"我知道你心里很不好受。我想请你回答几个问题——那位妇女做出此举是故意的吗?她是不是个无赖?"

阿牛说:"不是。"

总经理说:"被我们超市人员当做一个无赖请到保安监视室里看录像,是不是让她的自尊心受到了伤害？还有，她内心不快，会不会向她的家人、朋友诉说？她的亲人、好友听到她的诉说后，会不会对我们超市也产生反感心理？"

面对一系列提问，阿牛都一再说"是"。

总经理说："那位中年妇女会不会再来我们超市购买商品？像我们这样的超市有很多，凡是知道那位中年妇女遭遇的，她的亲人会不会再来我们超市购买商品？"

阿牛说："不会。"

"问题就在这里，"总经理接着说，"为了教育超市营业人员善待每一位顾客，所以我做出了辞退你的决定。请你不要以为我的这一决定是在小题大做。"

阿牛说："通过与您谈话，使我明白了您为什么要辞退我。您的这一决定是对的。可是我还有一个疑问，就是遇到这样的事件，我应该怎么去处理？"

总经理说："很简单，你只要改变一下说话方式就可以。你可以这样说：'太太，我忘了把您交给我的钱放到哪里去了，我们一起去看一下录像好吗？'你把'过错'揽到你的身上，就不会伤害她的自尊心。要知道，我们是依赖顾客生存的商店，不是明辨是非的法庭呀！"

当与他人发生争执和矛盾时，先将过错揽到自己身上来，这样既维护了他人的自尊，又体现了自己宽容谦逊的品格，对人对己都有好处。其实，有许多事情都不必去争个谁是谁非。

汉森是一家电器公司的财务人员。一次，他在做工资表时，给一位请过病假的员工发了全薪，忘了扣除其请病假的工资。于是他找到这名员工，告诉他下个月要把多领的钱扣除。但是这名员工说自己手头正紧，请求分期扣除，但这么做的话，就必须得请示老板。

老板知道这件事后一定会非常不高兴的，但汉森认为这种麻烦都是因自己造成的，这是自己的过错，自己必须负起这个责任，于是他决定去老板那儿认错。

当汉森走进老板的办公室，告诉他自己犯的错误后，没想到老板竟然大发脾气地说这是人事部门的错误。汉森再度强调这是他的错误，老板又大声指责这应是会计部门的疏忽。当汉森再次认错时,老板说:"好样的,我这样说,就是看看你承认错误的决心有多大。好了,现在你去把这个问题解决掉吧。"事情就这样解决了。从那以后,老板更加器重汉森了。

当犯了错误的时候,不要采取消极的逃避态度,而应该马上想一想自己应怎样做才能最大限度地弥补过错。只要你能以正确的态度对待它,勇于承担责任,错误不仅不会成为你发展的障碍,反而会成为你前进的推动器,促使你不断地改进工作,更快地成长。所以说,任何事情都有它的两面性,错误当然也不例外,关键就在于你从什么样的角度去看待它,以怎样的态度去处理它。

六　有效地利用时间

　　学会自我控制是时间管理者成功和快乐的要诀。时间管理者平时所遇到的事情或大或小，或间接或直接，其中涉及原则的事本没有多少，在一些无关痛痒的小事上大可不必与人斤斤计较，特别是感情用事。

　　小额投资亦可致富，这是个浅显的道理。然而，很少有人注意，如果将零碎时间积累起来，加以有效利用，不但会趣味横生，还会让你有意外的收获！

　　时间就是你的资本。命运之神是公平的，他给每个人的时间都不多不少；但成功女神却是挑剔的，她只让那些能把 24 小时变成 48 小时的人接近她。

1.认识时间陷阱

时间应分配得精密，使每年、每月、每天和每小时都有它的特殊任务。

——奈美纽斯

在时间管理中，人们把那些不被注意却又占用宝贵时间的事称为时间陷阱。人们往往在不知不觉中便掉了进去，时间也就如同白驹过隙，不再属于自己。

生活中，时间陷阱非常普遍，可以说是司空见惯，以至于我们习以为常，身陷其中而不觉其害。我们常常苦于缺乏时间，实际上时间却被我们毫不在意地放走了。

那么，我们怎样才能揭掉时间陷阱的伪装呢？

(1).凡事因循守旧不知变通

有些人工作起来，从不知变通。文山会海袭来也是慢慢地消磨，打的是攻坚战，不分轻重，不知缓急，不少人成天忙于批阅、转办和画圈之中。对于这种情况，只要采取果断的办法，轻、重、缓、急分类处置，对可办可不办的事交由别人去办；对可阅可不阅的，不去阅览；抓住重要的事情认真处理，对次要的则快刀斩乱麻，才会逃离文山，卸掉重压，以更多的时间去做更重要的事。

例行公事中的时间陷阱还有一个就是开会。大多数人解决问题往往会想到开会，这可是一个老问题了。上级机关的会议必须参加，听取指示；同级机关的会理应出席，搞好协作；下级机关的会，务必亲临，以示重视，喝水润喉发表意见，做工作的时间就这样被占用。

可见，一旦掉进例行公事的陷阱，就会被琐事缠身而不能自拔，不再是去主动地安排重要工作，而是被动地受零星事务所左右，最终会把忙忙碌碌当成自己的目标,忘记了追求效果。

(2)."大权"在握事必躬亲

现实生活中有大量事必躬亲而效果不佳的事。在很多家庭里,年轻的爸爸妈妈不让自己的小宝宝干活,一半是疼爱,一半是不放心,总愿意把一切家务包揽在自己身上,结果是大人劳累不堪,孩子缺乏独立生活能力。在单位里,领导独揽权力,操办一切,忙忙碌碌,使更多的事不论大小集于一身,下属无所事事,无权独立处理问题,领导终日辛苦并未得到下属的拥护。诸如此类处事方法,必然占用大量管理时间,使更重要的事耽搁下来。

产生事必躬亲的原因很多,主要在于:首先是不知道时间运筹术,即不知道自己有多少时间,自己过多地把工作包揽到身上自己能否胜任,有些不重要的琐事由自己来做是否值得,不知道自己的任务是统领全局而不是亲力亲为。其次是按自己的行为模式要求旁人,错误地注重表现而忽略结果。再次是只看到节省时间于一时一事,只看到自己动手可以免掉督促、检查和交待的时间,没有看到一旦让别人去做之后,再碰到类似的工作,就可以不再亲自动手,最终会为自己赢得更多的时间。

因此作为时间管理者,要是你希望把时间纳入掌握之中,就不能有"事必躬亲"的念头。否则你将会失去生活乐趣,繁重的工作会使你分身乏术。

(3).不懂得节制欲望

每个人都有兴趣爱好,喜欢做那些自己感兴趣的事,并乐此不疲,越是年轻人,这种爱好表现得越强烈。我们都可能有这方面的感受,当看到一本精彩的小说而入迷的时候会手不释卷,不顾其他;当棋迷棋兴正浓时会放弃本来打算要做的事。在工作中,如果有几件事摆在面前由我们选择,我们往往会选择自己感兴趣的,有时候就忽略了它是否紧迫和重要。这些首先满足自身欲望的行为方式,常常使我们掉进陷阱,把该办的事拖延下来,造成了整个计划的被动。

因此,要跨越时间陷阱,就必须努力培养自我约束能力,改掉不良嗜好。要能抵抗兴趣偏好的诱惑,哪怕正在进行的活动是如此令人愉快,应该结束时就要适可而止;哪怕有的事情是自己乐意做的,只要它比起其他事情来还不那么紧迫和重要,就应该毫不犹豫地放下它。要知道,与其拖延不愉快的事而弄得今后更不愉快,倒不如尽快把它做完,放到脑后,乐得轻松。

时间管理者要节制自身的欲望,必须提高自我约束能力,这是讲究时间运筹的关键。自我约束能力的强弱,不仅是区别大人与小孩的重要标志,也是不平凡的人与平庸之辈的分水岭。

(4).办事犹豫

犹豫不决是时间管理者浪费时间,降低效率的一大病因。深沉稳重的人,缺乏一定的冒险精神,对问题总想考虑得越周到越好,对工作总想等条件完全具备了再干,具体表现为多谋而不善断,长于心计而迟于行动,很多事情久拖不决,结果常常是贻误时机。

通常这样的时间管理者还会过多地忧虑未来,把很多时间用于策划过于遥远的事,对于眼前的事则认为已成定局,不从眼前做起。但是,过早地去为未来着想,只会使我们养成迟疑拖拉的习惯,自己本来就不多的果断冲动更会被消磨殆尽。《三国演义》里,诸葛亮设空城计智退司马懿的故事,说的就是司马懿犹豫不决,丧失时机,给蜀军留下了退兵的时间。

犹豫不决是时间运筹的大忌,通常一个困难的决策拖延的时间越长,作出决策会变得更加困难,由此还带来后遗症。当事情发展到迫使你不得不作出决策时,已经丧失了对可能出现的问题采取防范措施的时间。

(5).做事情不专心

有些时间管理者对时间漫不经心,抱着随便打发的无所谓态度,这是缺乏人生价值观念的表现。其口里经常念叨的是:做点什么呢?打发打发无聊的时间。而且在时间管理上,就是有事业心的人,有时也会因漫不经心而丧失时间。因此,要追求高速,就要特别注意漫不经心给我们设下的陷阱。

生活工作上,"漫不经心"伪装的陷阱是非常多的,它随时随处都发生着,就在我们身边。美国的一家报纸曾对此作了点滴的描述。比如,因为乱放东西,到用的时候花费了很大工夫才找到;因为记错了时间,耽误了该办的事;因为那边有一伙人在吵吵嚷嚷,不知道是干什么的凑上去看热闹;因为听到有两个人在谈论昨天的赛事,也去发表一下自己的看法;因为下棋来了劲,非要和对手见个高低,其他事早已忘得一干二净,如此等等。我们的时间,就是被这些习以为常的事所吞噬，我们的工作计划往往因此而一再往后推延。

因此，倘若你想成为一个优秀的时间管理者，你就应该把它们安排入你的时间日程表里，然后去实施它们。有成就的人正是这么做的。

（6）.过分地注重社交礼仪

在生活和工作中，人际交往需要占用大量的时间，越是有成就的人，就应该更重视这一点，如果这类活动方式不当，将会造成时间浪费，过分的社交礼仪就是如此。

礼仪性的社交占用了我们大量的时间，机场、车站和码头的迎来送往，宾馆和饭店的握手言欢，这些交际应酬，有的必须，有的纯属"陪会""陪宴"，如能简化和注重实际，将会为我们节省更多宝贵的时间，做更重要的事情。

在社交中，会客占用人们的时间较多，有些是工作性的，有些是礼仪性的，还有些是休息性的。为了把握时间，对于工作性会晤，应该是少点客套，尽快进入实质性问题的商议，这对于双方都是有益的。欧洲一些国家，过去比较流行的工作午宴正在消失，被更加快节奏的工作洽谈方式所取代。联邦德国前总理阿登纳十分珍惜时间，他在担任科隆市市长时，为了避免礼节性的客套，特意在办公桌后面的墙上挂了一段配着镜框的格言："请你说话简单明了，别讲漂亮话！谁白白占用我们的时间，谁就在偷我们的东西，而你是不应该偷东西的！"

另外，在社交中谈话漫无边际，天南海北，或总想弄清每个细枝末节，也会占去大量时间。这其中有双方出于礼节，为了表示热情而滔滔不绝，也有可能是对方无所事事而来消磨时间。对此必须掌握适可而止的原则，给予对方礼貌的暗示，不失时机地结束意义不大的谈话。应该明确，友好和礼貌并不是以谈话的时间来度量的。

不少有成就的人为了逃避社会交往中的时间陷阱，常会在一定的时间内采用"闭门谢客"或另寻幽室的办法，使自己集中精力，集中一段时间，在不受外来干扰的情况下，完成那些需要较长时间才能做好的工作。如果缺乏逃避的勇气，沉溺于应酬客套之中，有些工作将一再被打断，一再重新起头，效率就无从谈起。

2.不滥用时间管理

　　节约时间，也就是使一个人的有限的生命更加有效，而也将等于延长了人的生命。

——鲁迅

　　有这样一些人，他们滥用或误用时间管理的概念，一样的制订时间表，但只是拿它作挡箭牌，把时间管理的手段当作时间管理的目的，这其实是滥用时间管理。

（1）.不遵守计划的人

　　有些时间管理者在确定工作时间时，常不考虑应有的允差时间，因为他们认为，"容许允差时间不是开时间管理的倒车吗？""我们不是应该设立一个稍微超过自己能力的目标，如此才能开发出自己的潜力吗？"工作时间应全力以赴达到目标，但不应形成过大的压力，否则容易产生畏难情绪，八字还未见一撇，就先替自己未达目标找借口。然而计划安排得很好却经常被一些意外打扰，常有人说："我经常制订时间计划，可是却从来没有按计划实施过，因为根本办不到"。经历几次失败后，很多人便不再"浪费"时间，制订时间计划，以致放任自流，闲时百无聊赖，到了忙时又分身乏术。

　　其实，解决这个问题的可行办法就是在制订的标准时间外至少要加上10%的允差时间。允差时间最重要的作用，在于让你不至于觉得时间的压力一波又一波地向你袭来，也就是给自己以适度的压力。允差时间的另外一个重要作用是预留机动时间以缓冲突发事件，一旦你把时间表安排得太紧、太死，往往遇到一些意想不到的事情干扰时，就必然会牵一发而动全身，自然是一步错而步步错。

（2）.过于呆板的人

有些人是重形式而不重实质。下面是一些具体实例：

尽管他们有时需要更多的休息，但有些人每天总是在同一时间起床；尽管他们有时在那个时间并不感到饥饿，但是有些人每天总是在同一时间进餐。有些人总是恪守固定的时间办事而不愿稍作变动。例如，管理者在下班时，虽然下一班 6:05 分的班车不愁没有座位，但是他们总是挤 5:45 分那趟拥挤不堪的班车。

有些时间管理者总是以时间为行为准则而忽视其他一切。例如长途电话的通话时间一超过三分钟，则令管理者感到极度焦急，虽然增加的通话时间可以节省几天的旅途奔波或是代替冗长的会议。

总之，这种人表面上太注重效率，可称得上是"效率专家"，脑子里尽是"一寸光阴一寸金""时间就是生命"……由于生怕浪费一分一秒，总是赶着要遵守那一成不变的时限，以至于弄得大家不得安宁。事实上，他是在滥用时间管理的技巧。

（3）.长时间工作的人

有些时间管理者可称得上是工作狂。他们一分一秒也闲不下来，认为忙个不停就是充实，就是成就，常常工作 12 小时乃至 18 小时，不是免费加班就是把公事带回家做，甚至假日也不例外。这种人认为停下来反省纯粹是浪费时间毫无意义，虽极端讲求效率，但可能因为找错目标，倔牛不回头，以至毫无结果，还会产生其他不良影响。

以下三种不良的后果很值得注意：

1）每天的工作时间一超过 8 小时，则工作效率将快速地递减。倘若这些研究的结果是可信的，则每周工作时间最好不超过 48 小时（按六个工作日计算）为好。

2）长时间工作足以令人养成拖延的习惯。许多时间管理者对工作本着"白天做不完，夜晚还可以做；平时做不完，周末或礼拜天还可以做"的态度，使 8 小时可以做好的事被拖延到 10 小时才完成，五天可以做好的事被拖延到第六天才完成。这正应验了帕金森所提出的"帕金森定律"，即如可供完成工作的时间为 8 小时，则工作将在 8 小时内完成；如可供完成工作的时间被增加为 10 小时，则同样的工作将改在 10 小时内完成。

3）长时间工作可能导致工作的失败。管理学者约瑟夫·克鲁斯曾经对一些管理者在事业上的成败进行研究，他发现成功的管理者与失败的管理者的差别在于：后者随时愿意为工作而牺牲家庭。即忽视家庭而过度强调工作的管理者，其工作终究会不佳。长时间工作所导致的不良后果已引起部分公司重视，一些机构会强迫员工定期休假、限制加班次数或加班时数、或是不准累积假期。

（4）.只作计划不行动

有些人特别喜欢开列时间计划，他们总是把大部分时间花在开列、修改、寻找、重写时间计划表上，"凡事预则立，不预则废"是他们的口头禅。他们做事情前总得花很多时间考虑一切可能性、计算每一细节，确定每个步骤已万无一失，然后再试演一遍才落实行动，这种人感觉在脑海中做计划比实际去做要有趣、轻松得多。要是今天已计划好的事不曾执行，那么正好，明天就再做一个更完善的计划，并且自我安慰："船到桥头自然直"，导致很多良机白白错过。

3.制订工作时间表

谁对时间最吝啬，时间对谁越慷慨。要时间不辜负你，首先你要不辜负时间。放弃时间的人，时间也放弃他。

——佚名

每一个人做事的时间和精力都是有限的，不制订一个顺序表，便会对大量事务手足无措。要想处理好这个问题，需要根据目标，把所要做的事情排列顺序。对实现目标帮助大的，你就把它放在前面，依次为之，把所有的事情排一个顺序，并把它记在一张纸上。这样，一张工作顺序表就写成了。

（1）.写下具体的工作任务

工作的计划性，主要体现在对时间的支配上。很多时间管理权威都指出：如果能把自己的工作内容清楚地写出来的话，便是很好地进行了自我管理，就会使工作条理化，因此会极大程度地提高个人时间管理的能力。

填写自己应干工作的清单是使自己工作明确化的最简单的方法之一。其方法是在一张纸上毫不遗漏地写出自己正在做的工作。凡是自己必须干的工作，且不管它的重要性和顺序怎样，一项也不落地逐项排列起来，然后按这些工作的重要程度重新列表。重新列表时，要试问自己："如果我只能干此表当中的一项工作，首先应该干哪一件呢？"然后再问自己："我接着该干什么呢？"用这种方式一直问到最后一个问题就行了。这样，自然就按着重要性的顺序列出了自己的工作一览表。其后，对你所要做的每一项工作，写上该怎样做，并根据以往的经验，在每项工作上标注出最合理最有效的办法。

为了使工作条理化，不仅要明确你的工作是什么，还要明确每年、每季、每月、每周、每日的工作及工作进度，并通过有条理的连续工作，以保证按正常速度执行任务。

只有明确办事的目的，才能正确掂量个别工作之间的不同比重，弄清工作的主要目标在哪里，防止眉毛胡子一把抓，既虚耗了时间，又办不好事情；只有明确自己的工作是什么，才能认识自己工作的全貌，从全局着眼观察整个工作，防止每天陷入杂乱的事务中。

（2）.做事情要有轻重缓急

我们经常会遇到这样的问题：做事情是以什么标准来决定优先顺序呢？人们通常是以工作的紧急性来确定，他们都是优先解决对现在的目标来说最紧急的事情。

然而，事情通常除了紧急性，还有重要性。而我们通常会首先看到事情的紧急性，忽略了一些重要的事情。例如，某个正为了一年后的司法考试努力念书的人，为了赶赠品截止时限，而特地跑到邮局将赠品明信片寄去。司法考试还在一年后，而明信片的截止日就在明天。在这种情况之下，相信大多数的人都会停下手头的工作将较紧急性的明信片优先处理。

但是，以长远的眼光来看，好好地准备明年的考试应该是较重要的。假定考试失败，不仅损失一年的光阴，而且连带损失的金钱更是不可计量。因为通过司法考试的人，一年可以赚好几十万，这和去邮局寄明信片所得到的几百元赠品相比，价值一目了然。

可是，很多人还是会去寄明信片。将紧急而不重要的事列为优先，重要的事却往后拖。结果，到了明年就可能因准备不充分而无法通过考试。可见，我们要先掌握好较重要的事，若还有时间，再去做那些较不重要的事。

因此，制订工作优先顺序有两个途径：根据紧急性或根据重要性。

大多数的人是根据紧急性，所以他们会花很多时间去救火而不着急一项计划，直到期限临头才手忙脚乱。

根据紧急性来定优先次序，可能会分为三类：

1）必须今天做好。

2）应该在今天做好。

3）应该在某个时间做好，但是还不急。

请看后面的例子，看看里面能否找到自己的影子。假定你准备两个月内完成一项工作。明显地,你不会把这件工作列为第一类,因为还有两个月的期限。你可能会把它列入第二类,但也可能不会,因为还不太急迫。大多数的人会把它列在第三类,直到期限迫近时,才发现很难把这件工作做到你想要的详尽程度。你在心里责备自己,并且说下次一定要早点完成。但你还是不会,因为到时候你会以同样的理由,把工作拖延到期限的最后几天。

一般来说,我们可以根据重要性来定优先次序,而以紧急性作为次要但也是重要的考虑因素。此时就需要你拿出待办工作表,先从"这件工作是不是清楚地有助于达到我一生的目标或短期目标"这个问题,来检视某一项工作。如果是,就在前面作一记号,然后按照紧急性和时间效益率两个因素决定你做事情的先后顺序并标上数字。

时间效益率这种评估方式,可以使我们认识到某一件工作虽然没有另一件工作重要,而且也不紧急,但是做这件工作获益很大,所用的时间也不多,那么就没有理由不先办好它。例如,你一天最重要的工作是拟定一项报告,完成它需要花大量的时间。同时你还有一些别人也可以做的小事,你完全可以在你开始草拟报告之前,用几分钟的时间把这些小事分配下去,你就会有更多的时间处理重要的工作了。这显然是很有道理的。

"先做重要事情"这项原则也有意外情况,你会发现在一天的开始便做最重要的事情并不是最合理的选择,而另分配一段时间,集中精神去做会更好。

在你把标有记号的工作项目编了优先次序之后,也同样地把比较不重要的事项编上优先次序,然后就努力按照标定好的次序去做。这时你就有了一个比赛计划,你一天的"产量"将会比你做完了一件工作之后,再停下来为要做的事定优先次序要多得多。

(3).先做重要而紧迫的事

一些人关心的只是一天干了多少件紧迫的事,干的越多成就感越强,不去问事情的紧迫性与重要程度,满以为这是高效率地工作,但往往是抓了一堆芝麻,西瓜一个也没拣着。好似充分利用了时间,实则是浪费了时间。不分轻重缓急,眉毛胡须一把抓,必然会贻误时机,错过成就事业的关键良机,影响事业局面的打开,很难取得突飞猛进的发展。

美国前总统艾森豪威尔安排处理事务时间的原则就是：只允许把最重要而又最紧迫的文件和报告送到他的办公室，向他汇报的只是最紧急而重要的事。所以他工作起来有条不紊，并以办事效率极高而著称于世。艾森豪威尔经常告诫手下的工作人员：重要的事不一定迫切，迫切的事不一定重要，只有既重要而又迫切的事才是主要矛盾之所在。

　　时间管理专家特利克特曾在《时间较有效地使用》一书中建议我们在工作前，先将各类事务按重要和迫切的程度排列好次序：

　　1）本质上的重要性：非常重要（必须做好）、重要（应该做好）、不很重要（可能不必要，但可能有用）、不重要（可完全免除）。

　　2）在时间上的迫切性：非常迫切（现在就必须做好）、迫切（应该不久就做好）、不很迫切（可以拖一段）、不迫切（可以长期不做，没有时间因素）。

　　显然，我们首先做"非常重要"和"非常迫切"的事。只有这两项完全重叠才是最主要的事，才是生活、工作中的真正"大石头"。

　　"非常重要"和"非常迫切"之事又可分为：必须亲自去做和可以授权他人去办，我们只做"非我办不可"的事。这样按事情的轻重缓急排列次序、安排日常工作，我们就可以节省出大量时间去做紧急而又重要的事，摆脱事务缠身而又非常超脱。

　　按"轻重缓急"次序办事的典型事例人们往往举美国伯利恒钢铁公司董事长查利斯·舒瓦普与效率专家艾维·李之间的一次谈话。

　　董事长查利斯·舒瓦普对艾维·李说："您能否向我提供一个在有限的时间里办更多事情的办法？如果有，我乐意听从并付给你合理范围之内所应索取的报酬。"

　　艾维·李略一思考说可以在10分钟内就给舒瓦普一样东西，这东西可以使他公司明天的业绩提高50%，然后他递给舒瓦普一张白纸，说："请在这张纸上写上明天要做的6件最重要的事。"

　　舒瓦普用了5分钟写完。

　　艾维·李接着说："好了，把这张纸放进口袋，明天早上第一件事是把纸条拿出来，做第一项最重要的。不要看其他的，只是第一项。着手办第一件事，直至完成为止。然后用同样的方法对待第2项、第3项……直到你下班为止。如果只做完第一件事，那不要紧，你总是在做最重要的事情。"

艾维·李最后说："每一天都这样做——您刚才看见了，只用10分钟时间。当你对这种方法的价值深信不疑之后，叫你公司的人也这样做。这个试验你爱做多久就做多久，然后给我寄支票来，你认为值多少就给我多少。"

一个月之后，舒瓦普给艾维·李寄去一张2.5万美元的支票和一封信，信上说，那是他一生中最有价值的课。

5年之后，这家当年不为人知的小钢铁厂一跃成为世界上最大的独立钢铁厂。人们普遍认为，这一切成功的取得，艾维·李提出的方法功不可没。

4.避免淹没于琐事之中

我们若要生活，就该为自己建造一种充满感受、思索和行动的时钟，用它来代替这个枯燥、单调、以愁闷来扼杀心灵，带有责备意味和冷冷地滴答着的时间。

——高尔基

如果你留心算一算每一天的时间和你的行程，你就不难发现，有三分之一左右的时间，可能都在忙于一些琐事。

例如洗脸、洗头、洗衣、吃饭、擦地等等，对于一个普通的时间管理者来说，这些琐事可以在工作之余去做。但是对于一个想取得一些成就的时间管理者来说，就不能限定于 8 小时的工作时间做工作。只有付出多于常人的工作时间，才能做得比常人更好，从而比常人获得的更多。

历史上几乎所有杰出的人物，他们在琐事上所花费的时间是极其少的。

比如居里夫人刚刚结婚的时候，家里的布置非常简朴。居里夫人的父母写信来说，想为他们买一套餐桌，作为结婚礼物，可以在邀请客人来家里吃饭时派上用场。

但是，居里夫人很客气地写信回绝了。理由很简单，她认为现在没有时间来请客吃饭，连会客的时间也没有，所以就没有设置餐桌的必要，况且有餐桌之后，还必须花时间每天清理灰尘，这样一来就会影响她的实验。

居里夫人以及许多的名人，正是将别人做琐事的时间利用起来，为完成自己的目标，减少不必要的琐事，使自己的时间价值发挥到最大的。

你也要发扬这样的作风，将无意义、无价值的琐事尽可能减少，能够合并的合并，能够不做的坚决不做，一切为实现自己的工作目标服务。

（1）.善于自制，不荒废时间

人生在世，做事如果能任由自己的性情来，那就太棒了。但问题是，任何人都不是天地间的唯一，可以想做什么就做什么，而别人也不可能为你而存在，对你唯命是从。所以，一个优秀的时间管理者懂得自我克制，克制自我的情绪、克制自我的脾气。

自我克制实际上就是一种自律，它是一个成功的时间管理者必不可少的信条。在日常生活中，每个人都可以体察到自己的思想与行为，无时无刻不受到社会的制约。同时只要是正常人，也大都习惯于接受社会的习俗、道德、法律及制度的规范要求，约束自己的行为，以求同社会要求保持一致。这种他律与自律的一致，是顺利发展事业的重要保障。

法国著名作家小仲马有过这样一段经历，他年轻时爱上了巴黎名妓玛丽·杜普莱西。玛丽原是个农家女，为生活所迫，不幸沦为娼妓。小仲马为她娇媚的容颜所倾倒，想把她从堕落的生活中拯救出来，可她每年的开销要15万法郎，光为了给她买礼品及各种零星花费，小仲马就借了5万法郎的债。他发现自己已面临毁灭的边缘，理智终于战胜了感情，他当机立断，给玛丽写了绝交信。断绝了与她的交往。后来，小仲马根据玛丽的身世写了一部小说——《茶花女》，轰动了巴黎，小仲马也因此一举成名。理智使小仲马战胜了自己的欲望，自制力使他悬崖勒马，战胜了感情的羁绊。

学会自我控制是时间管理者成功和快乐的要诀。时间管理者平时所遇到的事情或大或小，或间接或直接，其中涉及原则的事本没有多少，在一些无关痛痒的小事上大可不必与人斤斤计较，特别是感情用事。比如，单位里某个同事就美国的人权谈了一点自己的观点，虽然他的观点过于偏颇，你也没有必要情绪激昂地去与之辩出个高低来，很可能，你的一两句话就伤了两人之间的感情，实在没什么必要。

作为时间管理者，要在实践中学会自律，要学会善于自我克制，这是获得大量时间，顺利充实发展自身的必要前提。

（2）.走自己的路，让别人去浪费他的时间

人生就一张嘴巴，注定要说话；人生就一双眼睛和一个大脑，注定会对别人评头论足。有的人的评论比较中肯和坦诚,有的人则不同了,专对别人挑三拣四。

对于这两种截然不同的评价特点,人们所抱的态度当然不同。有的人一笑了之;有的人为好的评价而欢喜异常,为诋毁自己的评价而懊恼万分。

这里你要提倡的,就是第一种态度:一笑了之。不管评价是好是坏,都不要太在意。对于中肯的评价,不妨听听也好,那毕竟是对自己的肯定,说明你没有白干一场;至于诋毁的评价,也不要为此难过。人有各种各样,有的人天生爱嫉妒,偏偏自己遇到。这是你无论如何也改变不了的。既然改变不了,又何必去费劲。

有些时间管理者为好评价欢喜异常,为差的评价心烦意乱的态度也是不行的。如果别人说得中肯那也好,但如果别人说那些话的目的不过是为了巴结你或诋毁你,你再为之欢喜为之忧,倒霉的就只有你了。

当年爱迪生在发明白炽灯泡的过程中,不知失败过多少回,别人都说:"这小子疯了。"而爱迪生仿佛没听到一般,他仍然做他自己的事,最终获得成功,别人又都惊叹:"这小子太伟大了!"而爱迪生仿佛还是没有听到一样,他一如既往平静地继续他的另一项发明。

爱迪生这种对待评价的态度值得每一位时间管理者借鉴学习。自己有自己对事物、对人生的看法,如果自己能够肯定并信任自己的看法,又何必去注意别人怎么说呢?人生苦短,我们的时间本来就不多,若再把这不多的时间用在对别人的评价上,就太不明智了。明智的选择是用自己的行动去改变现状,成绩说到底是做给自己看的,也是只有靠自己去做。别人虽然可以看到你的成绩,但却不能代替你去做出成绩。

所以,不要太在意别人怎么说,即使是不友好的攻击。走自己的路,让别人去浪费他的时间吧。

(3).洁身自好,不听他人隐私

社会上,常常有抱怨时间不够用的时间管理者,他们往往把大量时间用在打听别人的隐私上,而自己却没有察觉到这也是浪费时间。

其实,打听别人的隐私简直可以说是一种最愚蠢的时间浪费。因为打听别人隐私于己于人均没有任何好处。去打听别人隐私，势必要花掉很多无谓的时间。隐私，因为具有很大引诱性，它刚好满足了人性好奇与贪婪的弱点，知道了一点就想知道第二点，知道了第二点还想知道更多，这样打听下去，没有终了的时候，也不知道将浪费多少时间。而且一旦知道了这个人的隐私，探听隐私者必然会对这个人产生一种潜在的看法，这种看法毫无疑问地同从前的看法是有距离甚至是相反的——这正是隐私的诱惑力所在。他有了这种"深层看法"后，说不定会生出一种"自豪感"和"成就感"："哼，你以为你就瞒得了我？"于是探听别人隐私的趣味更加浓厚了。对于探听隐私所付出的代价——时间，他也觉得没什么大不了的，甚至不屑一顾。在他看来，别人隐私似乎比工作成绩有趣得多。

当一个人对别人产生了某种潜在的看法后，他无形中就对别人产生了一种不信任感和潜意识的对抗。这种不信任与对抗，虽然不会在表面上表露，但比表面上表露出来还要糟糕得多，它是造成工作效率低下的一大罪魁。

而一旦别人知道有人打听自己的隐私时，就很难保证不火冒三丈了，这样两人的关系会突然紧张，甚至翻脸，这种例子在生活中时刻都在发生着。

每个人都有隐私，保留自己的隐私是一个人自尊的需要，是一个人人格尊严的体现，别人打听你的隐私，你肯定会不高兴。同样的道理，你去打听别人的隐私，别人一样会不高兴。所以，如果你很喜欢打听别人隐私的话，你现在就要努力改掉它。

首先，要认识到打听别人隐私是不道德的行为，这和偷别人的私人物品没有什么两样。其次，要设身处地为别人想一想，可以把两个人的位置调换一下，这样，探听隐私者会为自己的行为感到羞愧。最后，仔细地想一想，打听别人隐私所导致的后果：它会给你带来什么好处呢——除了满足无聊的好奇心，除了浪费宝贵的时间，除了打破来之不易的友情，恐怕还没有更多的"好处"。它又给别人带来了怎样的痛苦呢？这样想一想，探听隐私者就会对自己的行为负责了。要知道，任何一件错误的举动都需要付出代价。

（4）.简单生活，不为物役

在现代社会，时间管理者应力求简化自身的生活，千万不要把自己变成物品的奴隶，让这些人类的制造物把我们自由支配的时间都吞噬完。

生活中，时间的窃贼太多了，我们稍有不慎，时间就被窃走。钱财、宝贵的物品要想防止被贼偷盗，就必须锁好门窗，时间要防止被人窃走，就要从严格律己做起。比如说，酗酒或玩牌等不良习惯，这不能怪罪酒友、牌友的纠缠，应该首先怪我们自己意志不坚强，没有毅力，不能抵御一切不良嗜好的诱惑，浪费了某些人的宝贵时间。

随着经济的发展，生活水平的提高，人们的居住条件越来越好，住房越来越宽敞。作为时间管理者应该知道，人们已经产生了购物癖、精神家具爱好癖。东邻家有的，我们家也应该有；西邻家没有的我也应该有。要超过左邻右舍才气派，才不显得寒酸。比如钢琴，自己会不会弹无关紧要，孩子有无兴趣学也不关大事，别人家能买，我们也要买。各个家庭都要把自己的客厅、卧室装饰得富丽堂皇、竞相攀比。于是，我们便成了这些摆设的奴隶，终日为摆设服务，耗费了我们大量的日常时间。

比如，为了精美的现代家具和各种家用电器，我们每天得为地毯除尘半小时，擦拭家具半小时，打扫卧室半小时，清理卫生间半小时，洗刷三餐用过的杯盘碗碟 1 个半小时，清理厨房 1 小时，洗换下来的内衣裤、袜 1 小时，归置弄乱的玩具、图书、清理桌面 1 小时。这还不算买菜、洗菜、炒菜、做饭、倒垃圾等占去的时间，已经用去了 6 个半小时。每天只有 8 个小时的业余时间，还剩一个半小时，再看看电视新闻，浏览一下订阅的报纸，还能有多少空闲时间用来学习。如果新买了多功能 VCD 机，又买了一些有趣的影视光盘，不看各种进口大片、不练习唱歌，买这些玩艺何用？于是经常"卡拉 OK"一下，又不知占去多少时间。

总之，我们说简单生活，目的就是不要让今天的"消费时间"占的比例太大，不要为生活所累。不为物役的要义，就是过简单的生活，品尝学习的人生。

（5）.放弃也是一种节时策略

时间的管理利用也要求我们学会放弃的策略。放弃就意味着部分的否定，这不但需要智慧,还需要勇气。时间管理者要懂得放弃的意义。

首先,要明确自己的能力和处境,知道自己"不得不"放弃。放弃了之后,就别再去想,把一切精力都放在目前的事情上。

其次,要明确放弃是最好的选择,虽然会造成一定的损失,但这损失在以后的时间里会得到加倍的补偿。

成功的时间管理者都是明退暗进,都是会放弃的人。香港证券业的巨头吴先生,在 20 世纪 50 年代还只是香港一家公司的小职员。他偶然间发现非洲人喜欢戴叮当作响的首饰,他立即借了几千元,独自赴非洲做首饰生意。经过几年的打拼,生意越做越红火。而赶到非洲做生意的香港商人也越来越多,首饰业的竞争越来越激烈。面对这种情形,吴先生主动放弃了在非洲的首饰生意,激流勇退,另辟市场去了。

吴先生这一放弃恰到好处,因为随着非洲市场竞争的日趋激烈,生意势必越来越难做,与其到时候拼得你死我活,不如趁早放弃明哲保身。

这种放弃的一大好处就是摒除了不必要的竞争。竞争总是存在的,有些是必须面对的,但有些却毫无必要,对于没有必要的竞争,则应该尽量避免。积极进取当然是好,但要明白罗马城并非是一天建成的。时势有起有伏,遇到好的势头,可以跑得快些;遇到恶劣的势头,如果还是不顾一切地向前冲的话,势必就会跌得头破血流。这时,就要明白知进知退的道理。时间管理者要明白,放弃是为了更好地得到,此时退即是为了彼时进。美国精神分析心理学家朱迪斯·维尔斯特在其《必要的丧失》一书中指出:"丧失是我们为生活所付的代价"。这种放弃并不是说我们已经将以前花费大量时间和精力所建立起来的一切都放弃了,而是为更高效率地利用明天为目的的。

古语有云:"退一步,海阔天空。"学会放弃吧,难道你不想看到更好的明天吗?

(6).抛弃无用的虚名

俗话说"人怕出名,猪怕壮"。不管是艺术家还是科学家,任何行当只要一出名,便陷入各种"荣誉"的包围圈里,甚至凭空飞来各种"乌纱帽"扣在你的头上。每逢集会,朋友间互相赠送的名片上少则也有七八个头衔,一面印不下了，就印在反面，两面印不下，便把名片制成折叠式的。由此可见，目前社团上挂虚名者之众。这也是通常说的"胜者通吃"的"马太效应"。然而，这对于时间管理来说却是大大浪费时间。

也有些时间管理者在社会上并没有多少兼职的"虚衔"，但由于个人的兴趣或朋友的动员介绍加入了许多"学会"或"协会"。今天这个"学会"开会，明天那个"协会"有活动。最初几次活动还觉得新鲜，结交许多新朋友，获得一些新信息，有所收获。但时间一久，便发现与会者都是老面孔，议论的话题，不是老生常谈，就是一些道听途说的社会新闻。有些"学会"的活动要么是浮躁无聊的聚会，要么是沉闷呆板的座谈讨论。时间管理者加入这样的社会团体，不但没有收获，还要承担许多会员的"责任"和"应尽义务"，既浪费时间，又消耗精力。

因此，如果此类社团不是出于自己工作需要，必须加入；或者对其有强烈的兴趣爱好，参加活动有很大收获，为节省时间和精力计，还是及早退出来为好。

5.善用零碎时间

> 时间是由分秒积成的，善于利用零星时间的人，才会作出更大的成绩来。
>
> ——华罗庚

现代社会中的人们越来越忙碌，时间被分割得愈来愈细小。这就无形中使时间相对流失得更迅速。诸如等车、候机、对方约会迟到、旅程、塞车……这些情况都必须"等"，而"等"本身就是一种时间的浪费。如果不将这些时间加以利用，将是非常可惜的。

小额投资亦可致富，这是个浅显的道理。然而，很少有人注意，如果将零碎时间积累起来，加以有效利用，不但会趣味横生，还会让你有意外的收获！

（1）.读书

美国效率研究专家 M.J.拉伊里博士提倡"25 分钟读书法"。他经研究后发现人的注意力可以持续集中的时间限度是 25 分钟，他认为每天只读 25 分钟书，是最有效的学习方法。

假如我们每天把 25 分钟的片断时间，比如在等车、等人、等开会的时间，用来读书的话，能读多少书呢？如果用速读法来读的话，无论是谁在 25 分钟之内都可以读 20 页。坚持下去，一个月可以读 600 页，即可以读两本 300 页的图书，三本 200 页的图书。

一个月读两册书，一年就是 24 册书；一个月读三册书，一年就是 36 册书。多么诱人的效果啊！要是时间管理者能在一年内读这么多的自己专业范围内的书，恐怕他会成为一个屈指可数的读书家了。

（2）.写卡片或写信

在当今全面网络化的时代，收到别人的手写"真迹"是何等感动的一件事啊。如果我们在随身携带的包中放几张卡片或几张信纸，只要三分钟就能给家人、亲友一个意外的惊喜，因为写的一定比讲的更有感情，达到花费最省，而又最能沟通感情的效果，何乐而不为？

（3）.打电话

趁着空当，拿出通讯录，专挑多年不见的老友致以问候，想到对方那种"被记得"的感动，就算打长途电话都值得。

（4）.算账

很多家庭都实行记账开销，主妇的袋子里随时放着小账本。利用等车的零碎时间，可以做一次账本小结，保证省下许多力气，又能随时掌握家庭的开支情况。

（5）.检查备忘录

经常有约会的时间管理者一定要抓住一些空当时间，检查一下备忘录，以免大意而遗忘一些小事或约会。同时也可以盘算一下，什么时候能与家人一起度假。这样就不必再专门花时间做这些事了。

（6）.反省

大家都知道反省的重要性，它可以使我们对自己、对社会、对人类都更加了解，也可以使我们更加聪明。多进行一些反省，就会少出一些差错。

但是，现代人好像把反省当做一个单独的重要事情，一定要在特定时机，特定场合才会反省。也许还要搭上正常的工作时间。

事实上，在忙碌之余的空闲的几分钟内，也可以对刚刚发生的事进行一下即时反思，这样也许会更加有效，更加及时。

（7）.视听休闲

利用闲下来的几分钟或十几分钟，进行视听休闲，也许会有一些意外的收获。听听演讲录音带、音乐CD或看看杂志，如球类、音响、电脑、时装、家居生活、汽车等，既可调剂轻松身心，获得一个良好的情绪，又可增长见闻。

在许多公共场所都有书刊可以免费翻阅、打发时间。

6.巧妙调整一下时间点数

好事总是需要时间，不付出大量的心血和劳动是做不成大事的。想吃核桃，就是得首先咬开坚硬的果壳。

——格里美尔斯豪森

由于生理节奏的原因，人们的生活频率几乎都相同，因而，当你在做某件常规事情时，全世界会有成千上万的人与你同时进行。就连生命的出生也同样能找到同伴，在一秒钟之内全世界，就会诞生几十个婴儿。

因此，你的时间安排，也就和大多数人的时间安排没有什么大的区别。当你要出差办事时，与你同坐一节车厢的人大多是去出差的；当你要坐车回家时，别人也在往家赶；当你要去走亲访友时，别人也在忙着同样的事情……

如果你懂得时间差的妙处，就能较好地安排自己的事情，从而提高办事效率，而不至于因为人太多，影响自己的办事效率。

（1）.早到公司一小时

一般来说，公司的上班时间都在8点钟以后，每当你走进办公室时，便要开始一天的忙碌时间。接电话、开会、看文件、做计划等等，不管你是否准备好了，也不管你是否还有一些别的事情要处理，你都要精力集中地处理每件事情。

也许，在你来到办公室的路上，你就要经历着令人着急的交通———路堵车，而且总是遇到红灯。在这么心急如焚的情况下，好不容易到了办公室，还没喘口气，你就不得不投入工作。

如果你能够巧妙地利用时间差，提前一个小时到达办公室，那一切就是另外一种情况了。

李先生在一家广告公司做事，他每天都提早一小时去公司。他说："我这样做,也是偶然想到的一个点子。"他以前喜欢在家里看报纸,并且订了两份报纸,每天他边吃早餐边看报纸,大概要花去整整一个小时。然而这也只是草草地把报纸粗看了一遍。

于是,他想干脆到公司后,再看报纸,公司订了四五份报纸,可以看到更多的内容。由于每天匆匆忙忙地赶去公司,又匆匆忙忙地赶回家,在公司里根本没有看报纸的时间。因此,他开始提前去公司,把看报的时间完全改在公司里。

这样稍做变动,李先生便发现这样效果非常好,不但在公司能够安静地看相当于以前2倍的报纸,还能享受早晨更清新的空气。在上班的路上,交通非常畅通,他从未感到如此惬意过。

从此,他每天都提前一个小时到公司去,将在家里磨蹭和在路上耽误的时间全都转换成了有效率的时间。当开始正式上班时,他已经做好了一切准备,精神百倍地投入到繁忙的工作中去。

用他自己的话说:"我早到一个小时,却用这一个小时的时间做了两个小时的事情。"

下班的时候,也是同样。或者早一点,在下班高峰来到之前,就赶回去;或者干脆迟一些回家。

你在其他时间出行时,也要考虑到交通高峰期,尽量避开高峰期。例如,在坐飞机出差时,应尽量将飞机班次安排在非高峰时段,如此一来,可以避免因飞机在跑道上等候起飞,或在天空盘旋等候降落而浪费时间。

(2).午餐时间后延一小时

一般公司的午休时间定于12点至下午2点。因而,每位公司的员工都要在这一段时间内,迅速解决午餐、休息。但是,由于人员太多,往往一个小时花在解决午餐上,就已经所剩无几了。

如果将午餐时间往后延一个小时,改为下午1点至2点这段时间,那么你只需要十几分钟就能解决你的午餐,因为用餐的人差不多都已经完成了午餐,你可以很容易找到座位,而且由于人比较少,身边没有站着等位子的其他员工,所以你吃起来会比较安心。

从 12 点到下午 1 点，在其他的单位或公司都属于午休时间，因而在这一个小时内，很少会有电话打扰你，也没有一些诸如顾客来访等事情。你可以利用这段时间，很有效率地处理一些事情，比如总结一下上午所做的工作。

此外，据心理学家分析，在上午 11 点至下午 1 点的这段时间内人的精力最集中。在这段时间内工作，可以大大地提高效率。然而很少有人注意到这一点，却把这段工作的黄金时间用来做一些低效率的事情，这是极大的浪费。

你如果能够注意到这个问题，将自己的午餐时间作一个调整，就会为你创造许多的好处。你还可以将自己公司的作息时间统一进行调整，将公司的整体效率提上去。

（3）.平时买礼物

当遇上过年过节时，给家人或亲戚、朋友买礼物，是必不可少的一件事。当要去拜访某位颇受尊敬的人时，给他带一份礼物，也是人之常情。

大多数的人会在需要礼物时，再去买礼物。但在逢年过节时买礼物，虽然礼物的种类多样，却常人满为患，你也许不得不花费整整一天的时间来购买礼物。而在平时需要的时候买礼物，商店的礼物却不集中，逛了整整一天的时间，却也没选下中意的礼物。最后，也不过是随意买了一个礼物应付过去。

成功的人士即使在买礼物时也有独特的技巧，他们会在平时的时候，遇到有好的礼物，就买回来，需要的时候，再从中挑选出合适的送出去。

时间管理专家尤金就说过："我从来不会在过节的时候再去买礼物。在平时，当我看到喜欢的礼物时就买。假如我看到一件我很喜欢的礼物，即使我当时还不知道会送给谁做礼物，我也会先买下它，因为我相信会有人喜欢它的。"

"我把所有买回来的礼物放在一个大箱子里，我女儿总是叫它藏宝箱。每当有朋友过生日或是过节时，我就从藏宝箱中找出适合不同朋友的礼物，因此我就不必特地去买礼物，这为我节省了不少时间和精力。这个方法，我持续用了 30 多年，我认为这是个不错的省时方法。"

美国演说协会的总经理内奥米·罗德与尤金的方法相雷同，只不过这位总经理的藏宝箱比尤金的更大一些。她有一个专门用来装礼物的柜子，里面盛满了她在世界各地旅行时带回来的各种礼物。

她甚至在电脑中将这些礼物做了目录,并依项目分门别类。当她需要赠送礼物时,就打开电脑,查询礼物类别,然后做出决定,几分钟就可以挑选出非常理想的礼物。这真是一个绝妙的方法。

(4).夜间逛超市

我们每天都要消耗许多食物和其他物品,如卫生纸、牙膏、肥皂等等。这些东西虽然都是看起来不起眼, 但我们每天都实实在在地消耗着, 因此我就得花时间购买这些东西, 这样购买这些东西就成为我们生活当中的一项必要内容。

现在各种类型的超市遍布城市的各个角落,去超市购买日常用品和食物是大多数人的选择。一般人们去超市购物的时间范围主要是在上午 10:00~下午 6:00,这段时间也是超市生意最繁忙、人流最多的时候。在这段时间,超市的收款口总是排着长长的队伍,有些生意红火的超市中,这类"长龙"有时会达一二十人,购物者只能一步一步地往前挪动,等到最后轮到自己交款。

对于效率就是金钱的人来说,在超市中购物、排长队等待交款实在是一件浪费时间的事情。那么,选择合适的时间去超市购物,便成为时间管理者节约时间、提高效率的重要问题。

许多超市都夜间延长购物时间,或者开设全天购物的服务,因此时间管理者完全可以利用这一有利条件, 在其他顾客较少的时间去超市购物, 这一时间大多在晚上 7:00 到第二天早上 8:00,而且这时交通也很畅通,不存在堵车等问题,可以节省花在路上的时间。

利用夜间去超市购物,显然对提高办事效率,节约购物时间大有帮助。

第一部分

敬业·有效地利用时间

111

7.把 24 小时变成 48 小时

> 世界上最快而又最慢，最长而又最短，最平凡而又最珍贵，最易被忽视而又最令人后悔的就是时间。
>
> ——高尔基

人的生命是有限的。以现在人均寿命计算，人一生将占有 50 多万个小时，除去睡眠时间也有 30 多万个小时。人的一生是消耗时间的过程，不同的是每个人对时间的利用和发挥是不一样的，因而实际生命的长短也是不一样的。比如：以分计算时间的人比用小时计算时间的人要多拥有 59 倍的时间；以秒计算时间的人则又要比用分计算时间的人多拥有 59 倍的时间。对于珍惜时间的人来说，时间就这样不断增加，甚至是成倍地增加。

所以说，时间无限，生命有限。在有限的生命里能倍增时间的人就拥有了做更多事情的资本。

时间的宝贵，在于它既是一个公平地分配给每个人的常数，又是一个变数，对待它的态度不同，获得的价值也就有天壤之别。时间就像在冥冥中操纵一切的神灵，它决不会辜负珍惜它的人。时间给予珍惜它的人的回报是丰厚的，反之，时间对人的报复是无情的。

有人曾这样设想：我愿意站在路边，像乞丐一样，向每一位路人乞讨他们不用的时间。愿望是美好的，如果真能乞讨到时间，相信所有人都会甘做这样的"乞丐"。

然而，懒惰的人把许多宝贵的时间都给浪费掉了，每日得过且过，虚度着自己的年华。只有勤奋的人、办事讲求效率的人、懂得科学支配时间的人，才可以把一天 24 小时变成 25 小时甚至更多。

时间就是你的资本。命运之神是公平的，他给每个人的时间都不多不少；

但成功女神却是挑剔的，她只让那些能把 24 小时变成 48 小时的人接近她。下面就是她的助手时间使者透露出来的成功秘籍：

（1）."效能"重于"效率"

现今，老式的"效率专家"的时代早已经过去了。今天的管理专家多从"效能"来入手，因为"效能"是一个含义更广、更有用的观念。

"效率"重视的是做一件工作的最好方法。"效能"则重视时间的最佳利用。例如，为了即将召开的一项会议，你有一份必须打电话通知的名单。如果你从效率观点来看，你就会想什么时候打电话给他们是最好的时机，是不是要把他们的名字放入自动拨号卡片上以节省时间，这张名单是否是最新的正确资料等等。但是，如果你从效能观点来看，你就会问自己，打电话给这些人，是不是把时间做最佳的运用，你也许会考虑另一种联络方法；你也许考虑把打电话的事派给别人做；或把会议完全取消掉，好把时间用在更有用的地方。

健全的时间管理，应该以效能优先、效率次之的观念为出发点。

（2）.灵活运用帕累托法则

19 世纪末期与 20 世纪初期的意大利经济学家兼社会学家帕累托所提出的帕累托法则的大意是：在任何特定群体中，重要的因子通常只占少数，而不重要的因子则占多数，因此只要能控制具有重要性的少数因子即能控制全局。这个法则经过多年的演化，已变成当今管理学界所熟知的"80 比 20"法则——即 80% 的效果是来自 20% 的因子，其余的 20% 的效果则来自 80% 的因子。

例如，占全公司人数不到 20% 的业务员，其营业额为营业总额的 80% 以上等，这些情形告诉我们，只需集中处理工作中比较重要的 20% 的那部分，就可以解决全部的 80%。因此，若不先从重要的事开始，结果会演变成什么正事也没做。打算全部完成的完美主义者，往往到最后什么也没做好。

你只要能熟练应用这个 80 比 20 法则，过多的烦恼事情就会消失。你要尽可能地先处理重要的事，而不必将所有的事情一视同仁每个都处理完全。即使剩下的事到后来出了什么麻烦，也不会影响到全局。

（3）.善于利用零碎的时间

成功的时间管理者想把任何一个空闲时刻都利用起来。

将利用零碎时间养成一个习惯，就是在衣袋里或手提包里，经常不忘携带一些东西，如图书、笔和小记事本，这样你就可以在排队时，在候机时，在乘公交车上下班时，不会无所事事地空耗时间了。"集腋成裘"，"聚沙成塔"一样适用于时间。

零碎时间的利用也包括用一些"非正规"的时间去做一些事。例如上洗手间，宋代欧阳修就着意利用"如厕"时间。据说国外有一位首相就是利用"如厕"时间学习英语的。他每次从英语词典上撕下一页，然后进卫生间。上完卫生间，这一页也读完、记住了，于是把这一页送入下水道。他就是这样学完了一大本英语词典。

（4）.少说废话

名人之所以能成为名人，伟人之所以能成为伟人，有一个共同点，那就是：他们都能很好地运筹自己的时间，他们都懂得一切从现在做起的道理。

在时间的运用上，成功人士非常认真地对待每一分每一秒，尤其是当前的时间利用，而不是将时间用在许多的大话、空话或者是无期望达到的计划上。

一位青年人向爱因斯坦询问道："先生，您认为成功人士是如何成功的，有无秘诀？"爱因斯坦非常认真地告诉他："成功等于少说废话，加上多干实事。"

爱因斯坦的话，听起来很简单，但是如果我们细想一下，就能领会到这其中的道理。爱因斯坦其实是想告诉这位青年人，不要把时间浪费在一些无聊的闲扯之中，而要抓住现在的每分每秒，做一些确实有用的事情，坚持下去，成功就不远了。

（5）.挤出点滴时间

时间对于每个人来说都是公平无私的，只要你愿意，就放开地去挖掘时间的潜力，扩大时间的容量，用挤出来的时间去实现更高的梦想。

我们每天只要挤出微不足道的 1 分钟，一年就可以挤出大约 6 小时的时间。如果每天能挤出 10 分钟，那就是相当可观的一个数字了。一周工作 5 天，每天工作时间为 8 小时，而一天中再挤出 10 分钟，那么一年就可以增加 5 天多的工作时间。再者,即使再忙,每天可支配的零星时间至少有两个小时。如果你从 20 岁工作到 60 岁退休,每天能挤出两个小时,有计划地从事某一项有意义的工作,那么,加起来就可达到 29200 小时,即 3650 个工作日。整整 10 个年头！这是一个多么诱人的数字,足可以干一番事业。难怪发明家爱迪生在他 79 岁时,就宣称自己是 135 岁的人了。由此可见,时间的弹性是很大的,只要我们善于挤时间,便能大大增加时间的容量。

(6).灵活应用松散时间

这里所讲的松散时间,是指人们的大量工作时间处于很松弛的时候。比如工作的压力不大,工作性质决定了工作本身不需要投入过多的精力。那么这种情况下就应当考虑如何有效利用这些时间。

比如,李女士在行政机关单位上班,她每天的工作就是接一接电话,分发报纸信件,以及通知别人各有关事项。工作虽然轻松,但时间却不能少花,每天早晨 8 点钟就要上班,12 点按时下班。下午 2 点上班,一直到 6 点才下班。

对于李女士来说,这些工作量不大,做起来不很费力气。真正把工作量压缩起来,一两个小时就能做完。但是,行政机关的工作性质决定了她必须按点坐班。另外,随时都可能有电话来通知事情。这样李女士只能寸步不离地呆在办公室。

为了有效地利用好这些空闲的时间,李女士在工作不受影响的情况下,学习了自学考试的课程,在两年的时间内就拿下了大学本科考试的结业证。

在人们的一天工作或生活中,不可能每时每刻的时间都处于紧张的状态。根据人们从事的工作,有的需要集中精力,注意力高度紧张,才能完成。而有的工作不需过于集中精力,只要稍微注意即可。而且在一天的工作中,每个时候的工作要求也是不一样的,有时可以适当放松一下紧张的神经。那么这些松散时间就需要进行合理安排。

(7).见缝插针利用等候时间

不管你是多么精密地规划着你的时间,但是还会出现让你不得不等候的情况,因为总是会出现一些意外情况。也许你已经想好了等候的时间如何利用,以减少自己的时间损失,可是一旦你不能按心愿进行时,你的那种失望和挫折感一定会对你有所影响。

　　既然"等待"的时间不可避免,那么减少"等待"时间的最好办法,就是充分地利用"等待"的时间,这样也就可以变废为宝,降低"等待"的损失。

　　例如,去医院看医生时,排队等候是常见的事,尤其是专家门诊,即使你大清早出门,也同样要等待。建议出门时带上一本书,这样你就不必看医院的杂志,或者盯着人群发呆了。

8.树立现代时间观念

时间会刺破青春表面的彩饰，会在美人的额上掘出深沟浅槽，会吃掉稀世之珍！天生丽质，什么都逃不过他那横扫的镰刀。

——莎士比亚

现代人的生存有大同小异的规律性。忙的有多忙,闲的有多闲？忙的挤占了什么时间？闲人又哪来那么多清闲时间？《人生宝鉴》公布了一个很有意思的调查材料：

假若一个人活了72岁,他这一生是这样度过的:睡觉20年,吃饭6年,生病3年,工作14年,读书3年,体育锻炼看戏看电视电影8年,饶舌8年,打电话1年,等人3年,旅行5年,打扮5年。

这是平均数,正是通过这个平均数可以看出许多问题,想到许多问题。每个生命都是普通的, 有些基本需求是必须维持的。普通生命想度过一个不普通的一生,或者是清闲的一生,该在哪儿节省,该在哪儿下工夫,看着这个调查就会一目了然。

生命永远感到时间是不够用的。所以,我们每个现代人都要树立现代时间观念。

(1).发现自己的核心时间

所谓核心时间,简单地说,就是你工作效率最高的时间段,在这段时间里,你也最能将自己的精神集中于工作中。

如果对自己的核心时间毫不关心的话,就无法培养敏锐的时间感,因此,应努力探求自己的核心时间。

(2).把握时机

很多时候,机会对每一个人都是均等的,行动快的人得到了它,行动慢的人自己错过了它。所以,要抓住机会,就必须与时间竞争。时机是事物转折的关键时刻,要抓住时机的转化,推动事物向前发展。错过了时机,往往使到手的成果付诸东流,造成一着不慎,满盘皆输的严重后果。所以说,成功人士必须善于审时度势,捕捉时机,把握关键,恰到火候。

(3).要管理好自己的时间

现代人从事企业工作,重要的是时间管理。很多企业人士十分辛苦,每天早出晚归,疲于奔命,但如果加以认真研究,仍可发现许多工作是在白白浪费时间,结果大事抓不了,小事也抓不到。企业人士应有自己的时间安排,抓住关键,掌握重点。

(4).讲话、开会也要讲究成本

经常开会,讲话既多又长,并非优点。有效的会议,时间不多,又取得成效。"文山会海"无非是浪费了自己的时间,也浪费了别人的时间。这些时间本来可以生产很多产品,这就是会议的成本。应该计算一下,有效益的会当然可以多开,如果没有效益,还是应该减少这样的会议。

而在生活中,有许多属于"一分钱智慧几小时愚蠢"的事例,例如为了省两元钱而排半小时队,为省两毛钱而步行三站地等等,都是极不划算的。对待时间,就要像对待经营一样,时刻要有一个成本的观念,要算好账。

(5).避免争论

无谓的争论,不仅影响情绪和人际关系,而且还会浪费大量时间,到头来还往往解决不了什么问题。说得越多,做得越少,聪明人在别人喋喋不休或面红耳赤时常常已走出了很远的距离。

(6).搁置的哲学

不要固执于解决不了的问题,可以把问题记下来,让潜意识和时间去解决它们。这就有点像踢足球,左路打不开,就试试右路,总之,尽量不要钻牛角尖。

(7).不得不走

要学会限制时间,不仅是给自己,也是给别人。不要被无聊的人缠住,也不要在不必要的地方逗留太久。一个人只有学会说"不",他才会得到真正的自由。

第二部分 忠 诚

写在前面的话

岳母刺字"精忠报国"是对国家和民族忠诚的最高体现，忠诚为人敬仰。

对于一个企业而言，忠诚亦是如此。忠——中心，企业中无论管理者还是员工，将自己的中心位置放在为企业着想上，即是忠诚。不为私利，不记幽怨，推动企业发展为己任，这样的人才哪个企业会拒之门外？——拒之则损。

按照《现代汉语词典》的定义，忠诚是指对国家、民族、他人的尽心尽力。在知识经济时代，员工对企业忠诚的内涵已发生了变化。现在普遍的解释是：忠诚是指通过管理所形成的一种新秩序，这种新秩序的内涵就是企业和员工之间的关系更富有专业性的色彩，即员工认识到企业面临的竞争性挑战，他们愿意迎接挑战以换取相应的报酬，但是他们不会承诺对企业的忠诚终生不变。换而言之，忠诚是相对的，有条件的一种行为。与此对应，员工忠诚度也即员工对企业忠诚的程度。员工忠诚度与信任度、满意度是既相联系又有区别的概念，一般来说，他们之间是成正比的。忠诚度高则信任度、满意度也高，如员工信任度、满意度高则忠诚度相应也高；但之间又有所区别，信任度体现的是企业内部管理沟通情况，侧重人际关系环境的客观评价，满意度是企业内部各因素的综合表现，而忠诚度体现的则是多向互动中员工对企业的忠诚程度，涉及企业对员工从招聘到解聘的诸多环节。

员工的忠诚度按不同内容和标准划分，有不同的类型，可以从两方面来认识：

一是根据员工的工作意愿来分析，分为低度忠诚和高度忠诚。低度忠诚是指员工本身不愿意留在该企业工作，但是由于其他客观原因导致他不得不或者暂时留在单位工作。这些原因大都是物质因素，如较高的工资待遇、良好的福利、优越的工作环境、上下班方便、容易照顾家人等等，一旦这些因素消失，员工就不可能再保持忠诚，因此称为低度忠诚；高度忠诚是指员工主观上有强烈的忠诚愿望，员工个人前景和单位前途融为一体，员工个人目标和单位发展高度协调一致。相对而言，高度忠诚比较稳定，而低度忠诚则容易瓦解，潜伏着巨大的危机。

二是根据员工忠诚的对象划分，分为个人忠诚和事业忠诚。个人忠诚是指员工只对个别上级和领导者个人忠诚，如果上级和领导离开企业和岗位，则员工就很难保持忠诚，具有较大的盲目性，是一种狭隘的忠诚；事业忠诚则是基于对认同理想的忠诚，不局限于个人和短期得失，员工对事业忠诚，就会对自己和事业负责，是一种崇高的忠诚。

对于员工来说，忠诚是你生存的保证。一个成功的公司不会开除任何一名忠诚的员工，除非你自己开除自己。想象一下，轮船上的加油工或洗刷船甲板的工人辞职不干后，他所做的是对所有外面的人大声抱怨：这艘船是多么的破，船上的环境是多么的差，食物是多么难吃以及有一个多么愚蠢的船长时，他就会逐渐走向极端，最终葬身鱼腹。这件事对其他人没有任何意义，只有他自己在遭受惩罚。然而，我们要让他摒弃这样的念头，却不是件容易的事。

如果一个人被雇主要求去做他应该负责的工作时，他的嘴上说"我被雇来不是做这种活的"并且心里也这样想时，就等于他正在向失败走去，就好像站在一块涂满油的木板上，而且这块木板正漂向大海，一旦遇到一点风浪，他就会滑向茫茫大海。其实，没有人能够掌握这块木板的运行方向，除了他自己。导致木板飘向绝望的原因是，他对其他船只的活动以及别的事物的兴趣远远大于自己所在的船只。所以只有任承载自己生命的木板随波逐流，最终被大海吞没。

从上面的假设来看，可以这样说：在一个成功的公司里被雇的员工是不会被解雇的。只有那些不懂得珍惜工作的人，才会站在涂满油的木板上等待命运的安排，掉进海里的最终结果也就是必然的。

现在观察你的脚下，是否正是那块木板，如果是的话，建议你立刻跳下来。忠诚才是你生存的保证。

一　忠诚胜于能力

　　忠诚是对一个人的最深度的评价。朋友对于友谊，需要忠诚；员工对于企业，需要忠诚；恋人对于爱情，需要忠诚；自己对于自己，更需要忠诚。

　　忠诚是一种责任。忠诚是一种义务。忠诚是一种操守。忠诚还是一种品格。

　　只有忠诚的人，周围的人才会信任你、承认你、容纳你；只有忠诚的人，周围的人才会亲近你。老板在招聘员工的时候，绝对不肯把一个不忠诚的人招进去；客户购买商品或服务时，也绝对不会把钱掏给一个缺乏忠诚的人；与人共事，也没有谁愿意和一个不忠诚的人合作；交友，也不会选择不忠诚的朋友；组建家庭，那更是要看对方对自己是否忠诚，对方又是否值得自己付出忠诚……

　　一个职员，只有具备了忠诚的品质，他才能取得事业的成功。如果你能忠诚地对待工作，你就能赢得现在和未来的老板的信赖，得到晋升的机会，从而在不知不觉中提高自己的能力，争取到成功的砝码。

1.忠诚是一种义务

我并无过人的特长，只是忠诚老实，不自欺欺人，想做一个"以身作则"来教育人的平常人。

——吴玉章

在我们这个世界上，所有的统帅都要求他的士兵必须忠诚。拿破仑说，不想当元帅的士兵不是好士兵；拿破仑还说，不忠诚于统帅的士兵没有资格当士兵。将拿破仑的话引申到工作上，可以这样说，不忠诚于公司的员工也不是好员工。

如果你受雇于一个人，就要表示：忠诚地为他工作。因为忠诚是你的义务。你为他付出你的忠诚，你也将同样得到他的忠诚。忠诚是对自己所坚守的信念的忠实和虔诚，是对一个人的最深度的评价。朋友对于友谊，需要忠诚；员工对于企业，需要忠诚；恋人对于爱情，需要忠诚；自己对于自己，更需要忠诚。

忠诚是一种责任；忠诚是一种义务；忠诚是一种操守；忠诚还是一种品格。

黄军在一家公司从事企业策划工作，这是他大学毕业后从事的第一份工作。黄军很努力，付出也很多，因为他不想在领到薪水的一刹那觉得自己有愧于公司。

有一天，公司的总经理把黄军叫到了自己的办公室。总经理说："你在公司这两年的工作，我一直看在眼里，你是一位优秀的人才，而且脚踏实地，富有责任感。两年来，你的加班时间远远超过了其他员工。"黄军很惊讶，他不知道整天忙于公司事务的总经理居然对他的工作情况这么了解，他真的很感激总经理。作为一名员工，能得到上司如此的关注和赞赏，是一件很幸福也很值得骄傲的事情。

总经理接着说:"公司考虑到你的工作能力和目前的工作情况，决定晋升你为人力资源部经理,经过我的观察,觉得你更适合这份工作,而且你有能力胜任这项工作。"

其实,黄军一直想从事人力资源管理方面的工作,没想到公司给了他一个这样好的机会。他从心底感激总经理,也暗暗地发誓,一定要努力工作,不辜负总经理和企业对自己的信任。

黄军更努力了,上任不到一年,工作开展得卓有成效,这份工作让他如鱼得水。他比以前更辛苦也更累了,但干劲十足,他说:"我必须努力,为了公司,也为了总经理。为公司是因为我有义务为公司担责任,为公司效力,忠诚于我的公司。"事实上,黄军所做的比公司给他的更多。

员工能够踏踏实实地为企业工作,把企业的兴衰看成是自己的人生大事,这是员工对企业的忠诚。而员工之所以这样做,是因为他以前为企业所付出的一切努力,得到了企业领导者的认可,并被给予了充分的信任。所以,员工会以更大的努力、付出更多的代价去工作,同时也会得到领导者更多的信任。

世元丝钉厂是一家集体所有制企业,20 世纪 70 年代,工厂的业务特别红火。虽然那时还是计划经济,各种原料都要依靠计划指标才能购置,但该厂的产品却销往全国各地。

到 20 世纪 80 年代,东南沿海地区开始在计划之外做市场,世元丝钉厂生产的产品没有多少技术含量,逐渐被沿海地区价格更便宜、质量更好的产品所替代。产品滞销,工厂的日子当然越来越不好过,慢慢地开始只能发 70% 的工资,有时甚至连 70% 的工资也不能保证按时发放。很多员工对此很不满,有的开始在下班的时候往工具包里装钉子,然后到集市上低价倒卖。时间长了工厂越发亏损。

为防止工人下班偷钉子,工厂在大门口安放了大型吸铁石和报警器,搞得人人自危。工厂最后还是垮了。丝钉厂垮掉的结果是什么呢?除了有点技术的年轻人离开了工厂,绝大多数的工人从此再也找不到工作。

可以说,世元丝钉厂倒闭,与员工缺乏忠诚有直接的原因。在今天的商场上,没有忠诚的员工,任何一家公司都难以生存下去,对一名员工来说,他必须对公司忠诚。忠诚，是公司能够运营和发展的保证。只有忠诚，公司才能发展。

毫无疑问，没有忠诚度的员工，根本不是一个称职的员工！没有效忠意识，就没有敬业精神！

IBM 公司的创始人老沃森对"忠诚"极为看重，并将"忠诚"作为公司永不终止的信条和追求。他认为，加入一个公司是一种要求绝对忠诚的行为，忠诚是一种美德，一个对公司忠诚的人，不仅仅是忠诚于一个企业，而是忠诚于人类的幸福。

老沃森曾对员工说："如果你是忠诚的，你就会成功。只要热爱工作，就会提高工作水平，忠诚和努力是溶合在一起的，忠诚是生命的润滑剂。对工作忠诚的人没有苦恼，也不会因动摇而困惑，他坚守着航船，如果船要沉没，他会像一个英雄那样，在乐队的演奏声中，随着桅杆顶上的旗帜一起沉没。"

IBM 一直坚守着这个信条，并将其渗透到企业的各个层面，使每一个员工都在这一思想和精神的熏陶下，持久地忠诚于 IBM 公司，并形成一种强大的凝聚力和向心力。正如 IBM《永远向前》的公司颂歌中唱道：

永远向前，永远向前！
那是带给我们声望的精神！
我们强大，而且更强大，
我们不会失败！
为人类服务是我们的目的！
到处都有我们的产品。
我们的名誉像宝石般闪耀！
我们始终奋斗前进，
我们确信攻战新的领域，
为了永远向前的 IBM。

永远向前，永远向前！
我们在顶峰永不下降！
我们欣慰，

我们有对公司真挚的忠诚，

那是最美丽的誓言！

我们在展示世界，心中想着——

我们崇高的领导者。

让我们唱吧，人们！唱吧，人们！

我们再次歌唱，再次歌唱，

为了永远向前的 IBM。

IBM 的成功并非偶然，正如托马斯·小沃森所言："我们的成功归于 IBM 整套信念的力量。"他在《一个企业和它的信念》一书中写道："我坚定地认为，任何组织要生存并取得成功，必须确定一套健全的信念，作为该企业一切政策和行动的出发点。公司成功的唯一重要的因素就是严守这一套信念。一个企业在其发展过程中，为了适应不断改变的世界，必须准备改变自己的一切，但不能改变自己的信念。"

一个企业的基本哲学对成功所起的作用，远远超过其技术、资源、组织结构、创新和时机选择等因素。老沃森以毕生精力，传播 IBM 企业精神，把"忠诚"视为公司信念，并将其与"思考"完美结合，造就了 IBM 标志。

2.忠诚是做人的根本

忠诚是人生的本色。

——《明儒学案》

一个人能够独自生存于这个世界上吗？当然不能。读书时，我们生活在一个班里；工作了，我们生活在一个企业、机关或事业单位中。我们会和各种各样的人往来，包括同事、上司、社会公众，等等。

你可能会说："我是自由职业者，我没有同事，也没有上司，我自己就是老板，我关起门工作，社会公众也离我很远。"即使如此，你也别忘了，你有客户——自由职业者的产品也得卖出去，你有朋友，有家人，你得和他们打交道。因此，你无法一个人生存。

忠诚建立信任，忠诚建立亲密。只有忠诚的人，周围的人才会信任你、承认你、容纳你；只有忠诚的人，周围的人才会亲近你。老板在招聘员工的时候，绝对不肯把一个不忠诚的人招进去；客户购买商品或服务时，也绝对不会把钱掏给一个缺乏忠诚的人；与人共事，也没有谁愿意和一个不忠诚的人合作；交友，谁也不会选择不忠诚的朋友；组建家庭，那更是要看对方对自己是否忠诚，对方又是否值得自己付出忠诚……总之，人离不了忠诚。忠诚是做人的根本。

李开复博士讲过一个"缺乏忠诚的求职者的故事"。在微软亚洲研究院工作时，李开复曾面试过一位求职者。他在技术、管理方面的素质都相当出色，但是，面谈之余，求职者试探性地表示，如果李开复录取他，他可以把他在原来公司工作时的一项发明带过来。随后，他似乎觉察到这样说有些不妥，又特意声明，那些工作是他在下班之后做的，老板并不知道。

李开复当场拒绝了这位求职者的应聘请求。他事后为此解释说："这样一番谈话过后,对我而言,他的能力和工作水平再高,我都肯定不会录用他了。原因是他缺乏最基本的处世准则和最起码的职业道德,他不是一个诚实、讲信用的人。试想,如果雇用了这样的人,谁能保证他不会在一段时间后,把自己在这里的工作成果也当作所谓的'业余工作'献给其他公司呢?"

无论在什么时代,无论在哪一个国家,一个缺乏忠诚、人品有问题的人都不可能成为一个真正有所作为的人。

一位董事长在公司的一次月例会上提出:"人可以有点小毛病,也可以做事不够圆滑,但绝对不能不忠诚!我们要把忠诚于企业作为个人发展的座右铭,与企业同甘共苦,共谋发展。"那么员工该怎么做才算忠诚于企业呢?

(1).命运相依性

这是把自己的前途、命运与企业的发展紧紧联系在一起。通俗地讲,企业发展我进步,企业兴旺我幸福;反之,企业退步我受阻,企业倒闭我失业。对每个员工来说,多发挥主观能动性,比少讲客观原因更重要。一个人真正把自己的前途、命运融入一个大家庭、一个单位、一个集体之中,他就会始终充满信念,充满希望。

(2).言行一致性

这是要做到表里如一。自觉执行公司各项规章制度,领导在与不在一个样,说的和做的一个样。正如一位董事长所言:忠诚于企业,不是看你说得怎样,重要的是看你行动上是否与企业保持一致,为企业的发展多思多想多干,为企业尽心尽责。

该说的一定要说,不该说的必须要三缄其口。在日常生活中,我们也许因为某些不尽人意的事发过牢骚,也许因为一时情绪低落说过违心的话、不合实际的话,但是对于公司来说,我们没有理由去说三道四。背后说有利于企业发展的话,比在公开场合说显得更加难能可贵。这也是衡量一名员工是否忠诚企业,是否言行一致的基本准则。切不可为了"迎合"领导说好话做表面文章,更不可在背后对领导、对同事、对企业信口开河,吹毛求疵。背后有意识地说一些不利于企业发展的话,比无意识或某些场合为了"迎合"说,显得更加不利于团结协作、不利于企业发展。作为一名企业的员工应该襟怀坦白,对企业或领导的决策有不同意见可以当面说出来，阐明自己的观点，或者保留起来以后选择合适的场合再沟通，决不能表面去"迎合"，背后发牢骚，行动使"绊子"。

（3）.工作主动性

发挥主观能动性，积极干好本职工作，这是对员工的起码要求，也是衡量一名员工是否忠诚于企业的具体体现。

工作主动性表现在着眼公司大局，认识到自己岗位的重要性。在完成领导交给任务的前提下，发挥自己的聪明才智，为本岗位多做些工作，多干一些有意义的事。

工作主动性表现在有较强的动手能力。作为管理人员要身体力行，自己能干事的不交给一线员工，该自己举手之劳的事不让员工办，做到"己所不欲，勿施于人"，为员工做好榜样。

工作主动性表现在不推诿扯皮、拖延应付。拖延，可以把企业拖垮。人生短暂，一个美貌的少女也会在无休止的拖延中变成老太婆，今天的工作拖延就会成为明天的拖累。该你主动办的，你就应该主动办好；该你协调的，你就应该主动协调好、配合好。

工作主动性还表现在做事不声张、不张扬，默默无闻。干工作的目的不是让上司知道，不是让周围人知道，而是在完成公司大目标下一个很小、很具体的内容。你的工作也许很重要，但是你的工作不是孤立的，你所做的一切都涵盖于公司的大局之下，离不开上司的支持和大家的协作。

做一名忠诚于企业的合格员工，体现在具体行动中，体现在平凡工作中。大力弘扬"与自己较劲"的工作理念，保持昂扬奋进的精神状态，努力工作，不找任何借口，在本职工作之外，积极为公司发展献计献策，尽心尽力地做好每一件力所能及的事。

3.忠诚不是让你当"奴才"

靠着忠诚，你能与伟大的心灵为伴，有如一个精神上的家庭。

——莫洛亚

说到忠诚，并非是要你做老板的"奴才"。整日对着老板唯唯诺诺的人，并不能真正对公司的事业有所帮助。实际上，老板作出的每一个决定都存在着风险，也存在着决策错误的可能。这时候作为下属的你必须站出来指出其中的不妥之处，这既展示了你的知识、智慧、能力，也表现了你对老板所从事的事业的忠诚。

在现实生活中，把愚忠当做忠诚的人不少。这些人的观点是：首先，忠诚就是向老板效忠，并且是无条件地效忠。其次，忠诚于老板就是绝对听老板的话，不管老板的对与错。在企业里，很多员工老板说一他也跟着说一，老板说二他也跟着说二，心中虽然有自己的看法，但不敢说出来。有时，明明老板是错的，他们也大呼老板伟大、老板英明。他们以为，完全和老板的论调保持一致、完全听老板的话就是忠诚，奴性十足就是忠诚。更有人把忠诚与拍马屁混为一谈。他们对老板阿谀奉承，凡事都只图老板开心，工作中总是报喜不报忧。

有一则"狮子的孤独"的管理寓言：

作为草原王国的管理者，狮子饱尝了管理工作中所能遇到的全部艰苦和痛苦。它多么渴望可以像其他动物一样，享受与朋友相处的快乐，能在犯错误时得到哥们儿的提醒和忠告。

它问小兔子："你是我的朋友吗？"

小兔子笑着回答："当然，大王，我永远都是您最忠诚的朋友。""既然如此,"狮子说,"为什么我每次犯错误时,总得不到你的忠告呢?"

小兔子想了想,说:"尊敬的大王,我的智力低下,无法看到您犯的错误。"

狮子又去问狐狸。狐狸讨好地说:"小兔子说得对,您那么伟大,有谁能够看出您的错误呢?"

和孤独的狮子一样,许多公司的老板也时常会体会到"高处不胜寒"的滋味。由于组织结构上的等级制度,所有的部属对老板的态度,都像对待狮子一样敬而远之。

有时候,你不愿去提醒你的老板,告诉他哪儿做得不对,并不是因为他太优秀,你没有看出他哪儿错了,而是因为你害怕"触犯"威严,害怕往后他会对你做出不利的举动。

实际上,这种害怕说明你没有了解你老板的性格。如果他果真脾性暴躁,刚愎自用,肯定不是一天两天,你可以向老员工打听一下员工向他指出错误的后果。你也可以通过邮件或写字条的方式说明你的看法。但最好是当面找个机会与老板沟通和相互了解。这些将利于你今后的晋升。

通过劝诫和提醒来表达你的忠诚,是任何一位有作为的老板都希望看到的。如果你有观察到老板失误的能力并准备了好方法,那就不要犹豫,那些看似必要的顾忌不仅增加你的烦恼,而且还会使本属于你的机会白白丧失。

对企业忠诚是员工的义务,这份义务包括:保守公司机密,执行公司的计划(即便在自己不同意的情况下),敬业,责任心……然而,一名忠诚的员工更应该是一个人格独立、思想独立的人,而不是依附老板的苔藓类植物。

老板与员工之间的关系是介于两个独立、平等的主体之间的契约,只有当追求各自的发展最大化的老板和员工都认为对方是自己的最佳选择时,这个契约的效果才是双赢的。相反,当这个契约蜕变为人身依附时,对企业而言,这意味着停止人才的"优进劣出"的竞争淘汰机制,企业变成可以混日子的"大锅饭";对员工而言,这种依附关系则把他变成失去选择自己职业生涯的权利的现代奴才。

4.成功垂青忠诚的人

没有崇高的生活理想的人，像大海里的一只小舟一样，它时刻都会被狂风巨浪袭击而沉没海底。但一个人有了共产主义的理想，并无限地忠诚于这个理想，他就能经受任何风雨和困难的考验。

——吴运铎

在一项对世界著名企业家的调查中，当问到"您认为员工应具备的品质是什么"时，他们几乎无一例外地选择了"忠诚"。比尔·盖茨这样说道："怎样才算是一名优秀的员工呢？作为一个独立的员工，你必须与公司制订的长期计划保持步调一致，忠诚于自己的公司。"

忠诚的人十分宝贵，这样的人走到哪里都有大门向他们敞开。相反，一个人即使能力再强，如果缺乏忠诚，也往往被人拒之门外。

忠诚表面上与公司、老板有关，在正常的情况下，员工的每一份辛勤付出，都会得到老板的信任和器重。公司如同一棵摇钱树闪闪发光，而员工的忠诚如同使之发光的那一个个金苹果。

实际上，当今工作变动的频繁让老板惊心，他们更加希望能有稳定的员工队伍。如果熟悉工作的员工一个个流失，新来的员工又要培训，他们会直接面临着利益损失，所以他们会更加珍视那些自愿留下来的老员工。别人对一份工作的轻视正体现了你对公司的忠诚，那么，你离成功也就越来越近了！因为老板会越来越器重你！

有这样一个真实的故事：

思坦因曼斯是德国的一位工程技术人员，因为德国国内经济不景气而失业后来到美国。由于举目无亲，他根本无法立足，只得到处流浪，直到幸运地得到一家小工厂的老板的青睐，雇用他担任制造机器马达的技术人员。思坦因曼斯是一个对工作善于钻研的人，很快便掌握了马达制造的核心技术。

1923 年，美国的福特公司有一台马达坏了，公司所有的技术人员都没能修好。正在一筹莫展的时候，有人推荐了思坦因曼斯，福特公司马上派人请他。

思坦因曼斯要了一张席子铺在电机旁，先聚精会神地听了 3 天，然后要了梯子，爬上爬下忙了多时，最后他在电机的一个部位用粉笔画了一道线，写下了"这儿的线圈多绕了 16 圈"。福特公司的技术人员按照思坦因曼斯的建议，拆开电机把多余的 16 圈线取走，再开机，电机正常运转了。

福特公司总裁福特得知后，对这位技术员十分欣赏，先是给了他一万美元的酬金，然后又亲自邀请思坦因曼斯加盟福特公司。但思坦因曼斯却向福特先生说，他不能离开那家小工厂，因为那家小工厂的老板在他最困难的时候帮助了他。

福特先生先是觉得很遗憾，继而感慨不已。福特公司在美国是实力雄厚的大公司，人们都以进福特公司为荣，而这个人却因为对自己的老板忠诚而舍弃这样的机会。

不久，福特先生做出收购思坦因曼斯所在的那家小工厂的决定。董事会的成员觉得不可思议，这样一家小工厂怎么会进入福特的视野呢？福特先生意味深长地说："因为那里有思坦因曼斯！"

思坦因曼斯的忠诚是应该受到所有人尊敬的。人们永远尊重忠诚的人，就像永远尊重对自己的人格负责的人一样。

一个职员，只有具备了忠诚的品质，他才能取得事业的成功。如果你能忠诚地对待工作，你就能赢得现在和未来的老板的信赖，得到晋升的机会，从而在不知不觉中提高自己的能力，争取到成功的砝码。

5.不要频繁地跳槽

> 我这一生基本上只是辛苦工作，我可以说，我活了七十五岁，没有哪一个月过的是舒服生活，就好像推一块石头上山，石头不停地滚下来又推上去。
> ——歌德

在 2003 年年底，智联招聘曾经作过一个关于 2004 年职场心愿大调查，时至 2004 年年底，又把同样的选择题交给了职场人士，这次他们选的是什么呢？调查结果发现，相对去年而言，今年职场心愿有了一些新的变化，最明显的一项就是稳定：打算跳槽的少了，要内部成长的多了。打算"找一家新的公司"的人从 2004 年的 16% 下降到 2005 年的 10%，打算"转换一个新的职业"的也从 2004 年的 18% 下降到 2005 年的 12%，而要"在公司里得到提升"和"工作不换、薪酬增长"的分别从 2004 年的 9% 增加到 2005 年的 12% 和 15%，可见人们追求的职业发展方式从简单一跳之后更重视现有职业的完善和转变。

要想发展就应该先有稳定的局面，小到一个人事业的成功，大到一个国家的发展，都是如此。改革开放以来，我国的经济飞速发展，人民生活水平明显提高，国际地位也在逐年上升，就是因为有了一个相对稳定的国际国内环境。因此，只有拥有稳定的局面，一个人的事业才能发展，人生价值才能实现；只有拥有稳定的局面，人民的生活水平才能提高，国家才能发展。

在许多公司里，我们总能看到一些无精打采地工作着的员工，别人的感受是"工作着就是美丽的"，而他们的感受却如同在服苦役。这中间的根本原因，就在于他们没有找到适合自己的工作，他们心中有激情，但找不到发挥的地方，他们的兴趣和特长，也在日复一日无精打采的工作中被浪费了。

在找到一份适合的职业之后，你就应该忠诚于这份职业。当然，如果这份职业并不适合你,但却是你需要的,你也应该忠诚。比如,你的兴趣是做一名作家,可为了生存,你不得不做一名会计,这时,你还是应该忠诚于会计这份职业。企业聘用了你,你就应该全力以赴,这是起码的职业道德。

跳槽不是对忠诚的背叛,但如果频繁跳槽就是对忠诚的背叛了。频繁跳槽至少说明你这个人不太具备忠诚的品质,这山望着那山高,朝秦暮楚。

现在,跳槽的人越来越多,并且跳得越来越频繁了。这些人在一个又一个公司之间穿梭来往,不像是公司职员,倒像是观光游客。这些人看起来很风光很潇洒,事实上,在他们中间,除了少数人在跳来跳去中获取高职位和高薪水外,大多数人得不偿失。除非你在某个行业中早已被证明是拔尖的人才,否则,是不会有哪个老板在你一进入公司时就给你高职位和高薪水的。老板提拔一个人,总是要经过较长时间的考察,不是他不愿意提拔,而是他不愿意冒险提拔一个不了解的人,一旦提拔错了,对被提拔者来说是痛苦,对公司更意味着损失。

那些爱跳槽的人,往往在考察期未到就草率断定自己没有发展机会而离开,跳到新的单位,一切又从零开始,不断地干着基层工作,重复接受不同老板的考察。

一位资深的职场人士认为:他们不愿意录用那些对自己的工作处境或待遇上稍有不满就考虑"跳槽"的人,他们认为频繁"跳槽"的人不成熟,这些人不知道自己究竟该做什么,什么更适合自己,而且这种人不能给人一种安全感和信任感。一个什么工作都做不长久的人,让人想到这不是公司的问题,而是他个人的问题。一是他的工作能力值得怀疑;二是他对企业的忠诚度值得怀疑。

员工频繁"跳槽"表现出对公司不够忠诚,不仅对企业有负面影响,更会影响员工个人的道德信誉度,没有老板愿意用一个对自己公司不忠诚的人。有的企业老板可能会用利益诱惑一些人使他们背叛自己的企业来进行非正常的竞争,但是当这个老板的目的达到之后,他肯定不会像当初承诺的那样,因为他会怀疑这些人是否也会为了更多的利益出卖公司。跳槽者以为"跳槽"后会得到很多,其实是失去的比得到的更多,而且失去的将永远也找不回来。

整天幻想着跳到一个新的单位后,诸如不符合自己的兴趣爱好、老板不赏识等问题都会迎刃而解,其实这是一种逃避责任的表现。正确的观念应该是:立足于现实,调整好自己的心态,将现有的工作做得更好。

　　每一份工作或每一个工作环境都无法尽善尽美,令你称心如意。仔细想想,自己曾经从事过的每一份工作,多少都存在着许多宝贵的经验与资源。例如失败的沮丧、自我成长的喜悦、温馨的工作伙伴、值得感谢的客户等等,这些都是人生中值得学习的经验,如果你每天都带着一颗感恩的心去工作,工作的心情与态度自然是愉快而积极的。

　　因此,在工作不如意的时候,不要轻生去意,不要一切期待环境的改变,而要追根究底,找出自己真正面临的问题或原因,然后再决定去留。一般来说,通常不是工作的错而是自己的心态和观念有误差,当以全新的角度看问题时,或许离职的想法会就此打消。如果不能调适自己的工作态度与心情,建立正确的敬业精神,下一个工作必定又是梦魇的开始。

二　与公司共命运

在一个企业里，利益分配是这样的：一部分以税收形式上缴国家，一部分以公益支出形式给了社会，一部分以分红的形式给了股东，一部分以薪金福利等形式给了员工，一部分留在企业里作为企业下一步发展所需的公积金。

要明白这样的道理：只有公司成功了，你才能够成功。公司和你的关系就是："一荣俱荣，一损俱损。"也只有认识到这一点，你才能在工作中赢得老板的赏识和重用。

维护公司利益不是一句空话，必须落实到实处，从点点滴滴的小事做起，将自己视为公司的主人，时刻秉持厉行节约的原则。要成为一个好员工，必须具有这种责任感，时时处处维护公司的利益，这样才能赢得上司的赏识，获得晋升的机会。

作为一名员工，千万不要忘了自己的角色，你必须为公司争取利益，而不是为你自己。只有公司"发达"了，你才会跟着"发达"。

1.和公司同舟共济

讲奉献，但不追求清贫；讲学习，但不注重形式；讲原则，但不脱离实际；讲公司利益，但不忘记国家和员工的利益。 ——蒙牛集团的口号

张朝阳曾经翻译过一篇名为《企业的生命周期》的文章：

西方人是这样调侃企业的兴衰的。

企业就像一棵树，树上攀满了猴子，每层的枝丫上都有，还有更多的正往上爬。

如有果子，总是顶层的猴子先吃。

当树上的果子快吃没时，上面的猴子就会用枝条打下面的猴子，以便赶走一些。在挥打中，猴子们纷纷往下一层掉，你挤它，我压他，一片混乱。树木的枝条弄断不少，树干也几乎被折断，最后大都纷纷掉在地上。至于它们的赔偿，就是摇落在树下的一些果子。

猴子掉下去后，树的负担轻了，生活又开始恢复正常。

这个故事写尽了企业中的世态炎凉。显然，故事中的这些"猴子"无论是"上面的"，还是"下面的"，都各怀私心，都只想到让自己吃到果子，而没有考虑怎样使树多长果子。这样的"猴子"，理所当然要掉到"树"下去，被"树"抛弃。

那些只想自己吃到果子，不能与公司共命运同成长的员工，心中普遍存在两个错误认识：一是认为个人利益与企业利益是对立的；二是认为个人前途与组织前途没有关系。事实上，个人利益与企业利益是统一的。在一个企业里，利益分配是这样的：一部分以税收形式上缴国家，一部分以公益支出形式给了社会，一部分以分红的形式给了股东，一部分以薪金福利等形式给了员

工，一部分留在企业里作为企业下一步发展所需的公积金。

个人利益与企业利益之间难免存在着你多我少，或者你少我多的选择，从某一个时间点上看，个人利益和企业利益是冲突的。但从一个较长时期来看，个人利益与企业利益绝对是统一的。这是为什么呢？你看看那些效益好的企业，员工的收入不是很高吗？反之，那些效益差的企业，员工的收入不是很微薄吗？不要太计较一时的你多我少。如果每一个员工都把目光放长远一点，今天少索取一点，让企业发展更快，明天获取的就不会是这一点了，而是许多倍。

美国励志专家奥里森·马尔藤讲过一个真实的故事。

洛杉矶有一名叫杰克的年轻人，在一家有名的广告公司工作，他的总裁叫迈克·约翰逊，年纪比杰克稍微大几岁，管理精明，平易近人，杰克的工作就是帮总经理签单拉客户，谈判过程中，杰克的谈吐令许多客户敬佩。

杰克刚进入公司，公司运转正常，杰克工作得得心应手。这时，公司承担了一个大项目的策划——在城市的各条街道做广告。全体员工对此惊喜万分，全身心地投入到工作中去。全市的每个街道都要做十多个广告，全市至少也有几千个，这给公司带来的经济利益和社会效益是十分可观的。

约翰逊总裁在发工资那天召集全体员工开会："公司承担的这个项目很大，光准备工作就耗资几百万元，公司资金暂时紧张。所以，该月工资就放到下月一起发，请你们谅解一下公司。工资早晚都是你们的，只要我们把项目搞好，大家一起来共享利润。"所有的员工都对总裁的话表示赞同。杰克这时产生了这样的想法：公司现在正是资金大流动的时期，我们所有的员工应该集资投入到大项目中去。

可是，半年以后风云突变。经过辛苦奔波，全套审批手续批下来的时候，公司却因资金缺乏，完全陷入停滞状态。别说给员工发工资，就连日常的费用也只能向银行伸出求援之手。公司景象黯淡，欠款数目巨大，银行也不给予他们答复。

就在这个困难时期，杰克说出了心里的想法：全体员工集资。总裁笑笑、无奈地拍拍他的肩膀："能集资多少钱？公司又不是几十万就能脱离困境，集资几十万只是杯水车薪,连一个缺口都堵不住。"

约翰逊总裁召集全体员工陈述公司的现状时,一下子人心涣散,人员所剩无几。没有拿到工资的员工将总裁的办公室围得水泄不通,见总裁实在无钱支付工资,他们各取所需,将公司的东西分得一无所有。杰克并没有放弃,这么好的机会,难道就这样付诸东流吗?他产生了一种莫名的感觉:沙漠里的人也能生存。不到一个星期,公司只剩下屈指可数的几个人时,有人来高薪聘请他,但他只说:"公司前景好的时候,给了我许多,现在公司有困难,我得和公司共渡难关,我不会做那样的无道德之事。只要约翰逊总裁没有宣布公司倒闭,总裁留在这里,我始终不会离开公司,哪怕只剩下我一个人。"

事情总在人的意料中,不久公司只剩下他一个人陪约翰逊总裁了,总裁歉疚地问他为什么要留下来,杰克微笑地说了一句话:"既然上了船,船遇到惊涛骇浪,就应该同舟共济。"

街道广告属于城市规划的重点项目,他们停顿下来以后,在政府的催促下,公司将这来之不易的项目转移到另一家公司。在签订合同的时候,约翰逊总裁提出一个不可说不的条件:杰克必须在那家公司里出任项目开发部经理。

约翰逊总裁握着杰克的手向那家公司的总裁推荐:"这是一个难得的人才,只要他上了你的船,就一定会和你风雨同舟。"

加盟新公司后,杰克出任了项目开发部经理。原公司拖欠的工资,新公司补发给了他。新公司总裁握着他的手微笑着说:"这个世界,能与公司共命运的人才非常难得。或许以后我的公司也会遇到种种困难,我希望有人能与我同舟共济。"

杰克在后来的几十年的时间里一直没有离开这家公司,在他的努力下,公司得到了更为快速的发展。杰克后来成了这家公司的副总裁。

马尔藤说,他讲这个故事并不是称赞杰克这个年轻人的卓越的能力,而是敬佩他自始至终都与公司同舟共济的精神。

一个公司需要许多精英人才,但更需要与公司共命运的人才。

杰奎琳是一家电子公司研发部的职员。她在工作之中,常常会认真寻找一些组织管理中的漏洞和失误，并从中找出一些具有挑战性的进行攻克。她的这种做法，有时会打乱上司和同事的工作计划，常常令他们很头痛，但是她的这种负责精神也为公司减免了许多不必要的损失。

有一次，公司高层制定了一个战略规划，准备研发一种新型的机械。方案已经全部做好，款项也陆续到位了，但是杰奎琳在工作刚开始的时候，便对所开发的这个产品产生了怀疑。她根据自己所了解的情况看出，这个项目在操作上有许多仓促之处。再加上高层在制定这个战略规划时，没有对研发的产品和将来所面对的市场进行详细地论证与考察，难保不造成产品刚研发不久，就被市场淘汰的厄运。因此，她利用工作之余，详细地把自己对这个产品的众多怀疑之处写出来，并相应地提出了许多建议，交给上司。她的分析深刻、精辟，引起了高层的重视，高层决定重新对这个规划进行研讨，并对项目和市场状况进行重新论证。最后公司又请这方面的专家进行审查鉴定，结果证明了杰奎琳怀疑的正确性。公司最终放弃了这个项目，而杰奎琳的行为也深深地感动了公司的管理层。公司领导决定，将杰奎琳提升为研发部的负责人。

我们生活在一个崇尚个人创业的时代。但是，并不是每个人都能够成为老板。大多数人的成功都建立在团队成功的基础上，对公司职员来说，只有公司发达，个人才能够发达；只有公司赢利了，你的工资才能得到提高，才能有更大的发展空间。

公司的成功不仅意味着老板的成功，更意味着每个员工的成功。

每个职员都应该像杰克、杰奎琳那样，要明白这样的道理：只有公司成功了，个人才能够成功。公司和个人的关系就是：一荣俱荣，一损俱损。也只有认识到这一点，职员才能在工作中赢得老板的赏识和重用。

2.为公司赚钱

避谈金钱是一种虚伪，只谈金钱是一种浅薄。

——汪中求

每一个公司为了生存和发展不得不考虑"利润"。因此，作为员工，首先要考虑的就是你为公司赚了多少钱。当你的薪水与你的付出不成正比时，千万不要认为这是老板在剥削你，要知道，如果公司不赚钱，又怎么养活公司的每个员工，怎么去服务社会呢？每个公司都要求员工必须具备这样一个简单而重要的观念——全力以赴地去为公司赚钱。

这是每个员工的职责和使命。一旦一个员工在心里有了这种使命感和责任感，并习惯基于这种理念行事，那么一定会成为公司最优秀的职员，必将有着广阔的发展空间。

一家金融公司的总裁曾经告诉全体员工：所有的办公用纸必须要用完两面才能扔掉。这样一条规定在很多人看来几乎不可思议，他们一定会以为这位老板是一个无比吝啬的人，在一张纸上都要做文章。但是，这位老板这么解释道："我要让每一个员工都知道这样做可以减少公司的支出，尽管一张纸没有多少钱，但是却可以让每个员工养成节约成本的习惯，这样就能增加公司的利润。因此，这样做是十分必要的。"

千万不要认为一家公司只有生产人员和营销人员才能争取客户、增加产出为公司赚钱，公司所有的员工和部门都需要积极行动起来，为公司赚钱。因为每个公司要产生利润，就必须依仗开源和节流。不直接与客户打交道的人最低限度也应成为节流高手。否则，浪费会使公司到手的利润大打折扣。

如果你十分明确自己对公司盈亏有义不容辞的责任，就会很自然地留意到身边的各种机会，而且只要积极行动就会有收获。

　　一位顾客挑了一条价值 20 美元的领带,正当他准备付款时,店员梅勒问道:"先生,您打算穿什么样的西服来配这条领带?"

　　"我认为我的那件藏青色西服就很合适。"客户说。

　　"先生,我这儿有一种漂亮的领带正好配您的藏青色西服。"梅勒一边说着一边抽出了两条标价为 25 美元的领带。

　　"是的,我明白你的意思,它们的确很漂亮。"顾客点着头说,并且把领带收了起来。

　　"再看一看这些衬衣吧,找一件与您领带相匹配的衬衣吧!"梅勒说。

　　"我想买一些白色衬衣,但我没看见。"顾客说。

　　"可能您没看见,您要多大的衬衣呢?"

　　还没有等顾客反应过来,梅勒已经拿出了四件白色衬衣,单价为 50 美元。

　　"先生,摸一摸这衬衣,是不是很不错啊?"梅勒说。

　　"是的,我是想买一些衬衣,但我只想买三件。"顾客回答。

　　就这样,梅勒把 20 美元的生意变成了 200 美元的交易。

　　梅勒凭着口才和推销技巧,做成了一笔生意,他真是一位营销高手。

　　一名合格的员工,就应该像梅勒这样,时时刻刻想着如何为公司赚钱,而不是损害公司的利益,浪费公司的资源。

　　燕子找到了一份在饭店做服务员的工作,却只上了一天班就被老板辞退了。其实她的条件并不是很差,也没有做错什么事,只是不小心问了一句不该问的话。

　　那天,燕子刚一上班,店里就进来了三位客人,她随即拿了菜单,去让客人点菜,第一位客人点的是糖醋里脊,第二位客人点的是宫保鸡丁,第三位客人点的是京酱肉丝,但是,他特别强调要用干净一点的杯子倒啤酒。

　　很快,燕子将这三位客人所点的菜,用盘子端了出来,一边朝他们坐着的方向走来,一边还大声地向这三位客人问道:"你们谁要用干净一点的杯子盛酒……"就凭燕子的这一句问话,老板当然会毫不客气地向她下辞退令,因为她的问话在别人听来,你这家饭店现在使用的餐具都是不干净的。用不干净的餐具为顾客服务,又有谁敢来你这家餐厅呢?

一名优秀的员工首先应该把公司利益放在第一位，无论何时何地，都要最大限度地维护公司的利益。只有那些时刻将公司利益置于首位的人才会赢得老板的赏识，才能够得到更多的晋升机会与更大的发展空间。

作为企业中的一员，公司的利益其实也是个人的利益。大河与小河的关系是再浅显不过的道理。就这个角度而言，维护公司利益就等于维护个人的利益，无论何人，也无论何时何地，都应遵循这一原则。

能够为公司赚钱的员工是优秀的员工。

3.把自己当成公司的主人

只有在整体的内部才承认个人价值。

——奥铿

在谈到应该给年轻人什么样的忠告时,钢铁大王安德鲁·卡内基认为:"无论在什么地方工作,都不应把自己只看成是公司的一名员工——而应该把自己当成公司的主人。事业生涯除了你自己之外,全天下没有人可以掌控,这是你自己的事业。你天天都得和成千上万的人竞争,不断提升自己的价值,提升自己的竞争优势以及学习新知识和适应环境,并且从转换工作以及工作当中学得新的事物——虚心求教。只有这样,你才能够更上一层楼以及学到新的技巧;也只有这样,你才不会成为失业统计数据里头的一分子。而且千万要记住:从星期一开始就要启动这样的程序。"

要塑造出这样的生活状态,我们到底应该做什么呢?答案是这样的:把自己当成公司的主人,对自己的所作所为负责,持续不断地寻找解决问题的方法,主动克服生产过程或业务活动中的障碍。这样,你的表现就会达到一种崭新的境界,你的工作品质以及从工作中所获得的满足感都将会掌握在自己的手里。挑战自己,为了成功全力以赴,并且一肩挑起失败的责任。

以老板的心态对待工作,就要像老板一样,把公司当成自己的事业。如果你是老板,你一定会希望员工能和自己一样,更加努力,更加勤奋,更加积极主动。因此,当你的老板提出这样的要求时,你就应当积极努力去做,用心去做,创造性地去做。

谭丁是沃尔玛中国的总商品经理。1995年沃尔玛中国开始筹备时,刚刚从上海交大毕业的谭丁就加入了这家世界最大的公司。由于对采购工作没有任何经验,当时的谭丁工作进行得极其艰难,但是,她始终坚持一个原则,随时都想着为公司争取最大的利益。

正是有了这种心态，她在工作中逐渐积累经验，逐渐掌握了谈判的要诀和技巧，同时注意把握一种双赢，考虑到供货商的利益，终于打开了采购工作的局面。就这样，她从一个普通的采购员升任到助理采购经理，再到采购经理，到现在已经成为总商品经理。

有了老板的心态，你就会成为一个值得依赖的人，一个老板乐于接受的人，从而也是一个可托大事的人。因为一个为公司尽职尽责完成工作的人，往往已经把这份工作看成是自己的事业，把自己当成公司的主人。

4.为公司节约成本

节约是避免不必要开支的科学，是合理安排我们财富的艺术。

——塞内加

现在，许多行业都充满了残酷的竞争，公司要想获取利润就必须在每个环节都能够节约成本。

很多公司不缺少能干的职员，缺少的是那种为公司节约每一分钱，与公司共命运的人。为公司节约，不仅会给公司带来财富，也会给自己带来财富。任何时候，公司都会重用那些愿意为公司节约的人。

这个世界越来越多的人渴望过一种奢华的生活，于是他们想尽一切办法为自己捞取利益，他们往往因此而体会不到人生的快乐。

不仅是为了公司，更是为了自己，我们应该努力培养勤俭节约的习惯。如果你是一个节俭的人，你将是快乐的。当你所得比花费多的时候，你在生活中就会有一种成功感。

节俭的习惯将会带给你支配自己精神的力量。

在美国部队里，曾经流传着一个关于"不拉马的士兵"的故事。一位年轻有为的炮兵军官刚刚到任职的部队报到之后，便到下属部队参观炮团演习，演习中他发现有一个班的 11 个人把大炮安装好，每个人各就各位，但其中有一个人站在旁边一动不动，直到整个演练结束，这个人也没有做任何事。军官感到奇怪："这个人没做任何动作，也没什么事情，他是干什么的？"大家回答说，作战教材里就是这样安排的，一个炮班 11 个人，每个人都有固定的位置和任务，其中有一个人被安排站在这个地方，具体的原因我们也不清楚。这位军官回去后多方查阅资料，这才明白了其中的缘由。原来早期的大炮是用马拉的，炮车到了战场上，大炮一响，马就要跳就要跑，一个士兵就负责拉马。但是随着技术的进步，早就实现了用机械化运输大炮，不再用马拉，那个拉马的位置自然就没有必要安排人了，不过人们一直没有注意到这个问题，以至保留了一个不知道干什么、整个过程站在一个位置的士兵。后来美国军方根据他的建议，重新编写了教材，大大节约了人力资源，也提高了部队的作战和训练效率。这个案例不仅在军队训练中有重要意义，对于生活中的人们也有很多的启发。

有这样一家贸易公司，主营业务是小商品批发，尽管表面生意兴隆，但年终结算时总是要么小亏，要么小赢，年复一年地空忙碌。几年下来，不但公司规模没有扩大，资金也开始紧张起来。眼看竞争对手的生意蒸蒸日上，分店一家一家地开张，公司老板张某决定向对方求教取经。

待张某把一笔笔生意报出后，对方老板更纳闷了：两家交易总量并没有太大的差距，为什么收益却这么大呢？

看着目瞪口呆的张某，对方老板道出了其中的原委。

原来，在公司员工的共同努力下，这家公司对商品流通的每一个环节都实行了严格的成本控制。比如：

联合其他公司一起运输货物，将剩余的运力转化为公司的额外收益，几年下来，托运费就赚了将近 60 万元；

采购人员采购货物时严格以市场需求为标准，使存货率降至同行最低，每年大约节约货物贮存费 5 万元，累积下来将近 20 万元；

与供应商签订包装回收合同，对于可以重复利用的包装用品，待积攒到一定数量后利用公司进货的车辆运回厂家，厂家以一定的价格回收再用，这项收入大约为每年 2 万元；

为出差人员制定严格的报销标准与报销制度，尽管标准比别家略低，但公司规定可以在票据不全的情况下按标准全额支付差旅费，该项措施每年为公司节约大约 5 万元；

在严格的成本控制下，不但公司节约了可观的资金，也培养了公司员工的成本意识，倡导节约、反对浪费已经蔚然成风……

维护公司利益不是一句空话,必须落实到实处,从点点滴滴的小事做起,将自己视为公司的主人,时刻秉持厉行节约的原则。要成为一个好员工,必须具有这种责任感,时时处处维护公司的利益,这样才能赢得上司的赏识,获得晋升的机会。

5.像爱家庭那样爱公司

对家庭的责任心不仅是对人类的一种约束，也是一种训练。 ——培根

当你青春年少时，有的是时间和精力，只怕没有一番轰轰烈烈的事业能让自己的知识尽情发挥；当你事业有成、步入婚姻后，角色一下子复杂了许多。就好像变魔术的大师，同时抛出去几个球，任何一个球掉到地上，都会让你在精神上遭受重大的打击。

有人说男人因为事业成功而家庭成功，女人因为家庭成功而事业成功。这句话在说出事业与家庭水乳交融关系的同时，多少也点出了男人女人对家庭不完全一样的诉求。

"以公司为家"，长期以来是很多职场中人的一种价值取向，它代表奉献、敬业和忠诚。

作为员工来讲，把公司当作自己的家，是没有错误的。如果你想成为一个优秀的职员，你就必须时刻做到这一点——热爱你的公司。

热爱公司不只是一种想法、一种观念，更是一种行动。要在任何时刻都要表现出你对公司的热爱，如果你讨厌你的公司，或者仅仅把公司当成你谋生的场所，那么劝你尽快辞职，因为这么做不仅是对你的老板的一种伤害，更是对你自己心灵的一种伤害。其实，除了家庭，我们每天在公司工作的时间是最多的，我们应该像热爱家庭一样热爱公司。

施文明是哈尔滨华顺(电源)有限公司经理、山特电子有限公司驻黑龙江办事处负责人。在他的身上体现了上海男人的优点，在他眼中，公司与家庭两者之间是和谐的。施文明说："公司与家庭是一个人一生中两个重要的个人空间。每个人都希望自己的事业能够取得成功，也希望家庭能够幸福美满。但

是，要想协调好公司与家庭的关系却并不是一件很容易的事情。不能认为自己事业上有成就，就可以少承担家庭的义务和责任，有责任担负起家庭成员的义务，才会有幸福的家庭。爱家庭与爱公司的平衡就是不断适应变化进行调整的过程，在这一过程中，我们力求使生命中最重要的两样东西——家庭和公司保持一种和谐关系。因为不断有变化对我们的生活造成冲击，所以只有持之以恒地付出努力，才可以保持这种平衡。正因如此，我们说平衡是一个过程，而并非某种状态。"

对于初进公司的职员们，要成为一个热爱公司的职员，应该努力做到如下几点：

（1）.时刻把公司利益放在第一位

一个优秀的员工首先应该是视公司利益为第一的人。任何时候，他决不会以公司的名义去谋取私利；任何时候，他都保守公司的商业秘密，决不出卖公司的利益。他不会为了工资的高低而对工作敷衍了事，也不会对工作任务沉重而有任何怨言。

（2）.把公司当成自己的家

应该像对待家一样对待你的公司，爱护公司的每一样物品，时刻维护公司的声誉。因为，公司的命运将决定你的命运，如果公司发达了，你也会得到发展。一旦公司衰败，你将会失去工作，而且很多公司都不愿意聘用那些倒闭的公司的员工。因为，一个公司倒闭一定程度上和这个公司的员工息息相关。

（3）.努力维护公司的形象

如果一个人在背地里总是和人谈论他的公司或老板的坏处，这样的人你一定要远离他，这种人既不聪明，也决不会是一个有多大能耐的人。他这么做虽然是在诋毁别人，其实更是在伤害自己，没有会相信这样的人，更没有哪个老板会喜欢这样的人。

（4）.努力为公司多做一些

很多成功的人士都这么忠告年轻的职员：努力为公司多做一些！我们身边有很多人，他们连自己的本职工作都做不好，等待这种人的往往是失业。还有一些人，自以为自己把工作已经做得很出色了，但从来没有想过去多做一些，而是整日抱怨自己怎么还没有得到升迁。只有一种人，那就是不仅把本职工作做得很出色，而且时刻想着"我能为公司多做些什么"并且付诸行动的人，他们才会得到老板的认可，并且很快会得到提升。

6.决不出卖公司机密

> 要做一个襟怀坦白、光明磊落的人，不管是在深藏内心的思想活动中，还是在表露于外的行为举止上都是这样。
>
> ——温塞特

这个社会充满了诱惑，我们说不定什么时候就掉进了陷阱。诱惑随时可以让一个人背叛自己信守的情感、道德和工作原则。在很多公司都有这样的员工，他们为了一己私利，不顾老板和公司的利益，将公司的商业机密出卖给别人。然而，这么做一定会获得成功吗？

杰克在一家大公司供职，由于才华出众，他很快就被提拔为技术开发部部长。大家都认为，更好的前途正在等着他。

有一天，一位外商请杰克喝酒。席间，外商说："最近我公司和你们公司正在谈一个合作项目，如果你能把你手头上的技术资料提供给我一份，我们会非常感谢你的。"

"什么，你是说，让我泄露公司机密？"杰克皱着眉说。

外商小声说："这事儿只有天知我知你知，不会影响你。"说着，将30万美元的支票递给了杰克。杰克心动了。

在谈判中，杰克的公司损失很大。事后，公司查明真相，辞退了杰克。

杰克真是赔了夫人又折兵。本可大展鸿图的他不但失去了工作，就连那30万美元也被公司追回以赔偿损失。同时，他还被法院起诉，惹了一场不大不小的官司。很多公司知道杰克的行为，都不敢聘用他。他懊悔不已，但为时已晚。

出卖自己公司的机密，受损害的最终还是自己。公司因你泄露了商业秘密而无端遭受巨大损失，试问见此结局你又于心何安？

作为一名员工，千万不要忘了自己的角色，你必须为公司争取利益，而不是为你自己。只有公司"发达"了，你才会跟着"发达"。

7.公司兴亡,员工有责

个人的利益永远包括在公共利益之中。

　　　　　　　　　　　　　　　　　　　　　　　　——孟德斯鸠

　　有人将公司比喻成一条船,这实在是一个再好不过的比喻了。纽约最著名的纺织公司费特曼公司就将自己的企业比作一条冰海里的船。在这个公司,无论是办公室、会议室,还是生产车间的墙壁上,到处都可以看到这样一幅招贴画, 画上面就是一条即将撞上冰山的轮船。在画面下面写着一行十分醒目的字:"只有你,才能挽救这条船。"这个公司多年来都经营得特别好,员工待遇也相当高,是什么原因? 就是因为公司所有的员工一直以来都与公司共命运。他们都知道,掌握公司命运的不仅仅是董事长,不仅仅是董事会成员,也包括他们自己。

　　一个公司,只有每个人都能做到"公司兴亡,我的责任",这样的公司才能真正取得胜利,并且能够永远领先于别人。

　　我们应该明白,公司是船,你就是水手,让船乘风破浪,安全前行,是你不可推卸的责任。员工与老板的关系, 并不只是常人眼里所谓的干活与给钱的关系。不论是谁给你薪水,最后分析起来,其实你的老板就是你自己,你就是在为你自己工作。

　　如果公司没有利润,自然,每一个员工的基本生活都无法保证。公司的盈利应该是建立在每一个员工努力工作的基础上。如果你不能为公司创造利润,他也不能为公司创造利润,那么公司就要破产,你又怎么得到薪水呢?

　　美国得州仪器前总裁费瑞德·布希在谈到甄选高级主管时指出,甄选主管有十个标准,包括创新能力、盈利能力、冒险意愿,等等。但是,在这十项当中,忠诚是名列第一的。这是因为,假如公司的高级主管有能力赚钱、有思想提出创意,但是不忠诚,那么,他们不仅不能为公司带来利益,反而会给公司制造很多麻烦和危险。

能源巨人安然曾被美国《财富》杂志列为世界五百强企业中的第七名,一年的营业收入高达 1000 多亿美元。但作为安然的执行董事与财务总监在财务报表上作假、隐藏债务,以便哄抬股票价格从中牟利,公司失去了大众的信任,最终倒闭。

1995 年,巴林银行新加坡分行,一位 28 岁的期货交易员尼克·里森在三年时间里利用自己的技术进行不正当交易,让这家有着二百多年历史的银行倒闭。最后,巴林银行只能以 1 镑的象征性价格被荷兰 ING 集团收购。

安然公司和巴林银行的教训是极为深刻的。因为这些不忠诚的员工,几十年、几百年创建的公司就这样毁于一旦。看到这样的事例,我们还有什么理由拒绝忠诚呢?

忠诚于你自己的岗位和事业吧!水手虽小,作用并不小,只有所有的水手和船长同心协力才能到达成功的彼岸,如果你不忠诚于自己的岗位,舰船就有沉没海底的危险。因此,无论何时何地,与公司生死与共都是一个员工最基本的品质!

三 多为老板考虑

不要小视忠诚。没有忠诚，一个人真的寸步难行，因为忠诚本身就是一个人的立命根本。忠诚会让一个人的朋友甚至敌人尊敬，因为忠诚是人性的亮点。

只有认识到老板对于企业的重要性，用心体会做老板的难处，理解和同情老板在非常态下的某些不尽如人意，尊重老板所做的决策并努力去执行，在此过程中，用平常的心态找准自己的位置，对照老板和其他员工的过人之处，寻找自己的差距，才可能给自己一个更好的发展空间。

如果你为一个人工作，真诚地、负责地为他干；如果他付给你薪水，让你得以温饱，为他工作——称赞他，感激他，支持他的立场，和他所代表的机构站在一起。

1.成为老板的得力助手

今天尽你最大的努力去做好，明天你也许就能做得更好。　　——牛顿

聪明的老板都知道，一个有价值的助手对他的意义。一个有价值的助手胜过一大沓存单。因为一个有价值的助手对于老板而言，不仅增加了金钱方面的优势，更重要的是为老板分担了很多精神上的压力，能够让老板真正地放手做自己的事情。所以，很多老板都在寻找有价值的助手。

著名商业大师巴纳姆认为："如果你得到一个好帮手，最好能一直把他留在身边，而不要换来换去。他每天都能够有新的收获，你可以因为他经验的积累而获益匪浅。他对你的价值今年比去年大，无论如何你都不应该让他离开，如果他没有不良习惯并且一直对你忠心耿耿。"看来，老板们是不想频繁地更换自己的助手，如果作为助手的你对老板忠诚的话。因为你的忠诚对于你的老板而言，不仅是利益的需要还是精神的需要。对老板而言助手对自己的背叛，比他失去一个绝好的商业机会更痛心。

所以，忠诚是你成为一个优秀助手的必要条件。

不要小视忠诚。没有忠诚，一个人真的寸步难行，因为忠诚本身就是一个人的立命根本。忠诚会让一个人的朋友甚至敌人尊敬，因为忠诚是人性的亮点。

以下是成为老板的好助手的途径：

第一，主动报告工作进度。老板非常希望从助手那里得知更多的情况。虽然老板知道下属都很忙，但他们想知道他的下属整天在忙些什么。所以你这个做助手的，一定要不时地向老板报告工作的进度，使得老板放心，不能等到工作做完了再报告。

第二，你必须了解老板的脾气。例如，在接受下属意见时，有人喜欢白纸黑字的书面报告，有人则喜欢简短的口头报告。有些老板要求下属自动自觉，自己作出决定来完成任务；但有些却要求下属定时向他报告，凡事皆以他的意见为准。你若一言一行均令老板满意，要升职还不容易吗？

第三，若你能帮助老板发挥其专业水准，对你必然有好处。例如，老板经常找不到需要的文件，你快替他将所有档案有系统地整理吧；要是他对某客户处理不当，你可以得体地代他把关系缓和。如果他最讨厌作每月一次的市场报告，你不妨代劳。这样，老板觉得你是好帮手后，自然会重用你，你自己也可以多积累一些工作本钱。

第四，对老板的问话要作清晰回答。

做老板的经常会觉得下属回答问题的那个样子受不了：

"小李，昨天下午说过的那个报表，还记得吗？今天一定要交给我啊！"

"知——道了，老——总，你没看到我在写吗？"

如果你的下属这样回答，你会喜欢吗？不会，甚至可能感到痛苦。如果老板问你话，一定要有问必答，最好是问一句，答三句，让老板清楚；答的比问的多，老板就放心，答的比问的少，老板就忧虑。

第五，了解老板的思维。做下属的，在大多数情况下，老板习惯招用或提拔对工作问题与自己有相似看法的人。脑筋转得要快，要快到跟得上甚至超过老板的思维。你的脑筋会不会转得比你的老板还快呢？如果不会，那么，你需要努力地去学习！

你在努力地学习知识和技能之外，还应努力地向你的老板学习，这样才可能听懂老板的言语。上司说出一句话，你要能知道他的下一句是什么，也就是跟得上老板的思维。如果老板想到月亮上去了，你刚想到房顶上，你跟人家的差距就会越来越大，他是没法欣赏和提拔你的。

作为一名员工，老板的助手，你的忠诚对于你自己而言，就是你成功的通行证，因为它会帮助你成为一名有价值的助手。对于商业社会而言，金钱是重要的，但是最重要的，比金钱和钻石都贵重的就是一个人的人格。任何时间，保持自己的人格就是坚持自己最为光辉的品牌，而忠诚就是这块品牌中最闪亮的明珠。

2.接受老板的考验

> 对一切事情都喜欢做到准确、严格、正规。这些都不愧是高尚心灵所应有的品质。
>
> ——契诃夫

忠诚是人类最重要的美德。那些忠诚于老板、忠诚于企业的员工，都是努力工作、绝对服从、不找任何借口的员工。在本职工作之外，他们还积极地为公司献计献策，尽心尽力地做好每一件力所能及的事。而且，在危难时刻，这种忠诚会显现出它更大的价值。能与企业同舟共济的员工，他的忠诚会让他达到我们想象不到的高度。

当然，忠诚不是凭口说的，需要经受考验。你忠于公司吗？忠于老板吗？如何能证明你是忠诚的呢？所谓患难见真情，忠诚也是如此。企业面临危机之际，正是检验员工忠诚度之时。但是，毕竟一个企业不可能总处在危机中，发展时期又如何来考验员工的忠诚度呢？于是，老板们就会想出一些办法来制造危机，来"折腾"员工。

广告专业的毕业生瑶焱进入了一家中型企业，他自认为专业能力很强，做起工作来有点掉以轻心。一次，老板交给他一项任务，为一家企业设计一个广告策划方案。瑶焱认为这个方案太简单了，于是，他就拿出了一个完整的方案，然后带着几分得意走进了老板的办公室。谁知老板看都没看他的方案，而是问了一句："这是你最好的方案吗？"瑶焱愣了一下，没有回答。老板把瑶焱交上来的方案又退还给他，瑶焱没说什么，拿着方案走回了自己的办公室。

这次瑶焱开始重视这个方案了，他苦苦思索了好几天，改了又改，然后再走进了老板的办公室。结果，老板仍是那句话。瑶焱心里还是有几分忐忑，不敢回答。于是，老板再次让他拿回去修改。

这样反反复复有五次之多。最后一次，老板问起的时候，瑶焱肯定地说："是的，这是我认为最好的方案。"这时候老板方才点头同意方案通过。

查理到某大公司应聘部门经理，老板提出要有一个考察期。但没想到上班后被安排到基层商店去站柜台，做销售代表的工作。一开始查理无法接受，但还是耐着性子坚持了三个月。后来，他认识到，自己对这个行业不熟悉，对这个公司也不十分了解，的确需要从基层工作学起，才可能全面了解公司，熟悉业务，何况自己拿的还是部门经理的工资呢。

虽然实际情况与自己最初的预期有很大的差距，但是查理懂得这是老板对自己的一种考验。他坚持下来了，三个月以后他全面承担部门的职责，并且充分利用三个月最基层的工作经验，带领团队取得了良好的业绩。半年后，公司经理调走了，他得以提升；一年以后，公司总裁另有任命，他被提升为总裁。在谈起往事时，他颇有感慨地说："当时忍辱负重地工作，心中有很多怨言。但是我知道老板是在考验我的忠诚度，于是坚持了下来，最终赢得了老板的信任。"

一切商业经营活动，老板承担的风险是最大的。企业破产了，老板可能要跳楼，员工则可以跳槽。因此，许多老板常常反复考验员工的忠诚度，为公司出现危机时做好充分准备。因为他相信忠诚是考验出来的，不是嘴上说的。孟子说："天将降大任于斯人也，必先苦其心志，劳其筋骨，饿其体肤，空乏其身，行拂乱其所为，所以动心忍性，增益其所不能。"你的老板不断折腾你，也许正是器重你的信号，他正在考验你的忠诚度，以便为其重用。

无论是发自内心的施与，还是接受老板的折腾，忠诚都是一种情感和行为的付出。当你开始付出时，你将很快会得到收获。

3.同老板保持良好关系

> 企业的竞争归根到底是人才的竞争，企业在经营管理上的差距主要是人才的差距，企业的成功主要是用人的成功。
> ——李子彬

员工和老板仿佛天生一对冤家。最常听到他们彼此相互抱怨,而即使是偶尔彼此关心一下，也让人觉得有点假惺惺的。人们常呼吁老板要多为员工着想，也是出于有利于企业发展的角度考虑。而员工似乎就很少有理由要为老板着想了。

在这不尽完美的世上，老板与下属间的关系就像是合伙人一样。关系好的时候，像桩美满的婚姻,关系搞砸的时候，可就是场灾难了。是时候换个立场，站在老板那边说几句公道话了。

当老板的确很难,有多难? 你试过就知道!

究其根本,老板和员工不过是两种社会角色,有不同的社会分工而已,而且这种角色和分工是自愿选择的。看看那些富豪们的履历就知道没有几个是一生下来就注定会当老板的,他们也是从员工走过来的。当不当老板,能不能当老板,是性格、志向、理想、兴趣、勇气、机会等很多因素使然。

从某种角度,老板和员工是共生的关系。没有了老板，员工就失去了前进的方向;而没有了员工,老板想追求最大化的利润也只能是镜中花、水中月。在一个有着卓越的企业文化和完善的激励机制的企业里，员工在享受着老板提供的优厚待遇的同时,的确应该多为老板着想,积极为企业未来的发展出谋献策。纵使企业一时遇到困难,也应与企业的老板一起同舟共济,渡过难关。因为只有上下齐心协力,才能使企业在激烈的竞争中始终立于不败之地,也才能在老板赚取大把利润的同时,使得员工的利益也相应地得到持久的保障。

然而,遗憾的是,很多员工却没有认识到这一点,他们以消极的姿态对待工作,频繁跳槽,觉得自己工作是在出卖劳动力;他们轻视敬业精神,嘲讽忠诚,将其视为老板愚弄下属的手段。他们认为自己之所以工作,不过是迫于生计的需要。

对于老板而言,公司的生存和发展需要员工的敬业和服从;对于员工来说,需要的是丰厚的物质报酬和精神上的成就感。从表面上看起来,彼此之间存在着对立性,但是,在更高的层面,两者又是和谐统一的——公司需要忠诚和有能力的员工,业务才能进行,员工必须依赖公司的业务平台才能发挥自己的聪明才智。

为了公司的利益,每个老板只保留那些最佳的员工——那些能够把信带给加西亚的人。同样,为了自己的利益,每个员工都应该意识到自己与公司的利益是一致的,并且全力以赴努力去工作。只有这样才能获得老板的信任,才能在自己独立创业时,保持敬业的习惯。

许多公司在招聘员工时,除了能力以外,个人品行是最重要的评估标准。没有品行的人不能用,也不值得培养,因为他们根本无法将信带给加西亚。因此,如果你为一个人工作,真诚地、负责地为他干;如果他付给你薪水,让你施展才华,为他工作——称赞他,感激他,支持他的立场,和他所代表的机构站在一起。

以下是和老板保持良好关系的技巧:

(1).认真倾听上司的讲话

在倾听时,要眼神专注,勤做笔记。当老板叙述完后,应做出积极的反应,以示自己正在认真领会他的话,也可以提出一些简短的问题以澄清某些不明之处。

(2).向老板汇报问题时要干脆利落

不能将一大堆话主次不分、毫无重点地说出,而是有选择地直接说出要点。向老板递详细报告时可以把一个很长的问题写成一个简短的重点突出的提纲,以减免他的审阅之劳。同时,这样做还可以反映自己的思考能力。

（3）.独立解决问题

独立地处理手中的难题,将有助于提高你的工作能力,同时也会提高你在老板心目中的地位。但要注意的是:你独立解决问题,是在老板要你独立解决的前提下进行的。否则自作主张,干得再好,也不会有好结果。做的不好,麻烦就更大了。

（4）.灵活干练

向老板提意见时,一定要留有充分的余地,给老板留下考虑的时间。对老板一些明显的错误意见,应尽可能在无人的场合,或是在他高兴的时候委婉提出,不要用否定的口气,而应用提示的口气。给老板提方案时,应提出有各种可能性的方案,包括这些方案的长处短处,以供老板选择。

（5）.维护老板的威信

这是与老板相处的基本准则,即使你的上司不是十全十美,这一点也十分重要。因为只有尊重别人才能赢得别的尊重。

（6）.积极乐观

面对困难、误会要襟怀坦荡,不要怨天尤人,打退堂鼓,而要千方百计克服它。一个出色的下属懂得极少使用"困难"、"危机"、"挫折"等词语,而应把艰难处境当做一种挑战,并敢于迎接这种挑战。

（7）.忠于职守

将公司的利益放在第一位,不论各方面的待遇如何,也不能怨气冲天,而应兢兢业业,勤奋工作,使老板对你产生好感。

（8）.信守诺言

作为下属,一旦接受了老板委派的任务,就要尽量按时完成。这表明你对他的敬重,也能表现出你的工作能力。

（9）.了解老板

老板也是活生生的人,是人就需要沟通和理解。摆出老板的样子,是因为工作的需要,但内心深处他还是愿意有人对他关心、了解。

（10）.疏密得当

与老板交往过密,会引起同事的猜疑,从而使自己变得孤立。并且如果事无大小，动不动就往上司那儿跑，老板也会觉得你除了奉承就没有别的事了。所以，在公司里，与老板亲密过头，会使他改变对你的赏识，甚至后悔对你的信任。你不如把圆画大些，在办公室之外，与老板多接触，这样你与老板谈话的内容就丰富得多。如此内外兼顾，你就会在办公室这个圈子里玩得转。

4.和老板一起打拼

> 每个人生下来都要从事某项事业，每一个活在地球上的人都有自己生活中的义务。
>
> ——海明威

员工与老板利益与共，命运相随。忠诚于老板，就是想老板之所想，急老板所之急，与老板一起去打拼，一起去奋斗。

劳尔应聘到一家制造公司时，该公司还很弱小，员工也只有二十来人，老板杰尔斯是一位仅比劳尔年长 3 岁的年轻人。

一天，劳尔所在的公司接到一笔订单，为某计算机公司加工硬盘 50 万只。公司上下齐动员，全部经济资源都投入进去了。然而，由于技术上欠佳和控制上疏忽，公司所生产的硬盘出现了严重的质量瑕疵。就在公司接到订单的 4 个月后，50 万只硬盘被悉数退货！对于一个小公司来说，这种退货的打击可以说是灭顶之灾，公司不仅没有赚到一分钱，还欠银行巨额债务。银行知道这个退货消息后，天天登门要债。5 个月后，公司就连水电费都无力支付了。

老板杰尔斯通过多方求援，总算把发工资的钱弄到手了。在知道公司的处境后，领工资的大部分员工都辞职了，不待杰尔斯批准就各奔东西自找出路去了。但有一小部分员工却要求杰尔斯对他们的失业负责，要求公司向他们赔偿失业金。后来，他们还草拟了一份所谓的赔偿协议，逼着杰尔斯签字。这些要失业赔偿金的人中，很多不乏是平日里经常向杰尔斯表达忠诚的人。

想到这些，杰尔斯不免有些心灰意冷。他把心一横，下定决心，在那显失公正的所谓赔偿协议上签了字，同意 3 日内支付赔偿金。另外，那些没打算要赔偿金的员工见杰尔斯签字了，也炮制了一份差不多的协议书要求签字，杰尔斯也签了。当那些员工拿着协议书、提着行李走后，杰尔斯以为整个公司就只剩下自己一个人了。但当他走出办公室时，却发现还有一个人在安静地工作着，这个人就是劳尔。

平时，劳尔并不怎么接近老板杰尔斯，也从来没有表白过自己的忠诚。杰尔斯见状非常感动，他走到劳尔面前说道："你为什么没有向我索取赔偿金呢？如果你现在要，我会双倍赔偿，而且首先向你支付。虽然我现在已经身无分文，但我相信我的朋友愿意借钱给我。""赔偿金吗？"劳尔笑了一笑，"我根本就没有打算离开，凭什么索取赔偿金呢？"

"你不打算离开！"杰尔斯显得十分惊讶，"难道你以为公司还有希望吗？说真的连我自己都没有信心了。"

"不，我认为公司还大有希望。你是公司的老板，你在，公司就在；我是公司的员工，公司在，我就该留下来。"劳尔以出人意料的言语回答道。

杰尔斯说："有你这样的员工，我当然应该重振起来！可是，我不忍心你和我一起吃苦。你是知道的，事实上我已经破产了，你还是赶快去另谋新的工作吧。"

"老板，我愿意和你同甘共苦。公司发展好的时候，我来到了公司，如今公司有困难了，我离开公司，这是很不道德的。只要公司没关门，我就有义务留下来。你刚才不是说你的朋友愿意帮助你吗？如果你乐意接受我这个朋友的话，那么就让我来帮助你吧，我可以不要一分钱工资。"

劳尔留了下来，并把积累下来的五万美元全部借给了老板杰尔斯。老板杰尔斯为了偿还银行债务和员工赔偿金，把仅有的一个加工车间和所有设备都卖掉了，还卖掉了汽车。

接下来，杰尔斯和劳尔重新定位，转变了公司的经营重心，开始给一些软件公司寄销软件。因为是寄销，所以公司根本不需要什么资金投入。很快地，公司就有了转机，两人在忍受了近半年的困苦日子后，公司又开始盈利了。又过了一年时间，公司迎来了快速发展的黄金时期，迅速成长为一家中型软件企业，资产也由原来的负数变成了六千多万美元。

有一天，杰尔斯约劳尔在一家咖啡厅谈心。"在公司最困难的时候，是你给了我莫大的帮助和支持。在当时，我就想把公司 50%的股权交给你，可当时的公司是那么的糟糕，我怕连累你；现在，公司起死回生了，我觉得是该把它交给你的时候了。同时，我诚挚地邀请你出任公司总裁。"杰尔斯说着，拿出了早做好的聘书和股权证明书，一并交给了劳尔。

劳尔的成功，源于他能与老板同甘共苦、同舟共济，这就是忠诚于老板的回报！

5.适应不同老板的工作风格

　　测验一个人的智力是否属于上乘，只看他的脑子里能否同时容纳两种相反的思想，而无碍于其处世行事。
　　　　　　　　　　　　　　　　　　　　　　——菲茨杰拉尔德

　　当原本雇佣你，甚至提携你的老板忽然离职，有个陌生的脸孔走进你的办公室，说明他是你的新老板，以后有事你要直接向他汇报。这时候，你要怎么办？你是否觉得只有你的前老板才最器重你，你是否还想到了"一朝天子一朝臣"，这是不是表示，你的工作生涯开始出现了某种危机？

　　根据《华尔街日报》的报道，尽管处在这样紧张的情况下，只要以正确的态度应对，让自己成为新老板不可或缺的帮手，即使更换老板，也不一定会对你的职业生涯产生负面影响。这里有一个例子，希望我们从中能学会怎样应对这种情况。

　　乔丹曾经是英孚美公司的总裁。一天，一位她素未谋面的董事突然走进她的办公室，对她说："你好，我叫基尼斯，我是你的新总裁。"原来，乔丹以前的老板已经被公司革职了。

　　自从基尼斯接任英孚美公司的总裁以后，他一直鼓励乔丹继续留任，并且决定对公司大力改革，而他很需要乔丹的协助。于是，乔丹以自己丰富的经验，每天花 14 小时，帮助新总裁详细检查公司，并且迅速作出改变，甚至重新安置公司的总部。

　　重整的结果是，英孚美公司被拆成两家公司。面对这样的结果，乔丹认为她的阶段性任务已经完成，因而提出辞呈。结果被老板大力挽留。显然这位新总裁已经将她当成不可或缺的左右手。

　　另外一个例子发生在《读者文摘》的盖威身上。盖威担任行销主管时，遇到了总裁被更换的情形。新上任的总裁迅速撤换了三个主管,换上自己的人马。而盖威正是前总裁最后引进的高层主管。

盖威采取了主动出击的策略。他主动向新总裁简短扼要地提出建议,表示他同意新领导人的意见,认为《读者文摘》应该更注重传统的力量。另一方面,他也表示反对前总裁的某些政策,例如在深夜的电视上做广告。他告诉新总裁,他并不觉得这样可以在短期内获得报酬。新总裁马上决定要盖威与他一同整顿公司。

这种做法是不是对以往的总裁不忠诚?其实,盖威以前就常常和他的总裁有激烈的讨论,他的态度前后并没有差异,不过是新总裁更认同他的意见罢了。盖威不断地贡献出自己的经验,帮助新总裁管理公司,也获得了提升,从行销主管升为规划及新事业发展部门的资深副总裁。

以上两个例子中的主人公盖威和英孚美的乔丹,最后都离开了公司。虽然如此,但他们在面对新总裁时的态度,都为他们留下了良好的印象,更使他们成为新总裁重用的对象。当总裁离职时,并不是你职业生涯的终点,只要掌握自己的经验与实力,持续对公司有贡献,不管在什么总裁的带领下,你都会是总裁不可或缺的好帮手。

面对不同总裁的不同态度,你该如何处理?以下几个案例,或许对你能有所启迪和帮助。

(1).严谨型老板——大会小会总是批评人

审计局的晓和办一个案件,少了一道程序,差点被人家投诉。幸亏局长发现得及时,才没有造成重大失误。其实晓和心里很感激局长,但不明白局长怎么总是抓住自己的小辫子不放?动不动就提到这件事,有时候开大会也丝毫不给他留面子。晓和心里有点委屈:我不就是犯了一个小错误吗?

制胜绝招:洗耳恭听

要诀一:听得进——失误总是难免的,身为普通职员,最忌讳的就是听不进老板的批评。在人才济济的大单位,能被老板留意不容易,如果你不能用斐然的成绩吸引老板的青睐,那就应尽量减少失误。

要诀二:忍得住——老板总是批评你,提醒你的过失,其实也是对你的留意和关心。要保护自己的自尊,先要培养自己的耐心。面对老板的批评,你应该有心理上的厚度和韧性。

要诀三:改得快——防止伤害的最好办法是积极地去解决问题,争取好印象。你要学会保护自己,再见到局长时,你可以主动对局长说:"我现在做事已经用心多了,不信您看我现在做的几件事。"

(2).情境型老板——新官上任老要她泡茶

在报社工作的文丽近来一直很烦。她的前任主编于上个月退休,现在由一位 30 岁的年轻主编全权接管。文丽的工作本来是版面设计,但新主编却一天要与她会面五六次,有时候竟会对她说:"泡两杯茶,我们谈谈。"文丽觉得这样的事情令人尴尬,可又不想撕破脸拒绝,所以很烦恼。

制胜绝招:洒脱不羁

要诀一:谨慎点——年轻貌美的女职员,难免会被同事和老板喜欢,但并不是每一位老板都是这样,有时候他们也许只是因为感觉孤独,想找人聊聊,如果你一味用有色眼镜看人,说不定你的小肚鸡肠会令他也很尴尬。新主编刚刚上任,对报社现状不太了解,自然渴望找一位熟悉这里的员工谈谈。

要诀二:洒脱点——虽然你是女孩子,但也要像男子汉那样洒脱一点,用平常心对待老板的亲近,即使是一位花心的老板,在一位大大方方只谈公事的女职员面前,也会敬畏三分。

要诀三:正派点——对异性老板的亲近,千万别往邪处想!你要除去心里的疑虑,借喝茶的机会,与新主编谈谈报社的从前和你对报社的期待,甚至可以谈谈报纸版面的更新或者工薪制度的改革。

(3).稳重型老板——大功告成竟然冷处理

杨娟终于将公司一笔 30 万元的应收款收回了,这足以使她在接下来的一个星期里沾沾自喜。杨娟想,经理肯定会表扬我,甚至给我升职、加薪。可是,真奇怪,这个星期,经理非但没有夸奖杨娟,甚至连例行的办公室谈话也没叫她去。杨娟终于忍不住了,借着送文件的机会,想打探一下虚实。可是经理只是低头写文件,淡淡说了一声:"下去吧。"杨娟知趣地出门了,可心里那个火呀,直往上冒。

制胜绝招：沉着冷静

要诀一：别急躁——换你做经理，面对工作出色的下属，你会喜形于色吗？一个人的升迁就意味着另外的人失去机会，而且也不是每件事都可以让你升职。经理需要时间仔细考虑这件事情。再说，你的出色表现已经够让同事们注意了，如果他也明显地表现出对你的喜爱，那岂不是帮你招惹嫉妒？从这个角度看，经理的冷遇也是在保护你。

要诀二：要冷静——就算不能冷静，现在你也必须保持沉默。你应该与经理隔开一点距离。这距离可以展示你成熟的心理素质。

要诀三：多努力——如果逾期两个月仍未见提升，或是经理把职位给了别人，那只能说明你还不够资格得到那个位置。你还得继续奋斗！

（4）.权威型老板——出国商谈突然器重人

筱辰做梦也没想到，她这么一个默默无闻的小职员会得到董事长的看重，竟点名要她陪同前往日本进行商务谈判。虽然那是人人都垂涎的机会，既可以展示才能，又可以接近老总，还可以顺便旅游看风景，但筱辰还是觉得不大可能。她心里有不少疑虑：董事长是不是开玩笑？这么好的事为什么轮到我？会不会临走又换别人？

制胜绝招：缜密仔细

要诀一：别自卑——是金子总会发光的，或许你的某方面潜质吸引了他，比如有无懈可击的口才和一口流利的外语。不论董事长出于什么原因对你委以重任，都说明这是一件好事，你得给予相应的重视。相信经验和智慧都比你强得多的老总，不会心血来潮地决定某个人的工作，他一定有他的道理。

要诀二：要认真——在这个时候，你要拿出最慎重和一丝不苟的态度，在短时间内精心做好准备。如果出错，丢丑的是你；如果成功，则人人有份。在整个谈判的过程中，你要展示你的才华和智慧，使出浑身解数，为老总赢得主动、赢得利益、赢得所有人的称赞。

要诀三：会暗示——工作结束后，如果老总问你："你在工作上还有什么理想？"你千万别直接说："我想升职。"但可以不失时机地给老总一个暗示："如果有更多的挑战，我会有更多的创造。"等待你的肯定是另有重用。

四 忠诚地执行任务

　　许多人都是抱着"一个命令、一个动作"的工作态度，但公司并不需要这种"等待命令型"的员工。每个老板都希望自己的员工勇于负责，带着思考工作。对于只知机械完成工作的"应声虫"，没有人会欣赏，老板也会毫不犹豫地将他们剔除在考虑之外。

　　老板交代的事，可以做好，也可以做坏；可以做成 59 分，也可以做成 95 分。但只有自动自发的人，才会把工作一次做到位。积极主动的人实际完成的工作，往往比他原来承诺的要多，质量要高。

　　大多数企业并不缺乏深谋远虑的战略，而是缺乏精益求精的执行者。这里并不是贬低战略的重要性，只是强调，企业成败与否，固然有战略决策上的原因，但更有其决策是否能真正细化、执行下去的原因。

　　忠诚在某种程度说就是用尽一切可能的办法完成任务，不问代价，不问方法，不辞辛苦，任劳任怨。

1.主动做事，积极执行

做事，不只是人家要我做才做，而是人家没要我做也争着去做。这样，才做得有趣味，也就会有收获。

——谢觉哉

在以前的工业时代，听命行事的能力相当重要，而现在个人的主动进取更受重视。知道什么事该做，就立刻采取行动——动手去做！不必等别人的督促与交代。

"我没有时间做"、"我实在太忙了，不能做"、"恐怕现在还不是最佳时机，我们为什么不再等等呢"。通常，这些司空见惯的话语可能会使你付出数倍的代价。"没有时间"只是懒散者的挡箭牌，是懦弱者的借口。要想获得更多的机会，你就应该积极主动一点。

在这个世界上，有两种人永远都得不到提升：第一种人不肯听命行事，另外一种人只肯听命行事。第一种人，他们被告诉过多次后，还非常不情愿地去做事情；另一种人，仅次于自动自发地做应该做的事，那就是被告诉怎么做，做什么时立刻就着手去办。这些人得不到很多荣誉也得不到提升。

还有一类人，即使你走到他们面前给他们示范，他们也仍然不会很好地完成工作，因此，他们总是在寻找工作。

成功的机会总是在寻找那些能够主动去做事的人，可是很多人根本就没有意识到这一点，他们早已养成了拖延懒惰的习惯。只有当你主动、真诚地提供真正有用的服务时，成功才会伴随而来。

而每一个老板也都在寻找能够主动做事的人，并以他们的表现来犒赏他们。

事实证明,一个卓越的员工在工作中善于和自己较劲,以期达到"永不满足"。不满足的心理能激励员工从被动变为主动,从主动变为积极,变压力为动力,从弱者变为强者,从失败走向成功,从平庸走向卓越。一个员工不满足现状,而且是永不满足,那么它就可以激励自己向着更高的目标进发。

富兰克林说:"我奉劝你们作为员工要永不满足。这个不满足的含义是指上进心的不满足。这个不满足在世界的历史中已经导致了很多真正的进步和改革。我希望你们绝不要满足。"

今天的社会,是一个充满竞争、充满机会与挑战的社会。受大环境影响,企业的环境也总是处于困难和竞争之中。在这种背景下,每个公司必须时刻以不断做大做强为目标才能生存。要达到这个目标,公司员工必须与公司制订的长期计划保持步调一致,而真正要做到"一致",必须抱着积极进取和永不满足的态度。

微软在招聘员工时,颇青睐一种"聪明人"。这种"聪明人",并非在招聘时就已是某一方面的专家,而是一个积极进取的"学习快手",一个会在短时间内,主动学习更多的有关工作范围知识的人,一个不单纯依赖公司培训,主动提高自身技能的人。

能够招聘到主动进取的员工,是老板的共同心声。具有这种精神的员工,是企业进步不可或缺的支柱。

任何时候,你都不能满足现有的知识,只顾一味"低头拉车"。这种短视眼光,会阻碍你百尺竿头更进一步的可能。一个停滞不前的员工,自然不会为老板所需。如果你在"拉车"的同时,懂得"抬头看路",把眼光放在远处,自我鞭策,自我栽培,自我锤炼,主动进取,积极向远方迈进,老板就会从内心欣赏你,认同你,接纳你。

在这个世界上,从来没有,永远也不会有万事俱备的时候。世界上永远都没有绝对完善的计划,等待"东风"不过是偷懒者的借口,不过是想掩盖自己不肯行动的事实。要知道任何一项伟大成功都来自于艰苦创造;任何一项卓越成就,都仅仅始于"可能"变为"不能";智者创造"东风",结果让"可能"成为"现实"。

主动一些,不要等到万事俱备以后才去做。万事俱备固然可以降低你的出错率,但致命的是,它会让你失去成功的机遇。"万事俱备"只不过是"永远不可能做到"的代名词。企盼万事俱备后再行动,你的工作也许永远没有开始之日,终将懊丧地面对仍悬而未决的工作。

怎样做是积极主动呢?

(1).比老板工作的时间更长

不要以为老板每天只是打打电话、喝喝咖啡而已。实际上,他们每时每刻都保持着清醒,他们在思考公司的发展方向,一天工作十几个小时并不少见。所以,你也不要吝啬自己的私人时间,一到下班时间就率先冲出去的员工是不会得到老板喜欢的。即使你的付出暂时得不到什么回报,也不要斤斤计较。除了自己分内的工作以外,尽量找机会为公司做出更多的贡献,让公司觉得你是物超所值的。比如,下班之后你还在工作岗位上努力,尽力寻找机会增加自己的价值,尽量彰显自己的重要性,使自己不在公司的时候,公司某方面的工作运行起来会很困难。

(2).要抢在老板前面想出解决问题的方法

任何一项工作程序都存在改进的空间,抢在老板提出问题之前把答案奉上的行为是最受老板赏识的。因为只有这样的职员才真正能减轻老板的精神负担和工作压力,他就不用再为此占用大量时间,可以腾出来思考别的事情了。

(3).不要满足自己的成就

老板的成功都是一步步积累得来的,但没有一个有进取心的称职的老板满足于现状,如果你想比他更出色,就应该时刻警告自己:不要躺在安逸的床上睡懒觉,要让自己每天都站在别人无法企及的位置上,这样机会才会垂青于你。

现在就动手做吧!没有人会告诉你需要做什么事,这事要靠你自己主动思考,在主动工作的背后,需要你付出的是比别人多得多的智慧、热情、责任感和想象力、创造力。当你清楚地了解公司的发展规划和你的工作职责,你就能预知该做些什么,并且立刻着手去做。

2.有些事不必老板交代

　　生活、工作、学习倘使都能自动，则教育之收效定能事半功倍。所以我们特别注意自动力之培养，使它关注于全部的生活工作学习之中。自动是自觉的行动，而不是自发的行动。自觉的行动，需要适当的培养而后可以实现。

——陶行知

　　有一家兄弟三人均在一家大公司任职，他们岗位一样，薪水却有差别，大儿子最多，二儿子次之，小儿子更次，他们的父亲为此找到了公司经理。

　　总经理说："我现在叫他们三人做一件事，你只要看他们的表现，就可以得到答案了。"总经理先把小儿子叫来，吩咐说："现在请你去调查一艘刚进港口的货船。船上货物数量、价格和品质，你都要详细地记录下来，并尽快给我答复。"

　　小儿子将工作内容记下来后，就离开了。五分钟后，他又出现在总经理办公室。他是利用电话询问的，很快完成了任务。

　　总经理再把二儿子叫来，并吩咐他做同一件事情。二儿子在一小时后，回到经理办公室。他是坐公交车往返的，并且将船上的货物数量、品质等做了一份报告。

　　总经理再把大儿子找来，吩咐他再去详细调查。大儿子说可能要花点时间，然后走了。三小时后，大儿子回到公司。

　　他首先报告经理吩咐了解的基本情况，然后说，他已将船上最有价值的货品详细记录下来，为了方便总经理和货主订契约，他已请货主明天上午10点到公司来一趟。回程中，他又到其他两三家毛皮商公司询问了货的品质、价格,并请可以做成买卖的公司负责人明天上午 11 点到公司。

这位父亲看了三兄弟各自的表现后,无话可说。

许多人都是抱着"一个命令、一个动作"的工作态度,但公司并不需要这种"等待命令型"的员工。每个老板都希望自己的员工勇于负责,带着思考工作。对于只知机械完成工作的"应声虫",没有人会欣赏,老板也会毫不犹豫地将他们剔除在考虑之外。只有那些积极主动,比常人付出双倍甚至是更多的智慧、热情、责任和创造力,把任务完成得比预期还要好的人,才是他们真正要找的人。

在现代社会,听命行事的能力虽然相当重要,但个人自动自发的精神更应受到重视,许多公司都努力把自己的员工培养成自动自发的人。所谓自动自发,它就是没有人要求你、强迫你,你却自觉而且出色地做好自己的事情。

成功的人很早就明白,什么事情都要自己主动争取,并且要为自己的行为负责。没有人能保证你成功,只有你自己;也没有人能阻挠你成功,只有你自己。

有一位领导说:像无数的年轻人一样,我在青少年时期和大学时代做过许多的工作。修理过自行车、卖过词典、做过家教、书店收银员、出纳。大学期间,为了换取学费,我还给别人打扫过院子,整理过房间和船舱。

由于这些工作都非常简单,我曾认为它们都是单调而廉价的。我后来发现自己的想法完全错了,事实上这些工作默默地给了我许多珍贵的教诲,不管从事什么样的工作,都能从中学到不少经验。

比如在商店工作时,我觉得自己做得很好,完成了老板给我布置的任务——把顾客的购物款记录下来。一天,当我与别的同事在闲聊时,老板走了过来,扫了一下周围,然后示意我跟他走。他接下来一语不发地开始整理那批已经订出去的货,然后又把柜台和购物车清空了。

这一切让我感到惊奇,整个人都呆住了。他要我和他一起去做这些,我并不因为这是一项新工作任务而感到惊诧,而是表示我将一直这么做下去,可是以前谁也没这么要求我——现在也一样。

这件事彻底改变了我的观念。它让我变得更优秀,而且让我明白了不仅要做好自己的本职工作，我应该再多做一点，哪怕没要求我这么做。当我这么认为时，原来我觉得枯燥的工作开始变得有趣起来。我开始更努力和更主动地工作，这使我学到了更多的东西。我上大学后离开了那家商店，但从那儿学到的经验对我一生都有着深深的影响。"

不必老板交代，主动地去完成自己应该做的事，一定会让你获得不错的声誉。这一无形资产对你来说是一笔巨大的财富，对你巩固自己的位置会起到关键性的作用。因为当你的老板把你和那些没有提供此种主动性服务的人相比较的话，你们之间的差别是十分明显的，你自然是处于优势。那么，巩固你所在的位置便是水到渠成了。

有一个替人割草打工的男孩打电话给布朗太太说："您需不需要割草？"布朗太太回答说："不需要了，我已有了割草工。"男孩又说："我会帮您拔掉草丛中的杂草。"布朗太太回答："我的割草工已做了。"男孩又说："我会帮您把草与走道的四周割齐。"布朗太太说："我请的那人也已做了，谢谢你，我不需要新的割草工人。"男孩便挂了电话。此时男孩的室友问他说："你不是就在布朗那儿割草打工吗？为什么还要打这个电话？"男孩说："我只是想知道我究竟做得好不好！"

在我们的周围，常有许多的人习惯于寻找一些自认为正当的理由而放下手头的工作。如：事情根本没有解决的办法，无论怎样努力都只是白搭；老板太苛刻，不值得我们去拼命；拿一分钱做一分事，等等。而这一切所造成的后果是：懒惰伤害了企业但更深地伤害了自己。一个人不能自发地完成工作是对自身潜力的浪费，久而久之，人们会因此低估你的能力，企业不再把重任交付给你，这时你即使有盖世本领，人最宝贵的资产——自信与信任都已丧失殆尽。

主动本身就是一种特殊的行动，一种美德。那些积极主动去做好本职工作的人，不管在哪一行都会有很好的前途。而在工作中缺乏主动的人，其一生中的大部分时间往往都是处于情绪低落状态。于是，他们很容易遭到他人的轻视。

"等我有空的时候再说吧。"这是没有进取心的人常挂在嘴边的口头禅。到底有没有所谓的"空"的时间呢？其实这句话的实质是在推脱。如果一名员工在工作时，说出类似的这句话，则意味着：他不是主动、自发地去完成自己的本职工作，而是在老板交代了之后还不会立即行动去完成老板分配的任务。这种类型的员工，能否巩固自己的位置可想而知。

无论任何行业，想攀上顶端，都需要在成功之前，主动地、默默地积累很长时间，需要漫长的规划和踏实的努力。你想登上成功之梯的最高阶吗？你就要永远维持主动率先的精神去面对你的工作。纵然是面对毫无挑战和毫无兴趣的工作，最后终能获得回报。

对于主动做事的人来说，有些事是不必老板交代的。

迈克道尔在一家肥料工厂工作，后来被提升上来完全是因为他做事的态度。

他最初是在一个懒惰的秘书手下干活，那秘书总是把事推到手下的职员来做。他觉得迈克道尔是一个可以任意支使的人，某次便叫他编一本老板去欧洲时用的密码电报书。

那个秘书的懒惰使迈克道尔有了展示自己的机会。他不像一般人编电码一样，随意简单地编几张纸，而是编成一本小小的书，用打字机很清楚地打出来，然后好好地用胶装订好。

当那个秘书将它转交给老板时，老板一看就知道不是秘书做的，便要求见做这个密码本的人，并问："你怎么把我的电报本做成这样子呢？"

迈克道尔回答："我想这样你用起来会觉得方便些。"

过了几天，迈克道尔便坐在前面办公室的一张写字台前；再过些时候，他便代替了以前那个上司的位置了。

无疑地，迈克道尔是一个积极主动的人，老板没有交代他怎么做，而他仍然做好不是自己分内的事，因而他获得了提升。我们可以设想一下，一个消极被动的人，他们可能听到上司的要求后提出一个又一个问题，"我从哪儿找到密码电报"？"哪些图书馆会有这样的密码电报资料"？"这是我的工作吗"？"为什么不让小王去做"？"急不急"，"明天交给您行吗"？在追问了几个问题后，若上司要求现在就要这些资料时，他会随便简单地编几张纸，完成任务就算了事。

此时此地，如果你就是老板，你必定会对这个家伙随便交来的资料不放心，必会经过自己的核对和确认后，才放进自己的公文包。

老板交代的事，可以做好，也可以做坏；可以做成 59 分，也可以做成 95分。但只有自动自发的人，才会把工作一次做到位。积极主动的人实际完成的工作，往往比他原来承诺的要多，质量要高。因此，这样的人永远不缺少加薪和升职的机会。

3.做优秀的执行者

聪明的资质、内在的干劲、勤奋的工作态度和坚韧不拔的精神。这些都是科学研究成功所需的必备条件。
————贝弗里奇

一个成功的企业,30%靠正确的战略,70%靠正确的执行。比尔·盖茨曾说过:在未来的 10 年内,我们所面临的挑战就是执行力。

在许多企业中大量存在着这样的员工,他们对工作拖拖拉拉,习惯了不痛不痒、马马虎虎,习惯了得过且过、敷衍了事。还有一些人,他们是高谈阔论的思想家,不但自己执行力欠缺,还影响他人的执行力不能正常发挥。这就是公司基层执行力败落的表现。

大多数企业并不缺乏深谋远虑的战略,而是缺乏精益求精的执行者。这里并不是贬低战略的重要性,只是强调企业成败与否,固然有战略决策上的原因,但更有其决策是否能真正细化、执行下去的原因。

忠诚在某种程度说就是用尽一切可能的办法完成任务,不问代价,不问方法,不辞辛苦,任劳任怨。

阿尔伯特·哈伯德,纽约东奥罗拉的罗依科罗斯特出版社的创始人。他是一位坚强的个人主义者,终生坚持不懈,勤奋努力地工作。

他以一本名为《把信送给加西亚》的小册子而闻名世界。

故事的背景是美西战争(1898 年 4 月至 12 月,美国与西班牙之间发生的一场争夺殖民地的战争)。

故事中的英雄,那个送信的人,也就是安德鲁·罗文,是美国陆军一位年轻的中尉。美西战争爆发后,美国必须立即跟古巴的反抗军首领加西亚取得联系。加西亚在古巴丛林的山里——没有人知道确切的地点，所以无法带信给他。然而，美国总统必须尽快地获得他的合作。怎么办呢？有人就对总统说："有一个名叫罗文的人，有办法找到加西亚，也只有他才找得到。"于是他们把罗文找来，交给他一封写给加西亚的信。那个名叫罗文的人，是如何拿了信，又如何把它装进一个油纸袋里，怎样封好，怎样吊在胸口，在几个星期之后，如何徒步走过一个危机四伏的国家，把那封信交给加西亚的——这些细节，我们都不知道，书中并没有详述。令我们感动的是，令我们深思的是，令我们惭愧的是，令我们敬仰的是——美国总统把一封写给加西亚的信交给罗文，而罗文接过信之后，并没有问："他在什么地方？"有人曾经这样说过："像他这种人，我们应该为他塑造不朽的雕像，放在每一所大学里。年轻人所需要的不只是学习书本上的知识，也不只是聆听他人种种的指导，而是更需要一种敬业精神。这种敬业精神就是对上级的托付，立即采取行动，全心全意去完成任务——'把信送给加西亚'"。

罗文的故事影响了千千万万的人，很多地方的公司，很多国家的机构都在鼓励学习罗文。就连美国总统布什都把这本书送给他的秘书，从而掀起一股"罗文热"。

可能有人认为为老板卖命工作的人是傻瓜一个，认为反正不是为自己赚钱，再怎样努力也是"为她人做嫁衣裳"，又何必拼命呢?! 所以到许多公司里去看看，你可以到处看到"磨洋工"的人，看上去他很勤奋，办公桌上总是有小山般的文件。你经过的时候他永远在忙，不是在打字就是在拿着文件冥思苦想，反正你没见他休息。也许你会认为这样的职工挺好的，尽职尽责。

可是等你交给他一个任务的时候，他可能会推三推四，会说："这不是我的工作范围，这应该是某某的工作。"有的会问："这个工作我怎么开始呢？"根本不会自己主动去想。

一个真正忠诚于公司和老板的人不会把上司交给自己的任务像踢球一样踢出去，而应该像罗文那样全心全意完成任务。

其实忠诚的同时就是尊敬自己，尊敬自己的知识，尊敬自己的能力，一个不尊敬自己的人又怎么会得到别人的尊敬，又怎么会受到别人的赏识？我们在"为她人做嫁衣裳"的同时,也为自己储备了很多东西。首先你得到了工资,其次你受到了锻炼,再者你学到了与此相关的知识,你会发现工作的乐趣,你可能会发现同事的可敬之处——这些都是你的财富。

忠诚就要奉献,就不能怕吃亏。如果把工作的目的建立在为自己捞取好处上,那么你的工作就难以取得成功,你的为人也是别人所唾弃的。

奉献精神,可能在我们的教育系统中被强调的太多,以至于让我们中的一些人把她歪曲,误解甚至反感以至放弃。其实"奉献"本身没错,关键是怎么理解。

试想,一个没有一点奉献精神的员工,他的老板怎么会信任他,怎么会委以重任。别忘了"赠人玫瑰,手有余香"。

热爱自己的工作的人才会忠诚。

一个人只有热爱自己的工作,精益求精,才能有所作为;一个地方或单位,只有人人都忠诚,甘愿无私奉献,发展才会大有希望。

如果你的工作是清洁工,你就会在每一粒尘土中找到你的价值;如果你是一个建筑工人,一砖一瓦都是你的心血;如果你是农民,每一粒稻谷都是你的气息;如果你是教师,学生看你时的眼神就是你的欣慰……当然,前提就是你要热爱你的工作。

对工作的热爱不仅可以成就你的事业,还可以成就你的人生。

4.每天多做一点点

世界上没有任何一种具有真正价值的东西，可以不经过辛勤劳动而能够得到的。

——爱迪生

第二次世界大战结束后，戴明应日本企业之邀，重振日本经济。戴明博士到了日本之后，对日本企业界提出"品质第一"的法则。他告诉日本企业界，要想使自己的产品畅销全世界，在产品品质上一定要持续不断地进步。戴明博士认为产品品质不仅仅要符合标准，而是要无止境地每天进步一点点，当时有不少美国人认为戴明博士的理论很可笑，但日本人完全照做。今天日本企业的产品在世界上取得了辉煌成就，他们将功劳归于戴明，甚至颁赠先进企业的奖项也称为戴明奖。

福特汽车公司一年亏损数十亿美元时，他们请戴明博士回来演讲，戴明仍然强调要在品质上每天进步一点点，持续不断地进步，一定可以起死回生，振兴企业。结果，福特汽车照此法则贯彻 3 年之后，便转亏为盈，一年净赚 60 亿美金。

前洛杉矶湖人队的教练帕特雷利在湖人队最低潮时，告诉 12 名球队的队员说："今年我们只要每人比去年进步 1%就好，有没有问题？"球员一听，"才1%，太容易了！"于是，在罚球、抢篮板、助攻、抄截、防守一共五方面都各进步了 1%，结果那一年湖人队居然得了冠军，而且是最容易的一年。有人问教练，为什么这么容易得到冠军呢？教练说："每人在五个方面各进步 1%，则为 5%，12 人一共 60%，一年进步 60%的球队，你说能不得冠军吗？"

每天让自己进步 1%，只要我每天进步 1%，我就不担心自己不成功。在每晚临睡前,我一定自我分析:今天我学到了什么? 我有什么做错的事? 今天我有什么做对的事? 假如明天要得到我要的结果,有哪些错不能再犯? 反问完这些问题,我就比昨天进步了 1%。无止境的进步,就是我人生不断卓越的基础。

俗话说"一分耕耘,一分收获",也就是说耕耘与收获是成正比的。在工作中要想比别人取得更多的成就,唯一的方法就是比别人多做一点。

德尼斯最初在杜兰特公司工作时,只是一名普通职员,但现在他却成了一家分公司的总裁。他如此快速地得到升迁就是因为他总是使自己多做一点工作。

"刚来杜兰特公司工作时,我发现,每天大家下班后,杜兰特先生依旧会留在公司工作到很晚,于是我决定自己也留在公司里,在杜兰特先生需要时给他提供帮助。"

"杜兰特先生要经常找文件和打印材料,最开始都是他亲自做。后来他发现我时刻在等待他的吩咐,于是便让我替他去做这些工作……"

杜兰特之所以主动让德尼斯为他工作,就是因为德尼斯比别人多留在办公室一会儿,杜兰特随时可以见到他。尽管德尼斯并没有多获得一分钱的报酬,但他获得了更多的机会,让老板认识了他的勤奋和能力,从而也为自己的晋升创造了条件。

对于分外的工作,也许本不该我们做,而我们做了,这就是机会。不仅如此,还要学会接受老板交给我们的一些"意外"的工作,并出色地完成。这样可使自己在老板面前升值,还会使自己变成老板不可取代的帮手。

其实我们有上百个机会可以为公司多做一点事,然而现实中很少有人主动去寻找这样的机会。

巴恩斯是一个很有抱负的人,但他没有什么资本,所以他决定要同伟大的发明家爱迪生合作。当他来到爱迪生办公室说明来意的时候,在场的人都忍不住发笑。爱迪生从来没有什么合伙人,但巴恩斯的执著感动了爱迪生,最后留他在那里做打杂的工作。

巴恩斯在爱迪生那里做了数年的设备清洁和修理工。有一天,他听到爱迪生的销售人员在埋怨最近发明的留声机卖不出去。这时巴恩斯站起来说:"我可以把它卖出去。"从此他便得到了这份销售留声机的工作。

巴恩斯以他打杂工的薪水,跑遍了整个纽约城。一个月之后,他卖出去了七部。当他回到爱迪生的办公室时,又向爱迪生说,他准备好了在美国推销留声机的计划,这时爱迪生便接受他成为留声机的合伙人。

有成千上万的员工为爱迪生工作,为什么巴恩斯一枝独秀呢?究其原因就在于他愿意展现他对爱迪生发明品销售的信念,并更主动地将这种信念付诸实施。他是爱迪生所有员工中唯一有这种表现的人,也是唯一从这种表现中获得利益的人。

1940 年,奥地利青年葛朗华逃脱了希特勒统治下的祖国,逃亡到了美国,历尽艰辛,最后终于在《时代》杂志的外国新闻部找到了一份送稿生的工作,他的工作职责之一,便是油印作家们的稿件,然后送往设在另一栋大楼的外国新闻编辑部。

葛朗华工作不惜力不偷懒,但送稿的速度却总是很慢,因为他一边走,一边为这些文章编分章节、插做标题等。他走到外国新闻编辑部时,也正拟妥一份让文章更出色的编辑建议。

葛朗华的才华很快引起公司老板的注意,多年后,葛朗华成为《时代》出版集团的总编。

在这样一个竞争激烈的社会里,时间就是金钱,而时光总是从懒惰者手里大把大把地流失,懒惰者只会不断地倒退,当然,这无疑就给了你超越的机会,前提是你必须勤奋,必须比别人多做一点点。

5. 用 100% 的热情做 1% 的事

> 成绩与热情是成正比的，在充满热情和朝气蓬勃的部门，有一种没有什么事实现不了的力量。
>
> ——富山芳雄

对于职场人士来说，热情就如同生命。凭借热情，我们可以释放出巨大的潜能，发展出一种坚强的个性；凭借热情，我们可以把枯燥乏味的工作变得生动有趣，使自己充满活力，培养自己对事业的狂热追求；凭借热情，我们可以感染周围的同事，让他们理解你、支持你，拥有良好的人际关系；凭借热情，我们更可以获得老板的提拔和重用，赢得宝贵的成长和发展的机会。

大多数的员工在进入一家新公司后，刚开始时一定是全力以赴，凭借着对新鲜事物和环境的好奇，再加上一腔热情，什么辛苦都不以为然。但是，慢慢地，时间久了，自己也有了一些成就之后，谦虚和热情渐渐地都抛诸脑后，越是一帆风顺、春风得意，就可能越是傲慢自大而没有自知之明。

常有人形容公司职员有所谓的"三天"、"三个月"和"三年"这三个关卡。也就是说上班三天，便会心想："原来公司不过如此！"原本的幻想在此时几乎烟消云散了。

三个月时，对公司的状况与人事都已熟悉，被交付的工作也大概可以应付，便开始进入东嫌西嫌的批评阶段。从上司说话的态度到办公室的布置，每一件事都有能挑出毛病的地方。

经过三年之后，差不多也可以独当一面了，如果这时还觉得工作不适合自己，那么大可一走了之。

从以上三个"关卡"可以看出，一般员工在经过最初的摸爬滚打之后，最容易产生消极的思想，不再有年轻时的种种冲动与欲望，认为自己这辈子已经步入一个既定的轨道，只要安分守己、按部就班地走下去就可以了。然而这种斗志与激情的消失是最可怕的，它意味着人已习惯了自甘平庸与沉沦。

当不需全力以赴就可胜任工作时，人就容易流于傲慢，对别人的劝告也嗤之以鼻。这样的工作态度是相当危险的，如果缺乏那份热情与目标，就如同帆船失去风力一般，只会离成功愈来愈远。所以我们应该经常保持最初的那份执著与热情，并时时检讨自己，修正方向。

IBM 公司的一位人力资源部长曾说过："从人力资源的角度而言，我们希望招到的员工都是一些对工作充满激情的人。这种人尽管对行业涉猎不深，年纪也不大，但是，他们一旦投入工作之中，所有工作中的难题也就不能称之为难题了，因为这种激情激发了他们身上的每一个钻研细胞。另外，他们周围的同事也会受到他们的感染，从而产生出对待工作的激情。"

有一个故事说的是：

当秘书恭谨地把名片交给埋头于文件堆中的董事长时，和往常一样，董事长不耐烦地把名片丢了回去。很无奈地，秘书把名片退回给站在门外的业务员。

不想这位业务员不以为然地再把名片递给秘书："没关系，我下次再来拜访，所以还是请董事长留下名片。"

秘书再一次硬着头皮走进办公室。董事长有些生气，将名片一撕两半，丢给秘书。

秘书愣在场，董事长更生气，从口袋里拿出十块钱说："十块钱买他一张名片，够了吧！"谁知当秘书略带歉意地递给业务员名片与十元钱后，业务员反而很开心地说："请您跟董事长说，十块钱可以买两张我的名片，我还欠他一张。"随即，他又掏出一张名片交给秘书。

秘书又拿了一张名片走到董事长面前，把门外业务员的话转告给了董事长，董事长听后哈哈大笑，他离开办公桌出来说："和这样的业务员谈生意，一定很愉快！"

热情是积极的能量、感情和动机，你的心中所想决定着你的工作结果。当一个人确实产生了热情时,你可以发现他目光闪亮,反应敏捷,性格开朗,浑身都有感染力。这种神奇的力量使他以截然不同的态度对待别人,对待工作,对待整个世界。

五 团队力量来自忠诚

团结就是力量，优秀的团队无往不胜！

团队成员之间要相互支持，而不能相互拆台。一些员工只关注自己的利益，而不信任他人，甚至猜疑自己的队友。其实这是一个态度问题，如果你能善待他人，相互间就可以建立起良好的协作关系。

在职场上，毫无疑问首先要将自己的本职工作做出色，但是也不要忽视人际交往，良好的人际关系对工作的开展是大有帮助的。有才无德与有德无才都不是上司的理想人选，只有德才兼备，才显英雄本色。

一个职员，只有具备了忠诚的品质，他才能取得事业的成功。如果你能忠诚地对待工作，你就能赢得现在和未来的老板的信赖，得到晋升的机会，从而在不知不觉中提高自己的能力，争取到成功的砝码。

1.你是大雁团队中的一员

只有在共同体中，个人才能获得全面发展其才能的手段，也就是说，只有在共同体中才能有个人自由。

——马克思

成功单凭个人之力是很难达到的，从无数成功者的经验和失败者的教训中，我们得出一个结论：在工作当中，只有合作才能成功。

什么是合作？合作是所有组合式努力的开始。一群人为了达到某一特定的目标，而把他们自己联合在一起。众人拾柴火焰高，是合作的基础。

现在的公司大致可分为以下几种团队。第一种是螃蟹团队，蟹被关在竹篓里，如果有一只想爬上去，下面的螃蟹就拼命拉住，结果谁也上不去。第二种是野牛团队，这种团队有头牛，它的方向正确了，跟着的牛也就正确！还有一种是大雁团队，这种团队可以随时调整队形，任何一只大雁都可以根据天气状况和自身能力被推荐为头雁。自然，这三种团队中最好的当属大雁团队。

大雁有一种合作的本能，它们飞行时大都呈人字形。大雁以这种形式飞行，要比单独飞行多出 12% 的距离。大雁的合作精神体现在以下几个方面。

第一，大雁会共同"拍动翅膀"。问题是，大雁如果不拍翅膀，就飞不起来，换言之，拍翅膀是大雁的本能。只要排成人字队形，就可以提高飞行效率。但是，人未必这样思考。在一个需要合作的团体中，对每个人来讲，其最优选择是假定其人"拍翅膀"，自己不用拍，从而搭便车。

第二，所有的大雁都愿意接受团体的飞行队形，而且都实际协助队形的建立。如果有一只大雁落在队形外面，它很快就会感到自己越来越落后，由于害怕落单，它便会立即回到雁群中。

第三，大雁的领导工作是由群体共同分担的。虽然有一只比较大胆的大雁会出来整队，但是这带头雁疲倦时，它便会自动后退到队伍之中，另一只大雁马上替补领头的位置。

第四，队形后边的大雁不断发出鸣叫，目的是为了给前方的伙伴打气激励。

第五，如果一只大雁生病或被猎人击伤，大雁群中就会有两只大雁脱离队形，靠近这只遇到困难的同伴，协助它降落在地面上，然后一直等到这只大雁能够重回群体，或是直至不幸死亡后，它们才会离开。

通过分析大雁的合作行为，我们可以得出以下启示：

（1）每个人都要忠诚于自己的团队，忠诚于自己的事业，做好自己的本职工作。如果你不拍翅膀，他不拍翅膀，这个团体还会存在吗？

（2）如果我们与大雁一样聪明的话，我们就会留在与自己的事业目标一致的队伍里，而且乐意接受他人的协助，也愿意协助他人。

（3）我们必须确定从我们背后传来的是鼓励的叫声，而不是其他声音。想要在职业生涯中生存和发展，需要把工作伙伴变成啦啦队，一队快乐的工作伙伴是成功最好的助手。你的工作伙伴散播的有利消息远比你个人所有的努力更有助于你职业生涯的发展。

有两个饥饿的人得到了一位长者的恩赐：一根渔竿和一篓鲜活硕大的鱼。其中一个人要了一篓鱼，另一个人要了一根渔竿，于是他们分道扬镳了。得到鱼的人原地就用干柴燃起篝火煮起了鱼，他狼吞虎咽，还没有品出鲜鱼的肉香，转瞬间，连鱼带汤就被他吃了个精光，不久，他便饿死在空空的鱼篓旁。另一个人则提着渔竿继续忍饥挨饿，一步步艰难地向海边走去，可当他已经看到不远处那片蔚蓝色的海洋时，他浑身的最后一点力气也使完了，他也只能眼巴巴地带着无尽的遗憾撒手人间。又有两个饥饿的人，他们同样得到了长者恩赐的一根渔竿和一篓鱼。只是他们并没有各奔东西，而是商定共同去找寻大海，他俩每次只煮一条鱼，他们经过遥远的跋涉，来到了海边，从此，两人开始了捕鱼为生的日子，几年后，他们盖起了房子，有了各自的家庭、子女，有了自己建造的渔船，过上了幸福安康的生活。

不会合作的人很多情况下都是只考虑自己的利益，打自己小算盘，很少为集体的利益着想，认为最先动手会使自己的利益最大化，从不为他人着想，甚至不惜损坏别人的利益和集体的利益，这样的人是可耻的，是不受大家欢迎的。而最终他也会损害自己的利益。

不合作的人中间有的是认为别人不会考虑自己的利益，所以要先下手为强，其实大可不必"以小人之心，度君子之腹"。每个人都这样想的话，最终害的是自己。

我们都知道猴子捞月亮的故事，其实在那个故事发生之后又有一个故事。

话说三只猴子有一天在一起讨论它们的祖先捞月亮的事，一致认为祖先太笨了，让人类笑话了这么多年，换上它们肯定不会这样。于是最后达成一致，一同去捞月亮。到了河边一看：哇！河里的月亮好漂亮呀！可是河水太深，谁也够不到。于是它们想出办法，首先挂在河边的树枝上，然后一个咬着另一个的尾巴，吊下去捞。等捞上来之后，把月亮平分……并且发誓，谁也不许存半点私心。第一只猴子吊在最下面，它在下面想："这么漂亮的月亮，今天总算我幸运，可以成为猴子史上第一猴了。"第二只猴子在中间想："下面的月亮只有一个，假如让它最先拿了，我就没什么功劳，谁还记得我呢？还是放了它，自己跳下去捞吧！"第三只猴子在上面想："月亮只有一个，平分了就不是月亮了，而且它第一个拿，那我算什么，谁会说捞月亮的功臣是我呢？不如早点放了它们，自己跳下去最先捞上来！"于是，第二只放了第一只的尾巴，第三只放了第二只的尾巴，都只管自己抢先跳下去。结果它们都落在河里，重蹈祖先的覆辙。

草地上，一群水牛正在吃草。忽然，有群野狼向牛群袭来，几只幼小的牛掉头就想逃跑。这时，一头老牛叫住了它们。问道："你们几个跑步的速度比狼快些吗？"

小牛说："我们这么少，野狼那么多，打起来我们不是它们的对手。"

老牛说："不要害怕，咱们的犄角是最好的利器。只要大家齐心协力，一定能够战胜狼群。"

老牛把所有的牛叫到一起，教它们尖角朝外站成一个圆圈，说："好了，我们的阵势摆好了，现在可以战斗。不过，我希望大家充满信心，不要以为我们少就不是群狼的对手。勇敢些,不要害怕! 无论狼群从哪个方向进攻,我们都用犄角对付它们。"

狼群上来了。它们凶猛地扑向水牛,可万万没有想到,一开始就碰到了牛角上,不得不往后退。狡猾的狼群从两面进攻,也同样被齐心的牛群击退。最后,无可奈何的狼群分成几伙从四面八方同时进攻牛群,结果仍然是一个个都碰到牛角上,它们只得带着伤逃跑了。

为数不多但沉着勇敢的牛群,依靠相互合作,终于战胜了凶恶的野狼。

这是一则寓言故事,但它折射了一个简单的道理:团结就是力量,优秀的团队无往不胜!

有一句名言:"帮助别人往上爬的人,会爬得最高。"如果你帮助另一孩子上了果树,你也会因此得到了你想尝到的果实,而且你越是善于帮助别人,你能尝到的果实就越多。

2.团结起来力量大

不管一个人的力量大小，他要是跟大家合作，总比一个人单干能发挥更大的作用。

——塞缪尔·巴特勒

曾经有一位财产多多的年轻创业家，在 30 岁以前就凭借一己之力开创出一番令人欣羡的事业，在 35 岁的时候找到了投资新事业的伙伴，于是几个年轻的"有钱人"就拍板定案，开始人生中的第一个共同合资事业！

他们坚信以几个人成功的经验与雄厚的财力，必定能在新事业的领域中创造骄人的绩效并且在同业中打响知名度！

开幕酒会后的第二周，许多人听到一个不可思议的消息，原来一群雄心万丈、野心勃勃的"有钱人"，竟然因某些制度和理念不同，吵得翻天覆地，虽然最后还是达成共识，结果却令人啼笑皆非：酒会后公司就解散了！

一个优秀的企业若要发挥整体实力，势必将所有的人力"化零为整"。但是这股力量往往在关键时刻亮出"化整为零"的绝招，搅得团队无所适从，方寸大乱！

追本溯源，也未必断得出谁是谁非。试想，团队员对自己的角色扮演或权责不清不楚，即使个体再优秀杰出，也无法将整体任务完成，其整体之方向势必受牵累，导致个个捶胸顿足，心力顿失！

其次为个人责任感，或许您会发出不平之鸣，责任感曾几何时会被冠上个破坏团队的罪名，事实上责任感无罪，罪在个人的"太过与不及"。不妨想想看，团队中是否有一种人，对自我的要求超越上级的期望，但往往演变成为"独善其身"，完全以"脱队式"的心态面对团队，产生不合群的特质，让团队中成员之间产生沟通的瓶颈，更让自己掉入"敝帚自珍"的陷阱！

团队组织中会出现权限模糊的现象,这种现象可从三个角度检视:

第一,初期重叠:由于组织成员有限,人力不足,几乎是个个身兼数职,即使多有疲惫,却也怀抱"开国元老"的自尊,所有辛苦就理所当然地一肩扛。

第二,中期削藩:企业逐渐成长,成员扩编,原本身兼数职的"前辈"在指示下释出若干公务,此时出现两种截然不同的心情:"老"的有一种"失落感",即使他过去辛苦得唉唉叫;"小"的则有"冷落感",心中自然会想,怎么尽做些芝麻绿豆的小事,即使他初来乍到!

第三,晚期混沌:新生代渐渐蹿起,蚕食鲸吞般地扩大版图,开国元老开始有渐入"广寒宫"的隐忧;因此,团队职场出现诡异的尴尬气氛;经营者或主管若不察,是职场之战随时有一触即发的可能!

俗话说,一个篱笆三个桩,一个好汉三个帮。再伟大的人物,也不可能单枪匹马闯出世界来。"三个臭皮匠,赛过诸葛亮",这就是合作的力量。因为合作,可以集思广益,集思广益不仅可以打破不可能的坚冰,创造一个又一个的奇迹,还会带领人们走进前所未有的新天地,集思广益同样能够激发每一个人的潜力,化不可能为可能,化腐朽为神奇。在自然界中同样如此,不同种的植物生长在一起,根部会互相缠绕,因为它们的共同作用,可以改善他们生存的土质,进而为他们的茁壮成长提供优质的土壤和充足的养分,这些相互缠绕的植物也比单独生长时更为茂盛。动物界的例子更是数不胜数。

合作才能生存,才能发展,这样的道理无论是在自然界还是人类社会,都得到了验证。

3.积极融入团队

当坏人们聚成一团的时候，好人们必须联合起来，否则他们就会在微不足道的抵抗中一个个倒下，成为得不到同情的牺牲品。
——伯克

在任何一个团队中都存在竞争。因为人人都有希望、目标和理想，都渴望梦想成真。但对协同作战的员工来说，与队友配合比与队友竞争更为重要，这是卓越员工必须具备的品质。将自己视为团队整体一部分，竞争的最高限度是绝不能让竞争损害到整个团队的和谐。

团队成员之间要相互支持，而不能相互拆台。一些员工只关注自己的利益，而不信任他人，甚至猜疑自己的队友。其实这是一个态度问题，如果你能善待他人，相互间就可以建立起良好的协作关系。

作为团队的一员，遇到事情发生时，你不该想"这样做，对我有什么好处"，而应该想"这样做，对团队有什么好处"。这两个不同的关注点说明你想的是与他人竞争，还是与他人积极配合。罗伯特斯指出："任何优异的成绩都是通过一场相互配合的接力赛取得的，而不是一个简单的竞争过程。"如果你关注的是整个团队的利益，而不是你自己，在需要你做出贡献的时候，你就会传出接力棒，而不企图单枪匹马地独自完成整场比赛。只有保证整体的利益，才会实现个人的利益。

只要与队友相互配合，你就能取得惊人的成绩，但如果只满足于单打独斗，就会丧失很多成功的机会。无论做什么事情，只要能相互协作，就会增加所做事情的价值和效果。因为，在相互协作的过程中，不仅能充分发挥你自己的才能，而且还会激发出队友的潜能。

翁亚伯特是个具有过人才智的人，他理应在职场上有不错的表现。不料他很快发现，与人共事成为他生涯发展中最难的课题，因为稍不慎就会使自己与他人失去平行的关系。并且做到了平行还不行，还得兼顾办公室其他的位置，也就是说其他人也得彼此对应平行。这样才能和谐，即使冲突发生，也是和谐状态下的冲突，很快就会恢复平静。

公司指派他参加肩负特别任务的老虎小组，不料却成为他痛苦的源头。他觉得这些组员一直对他不友善，他的创见总是无法得到称赞，因此产生许多麻烦及挫折。于是他认为，与人共同努力一件案子对他并不合适，他若能独自一个人工作，无论效率或结果都会更好。他的主管梅根却有不同的看法。她帮他看清了，一个不能与别人共事的人，没有前途，反之，要出人头地，最最重要的就是要具备与人相处的能力，缺乏与人相处的能力注定会尝到失败的苦果。

于是他生涯的转折点出现了，在梅根的安排下，他前往密西根大学和在全美大学足球赛中创下 239 胜 3 败的卡维特教练学习如何激励团队的诀窍。这些诀窍让翁亚伯特如梦初醒，终于脱胎换骨，成为一个最善于平衡各种关系的人。他选择的集体完成的项目，多是四个人去完成，他是其中一个。有人问他为什么不是三个人，或者五个人。他说："三个人要么各自为政，要么其中一个人怀疑另两个人关系最亲密，三条心达到一致不容易。五个人更复杂。而四个人，一一对应，每个人都会找到自己对应的另一条边。"

翁亚伯特不认为自己的能力最大，重要的是找到与自己能力对应的人。关于在办公室如何积极融入团队，他总结为：

（1）.以真诚的姿态与同事相处

有困难时，尽心尽力予以帮助，不要冷眼旁观；同事征求意见时，不能给人家没有意义的应答；对方无意冒犯了我们，以无所谓的态度，原谅他。

我们和同事们生活、工作在一起，同事们在工作中可以带给我们快乐与满足。假如没人主动跟我们讲话，也没有人向我们谈心，我们的工作就会枯燥而没有意义。

我们要懂得把难免产生的摩擦化解掉。如果同事们对我们不理睬，在很多事情上与我们作对，那么自身肯定有问题了。要仔细研究与同事合不来的原因，一定要待人热情，努力去营造愉快的气氛，多多研究与人相处的技巧，这是我们事业成败的关键。

（2）.注意保住同事的面子

人人都爱面子。在与同事交往中，要注意对方的感受，不要管不住自己的嘴，伤害同事的自尊心，无意中给自己树敌。

保留对方的面子，这是很重要的事情。我们要考虑到这个问题。有些人会在众人面前指责他人，不去考虑是否会伤别人的自尊心。我们只要多考虑一下，为他人也想一下，就可以缓解一些不愉快。

（3）.不要愤怒，更不要报复

当同事们做了对不起你的事时，不要愤怒，要冷静思考，他（她）为什么那样做？真诚地尝试替同事设身处地着想：他（她）是个有信誉的人，这事，我想应该另有原因吧。要用理智来控制情感，如果确实事出有因，你的心情就会平静；如果真是恶意，也在看清一个人的同时，提高了自己的涵养。

关系到重大的利益，我们可能会被同事暗箭中伤。不要想着对对方进行还击报复。如果我们跟这样的人纠缠，结果对我们自己的伤害会更大。沉默一段时间，时间会证明一切的，那样我们会赢得尊重，赢得更多的朋友。

（4）.称赞他人，不要嫉妒

同事中会有在事实上或在领导眼中比你强的人，你没有必要去嫉妒他们，试着去称赞他们。最后你也许会发现他（她）确实很优秀；和他（她）的关系也越来越好。同时，你也会得到同事们越来越多的称赞。

（5）.提高警惕，避免犯不必要的错误

人的错误，总是在不知不觉中犯的。必须时刻提高警惕。要做一个善于自省的人，时刻注意发现自己的毛病，时刻要具有"危机感"。发现了自己的错误，就会减少对别人的伤害，同时减少自己的麻烦。

（6）.明确和同事的关系

办公室中人与人是合作关系，不要计较。有小过节，也不要放在心上，同事之间各自收获的是用自己付出的辛苦和智慧换来的，不存在多少利害关系。不要为了一点可怜的面子，伤害大家本该平静的心。多用时间和精力去做些更有意义的事。

（7）.乐于助人，不求回报

要做不拘小节、心宽度大、乐于助人的人。人际来往不是为求回报。做一个热情洋溢的人，把自己的光芒照耀在周围每一个人身上。

（8）.相互信任

我们与人在一起做事其实就像是在谈恋爱，如果彼此间没有最基本的信任，不把眼光放长远一些，那么就不可能走到一起来。

要在公司内部得到发展，树立信誉非常重要。要晋升，没有上司和同行的信任不行。他们需要充分地了解你，才能把你推荐给他人。

（9）.使合作对象感到舒服、自然

真诚使对方感觉如沐春风，真诚是来自我们内心的东西。如果大家都敞开心扉，很多困难便不复存在。

4.与同事拉近距离

一名伟大的球星最突出的能力就是让周围的队友变得更好。

——迈克尔·乔丹

作为职场中的员工想在公司中站稳脚跟并获得老板的赏识和重用，就必须与同事建立良好的人际关系。

林志和高翔都是刚毕业的大学生，两人在同一个办公室，做同样的工作，工作能力和工作业绩不相上下，但两个人在为人处世方面却有很大不同。

林志比较"爽快"，见到人要么直呼其名，要么小赵老钱地喊。有一次，林志的顶头上司张经理正在会议室接待客人，林志突然出现在门口，大声喊："老张，你的电话。"刚刚 36 岁的张经理，竟被人喊为老张，又是当着客人的面，而且喊自己的人还是自己的部下，心里自然很不舒服。

而高翔就不同了，见到谁都毕恭毕敬的，小心翼翼地喊张经理、马主任，没有职务的，他就喊大姐或大哥，年龄稍长的员工，他就喊师傅。

林志只有上班时才来公司，下班就走人，与公司里的人没有过多交往。高翔就不同了，他下班以后，看有人没走就会留下来，与人家聊聊天，说说闲话，谁有什么困难，他也会尽力帮助。

后来，张经理手下的一个副经理调到别的部门主持工作了，公司决定采用公开竞聘的方式选拔新的副经理。林志和高翔都报名竞聘。评委由公司中层以上干部和职工代表组成。竞聘的结果大家可能已经猜到了：高翔以绝对的优势击败林志，成为公司最年轻的中层干部。

在职场上，毫无疑问首先要将自己的本职工作做出色，但是也不要忽视人际交往，良好的人际关系对工作的开展是大有帮助的。有才无德与有德无才都不是上司的理想人选,只有德才兼备,才显英雄本色。

导致同事之间关系不够融洽的原因,除了重大问题上的矛盾和直接的利益冲突外,平时不注意自己的言行细节也是一个原因。

哪些言行会影响同事间的关系呢?

(1).有好事儿不通报

比如单位里发物品、领奖金等你先知道了,或者已经领了,一声不响地坐在那里,从不向大家通报一下,有些东西可以代领的,也从不帮人家领一下。这样几次下来,别人自然会有想法,会觉得你不合群,缺乏共同意识和协作精神。以后他们有事先知道了,或有东西先领了,也就有可能不告诉你。如此下去,彼此的关系就会不和谐了。

(2).对同事隐瞒不该隐瞒的事

当有同事出差去了,或者临时出去一会儿,这时正好有人来找他,或者正好来电话找他,如果同事走时没告诉你,但你知道,你不妨告诉他们。如果你确实不知道,那不妨问问别人,然后再告诉对方,以显示自己的热情。明明知道,却说不知道,一旦被对方要找的人知晓,那彼此的关系就势必会受到影响。外人来找同事,不管情况怎样,你都要真诚和热情,这样,即使没有起实际作用,外人也会觉得你和他要找的人的关系很好。

(3).进出不互相告知

你要外出一会儿,或者请假不上班,虽然批准请假的是领导,但你最好要同办公室里的同事说一声。即使你临时出去半个小时,也要与同事打个招呼。这样,倘若领导或熟人来找,也可以让同事有个交待。如果你什么也不愿说,进进出出神秘兮兮的,有时正好有要紧的事,人家就没法说了,有时也会懒得说,受到影响的最后恐怕还是你自己。互相告知,既是共同工作的需要,也是联络感情的需要,这样做可以表明双方互相的尊重与信任。

(4).把私事当做坏事

有些私事不能说,但有些私事说说也没有什么坏处。在工作之余,可以随便聊一些不伤大雅的事情。它可以增进你和同事之间的了解,加深感情。倘若从来不交谈,那怎么能算同事呢?无话不说,通常表明感情之深;有话不说,自然表明相互之间距离的疏远。你主动跟别人说些私事，别人也会向你说，有时还可以互相帮帮忙。你什么也不说，什么也不让人知道，人家怎么信任你呢？信任是建立在相互了解的基础之上的。

（5）.有事不肯向同事求助

轻易不求人，这是对的，因为求人总会给别人带来麻烦。但任何事物都是辩证的，有时求助别人反而能表明你的信赖，能融洽关系，加深感情。你不愿求人家，人家也就不好意思求你；你怕人家麻烦，人家就以为你也很怕麻烦。良好的人际关系是以互相帮助为前提的。因此，求助他人，在一般情况下是可以的。当然，要讲究分寸，尽量不要使人家为难。

（6）.拒绝同事的好意

比如，有的同事获了什么奖或被评上职称或有什么别的好事，大家高兴，要他买点东西请客，这也是很正常的。对此，你也可以积极参与。不要冷冷坐在旁边一声不吭，表现出一副不屑为伍或不稀罕的神态。人家热情分送，你却每每冷漠地拒绝。时间一长，人家有理由说你清高和傲慢，觉得你难以相处。

（7）.同事有亲疏远近

你对单位里的每一个人都要一视同仁，尽量始终处于不即不离的状态，不要对其中某一个特别亲近或者疏远。在平时，不要老是和同一个人说悄悄话，进进出出也不要总是和一个人。否则，会让别的同事觉得你在疏远他们。还有些人会以为你在搞小团体。

（8）.不愿吃一点亏

在同事相处中，有些人总想在嘴巴上占便宜。有些人喜欢说人家的笑话，讨人家的便宜，虽是玩笑，也决不肯以自己吃亏而告终；有些人喜欢争辩，有理要争理，没理也要争三分；有些人不论国家大事，还是日常小事，一见对方有破绽，就死死抓住不放，非要让对方败下阵来不可；有些人对本来就争不清的问题，也想要争个水落石出；有些人常常主动出击，人家不说他，他总是先说人家……这种喜欢在嘴巴上占便宜的人，实际上是很愚蠢的，他给人的感觉是太好胜，锋芒太露，难以合作。因此，讲笑话、开玩笑，有时不妨吃点亏，以示厚道。你什么都想占便宜，总想表现得比人聪明，最后往往是众叛亲离，没人说你好。

（9）.神经过于敏感

有些人警觉性太高，对同事也时时处于提防状态，一见人家在议论，就疑心在说自己；有些人喜欢把别人往坏处想，动不动就把别人的言行与自己联系起来；有些人想象力太丰富，人家随便说了一句，根本无心，他却听出了丰富的内涵。过于敏感其实是一种自我折磨，一种心理煎熬，一种自己对自己的苛刻。同事间，有时还是麻木一点为好。神经过于敏感，人家就会觉得与你无法相处。

（10）.该做的杂务不做

几个人在同一个办公室，每天总有些杂务，如打开水、扫地、擦门窗、夹报纸等，这虽都是小事，但也要积极去做。如果同事的年龄比你大，你不妨主动多做些。懒惰是人人厌恶的。如果你老是表现懒惰，久而久之，人家对你就不会有好感。如果你自己的房间收拾得非常整洁干净，可在办公室里从不扫地，那么人家就会说你比较自私。几个同事在一处，就是一个小集体。集体的事，要靠集体来做，你不做，就或多或少有点不合群了。

（11）.领导面前献殷勤

对领导要尊重，对领导正确的指令要认真执行，这都是对的。但不要在领导面前献殷勤。有些人工作上敷衍塞责，或者根本没本事，但一见领导来了，就让座、倒茶、递烟，甚至公开吹捧，以讨领导的欢心。这种行为，虽然与同事没有直接的利害关系，但正直的同事都是很反感的。他们会在心里瞧不起你，不想与你合作。如果领导确实很优秀，你真心诚意佩服他，那应该表现得含蓄点，最好体现在具体工作上。

以下是与同事拉近距离的方法：

（1）.赞美你的同事

肯定同事，即使与工作无关，也能够成为你与他建立友好桥梁的机会。发挥你心思细腻的特点，观察他最得意的方面，如穿衣品位，爱好兴趣，工作态度，办事效率甚至他那让人羡慕的健康等等，哪怕是不经意的一句话，都能表明你对他的关心。

一成不变的工作容易使人觉得乏味，如果你能在生活中适当加点"润滑剂"，相信会使你的工作变得多姿多彩，同事间的关系也会更加融洽。一句由衷的赞美或一句得体的建议，会使同事感觉到你对他的重视，无形中增加对你的好感。常常赞美自己的同事，如工作做得好、衣服很好呀等等，一句句发自内心的赞美之语，可以缩小与同事之间的距离。

（2）.真诚对待同事

处事手腕灵活，有原则，懂得在适当的时候采纳他人的意见；多跟别人分享看法，多听取和接受别人的意见，这样你会很容易获得同事们的接纳和支持。同事感冒时体贴地递上药丸，路过糕饼店顺道给同事买下午茶，这些都是举手之劳，你对人好人对你好，和谐的工作关系和工作氛围，不仅有利于工作，更有利于在公司长期的发展。跟每一位同事都保持友好的关系，尽量不要被人认为你是属于哪个圈子的人，这无意中缩小了你的人际网络，对你没好处。尽可能与不同的人打交道，避免涉入办公室政治或斗争，不搬弄是非，自能获取同事的信任和好感。

反之，如果只懂奉迎上司的势利眼一定犯众怒。完全没把同事放在眼里，苛待同事、下属，你无疑是在到处给自己树敌。也许你态度严厉的目的只为把工作做好，然而在别人眼里，却是刻薄的表现。你平时连招呼也不跟同事打一个，跟同事间的唯一接触就是开会或交往工作，试问这样的你又怎会得人心？

一个能力强的员工在平时会非常注意人际关系，因为他需要能够与自己相互配合、互为知己的人。只有在工作中表现自我，才能与能力高的人产生相互敬佩、心心相印的感情，才能够给自己创造机会，赢得帮助。

5.合作离不开沟通

> 每个人都拥有不同的智慧及无可限量的潜能，当大家对此有所了解，并同心协力加以开发时，就能为社会带来繁荣。
>
> ——松下幸之助

在团队合作中，几乎每一件事都离不开有效的沟通。无论是为了给他人施加正面的影响，还是为了理解他人的处境和想法，或者想说服他人支持自己的建议或行动，抑或想邀请他人参与具备良好的沟通能力。

有些从事技术工作的人觉得："只有那些从事销售和市场工作的人才需注重沟通技巧；作为技术人员，我不需要说话，只要把事情做好就行了。"其实，即使在技术研发方面，有效沟通的能力依然十分重要。比如，当软件开发人员开发出了一项先进的技术，为了把它变成公司的产品，开发人员要做的第一件事就是要说服公司的决策层支持和采纳此项技术。为此，开发人员必须精心准备产品建议书，并通过精彩的演讲和现场展示让公司领导相信他们研究出的技术对公司来说大有裨益——这样的工作显然需要出色的沟通能力。此外，像需求调研、客户访谈、方案讨论、技术决策、项目管理等诸多技术工作，哪一样也离不了有效的沟通技能。

曾经有人说，如果世界上的人都能够很好地进行沟通，那么就不会引起误解，就不会发生战争。但事实上，世界历史上战争几乎不曾中断过，这说明沟通的困难程度了。

那么如何进行有效沟通呢？

(1).沟通的四个步骤

第一步，先推敲一下，能够利用哪些沟通手段或方法？应该具体说明还是一带而过？应该给听众以何种程度的预备知识或铺垫说明？是否提出建议，说话的口气是柔和还是强硬呢？

第二步，眼睛暂时离开前面归纳的几条，动脑筋考虑一下实际上必说的内容到底有哪些？

第三步，联系相关的政策和人物，归纳一下"应该说的到底是什么？"管理沟通实例中，给人较深印象的一句忠告是"少说为佳"。但是，当确信是该说的内容，就要准备好适当的语言。

第四步，重新看一遍第一步到第三步的内容，归纳出讲话内容，并确定传话方式：是电话讲，写信讲？还是直接见面说？用何种措辞或语气为好？等等。

其次还有几个要点需要注意：

1）注意措辞，想说的话要表达准确；

2）简洁明了；

3）措辞和表达方式要视对方情况而定；

4）对对方的要求特别明确强调；

5）下结论时，要明确阐述其依据；

6）想好对方可能的反问，以节约时间和增强说服力。还有一点最重要。在实业界，经常遇到不能命令他人为自己办事的情况。有的人在公司里说话算数，但在社会上就吃不开了。此时，就必须有能力说服别人，按你的意愿和希望行事。有时还可能要苦口婆心，或要磨破嘴皮子。只有当你充分准备之后，能颇得要领地回答对方所有可能的提问时，对方才会给你真诚的回应。

（2）.沟通的三个方向

沟通的方向分为三类：向下沟通，向上沟通，横向沟通，当然，向下沟通与向上沟通也可叫做纵向沟通。向下沟通主要是向下属做指示、命令，帮助他们实现组织目标，也可以用来传达组织内部管理所需的一些规章制度、工作程序和日常信息等。

由于向下沟通自身的权威性和快速性，往往造成相应反馈的缺乏，从而可能出现信息误读。因此，在沟通过程中，还要注意信息的沟通。

向上沟通是指下属向上司反馈信息。信息的向上沟通会使沟通更为有效，因为反馈为主管人员不断重新估价和调整对下属的指导提供了有益的能动的补充。

另一种沟通是横向沟通,它指的是在组织机构中具有相对平等职权地位的人之间的信息流动。在组织中,这种横向沟通比纵向沟通更为常见,因为人们认为这种沟通比较安全,不会有多大威胁,不会像向上沟通那样常与惩罚联系起来,也很少出现曲解。

（3）.克服沟通过程中的不良习惯

由于沟通过程不可避免地会受到沟通者自身习惯的影响和制约,而习惯又有好有坏,因而要进行有效的沟通,就应主动地克服不良习惯,养成良好习惯。沟通过程中的不良习惯主要表现为以下几个方面,努力克服这些不良习惯,就能实现有效的沟通。这些不良习惯是:

1）表面上好像谈得很投入,实际上根本不注意对方所讲的内容。

2）听不下相反的意见,以致连其他信息也拒绝接收。

3）仅关注细节、现象,忽视原则,忽视推论。

4）过于强调条理性,轻视讲话欠条理、啰嗦的人。

5）为表面现象造作伪饰所迷惑,忽视事实与实质。

6）心不在焉,一心二用。

7）遇到不懂的术语时不懂装懂,不求甚解。

8）当别人讲话带有情绪时,你易受干扰,忽略主题。

9）与人讲话时,你"身在曹营心在汉",造成顾此失彼。

（4）.沟通的十项建议

实施沟通时,要有意克服上述不良习惯,同时,记住美国管理协会提出的"良好沟通的十项建议",将有助于实现良好沟通,创造出和谐的人际关系。这十项建议是:

1）沟通前做好充分准备,澄清有关概念,系统地分析即将沟通的信息,以求沟通明确清楚。

2）发出信息的人要确定好沟通目标。

3）研究沟通环境、沟通对象的性格等情况。

4）多方听取他人意见,认真策划组织沟通内容。

5) 沟通时词句要适当, 声调要适中, 面部表情要适当, 体态语言要得体。

6) 别忘收集沟通信息的反馈。

7) 传递的信息应准确可靠, 严格把好信源关。

8) 言行一致, 说到做到, 讲究信用。

9) 沟通既要结合当前的需要, 又要配合长远目标。既不能鼠目寸光, 只顾眼前需要, 又不能不顾实际, 好高骛远。

10) 做一名好听众, 善于倾听他人谈话, 做到专心致志, 以真正领会对方的原意。

第三部分 没借口

写在前面的话

当一个人没有信心或不愿意去做一件事情，或没能尽心去完成好一件事情的时候，常常会找出许多理由、借口来推托。

从古至今，无数的人与成功失之交臂，重要的一点是为自己找到了自欺的理由。像什么"如果每天不堵车，我就不会经常迟到了；现在竞争太激烈了，要是早几年我也会成为××行业的精英；如果我有××的学历我早就成为这方面的杰出人才了……"等等。

其实，每一个借口都是自欺欺人的。在某些时候与某种程度上，这些借口看起来只是拿来应付别人、推诿别人而已，可认真想想其实是自己拿来当做原谅自己、推卸自己应负的责任和应尽的义务的理由。在你每找一个借口的同时，你也不经意间失去了一次机会。

不让自己找借口，实际上是自己向自己挑战，是为自己寻找走向成功的阶梯。

在闻名世界的美国西点军校里，学员们在回答长官的问话时只能回答四句话，即："是，长官。""不是，长官。""不知道，长官。""没有任何借口，长官。"

"没有任何借口"的行为准则在200多年来使无数的西点军校的毕业生在各自的人生和事业上取得了非凡的业绩，尤其在军事方面，无数的经典战例都出自西点学子的指挥。

如今的现代人爱拿文凭和能力的关系来做借口，一些没文凭的人总是自卑地对人说，如果当初我好好念书，有张大学文凭，我就会有能力和机会改变人生，不会像现在这样了；而一些有了文凭的人则自认能力超群，对工作高不成、低不就，甚至对日常的普通工作不屑一顾，时常慨叹好运为什么总不光顾自己。

前些年，由于文凭热的错误诱导，使社会上确实存在只注重文凭而不关心能力的现象，经历一段挫折后，现在各行各业对能力的侧重要比文凭更看重些。

大多文凭无用论的人会说什么现在的大学生收入不如开小卖部的多，花几年时间上大学既浪费时间又浪费金钱。其实说这话的人很无知，在大多数情况下，能力和学历还是成正比的，科技日益发达的社会，毕竟是大部分高学历的人领取高薪水，调查也证明，研究生的工资比本科生高一倍。如果你是一位文凭低却有能力的人，为何不再考取一张文凭，那工资不是又要提高很多了吗？

看看周围的同学、同事和朋友，无论在哪个行业和部门，学历高的自然提升得就快，并且有了学历高的装饰，连面子都不同程度地大了一些。

"有了文凭不代表就具有全面的能力"这句话是没错的。但可惜很多人把它当成掩饰自己毅力不够的借口。狐狸没能吃到葡萄，就对自己和朋友说葡萄可能是酸的，这样它就安心于自己没吃到了。狐狸只是因为吃不到才说是酸的，而不是因为那是酸的所以不吃，从其内心深处而言是非常想吃的，就是酸它也想吃。

所谓酸只不过是给自己想不劳而获的思想找个借口而已。而且，事实已经证明，虽然偶尔会出几个只会考试没能力的庸才，但大部分从这种残酷的升学体制存活下来的学生是适合社会要求的。一味地认为能力比文凭重要的人也只是在给自己找借口，因为他们根本没毅力坚持将知识学到手，有了借口失败当然也是理所当然的了。

无论在什么时候，根本不可能做到真正地将能力考核具体量化，只能先通过某一大众标准筛选，而真正的能力展现是靠你在实际工作中用行动证明的。面对一个机会，这对我们来说用行动去把握是最重要的。

美国职业篮球协会 1994——1995 赛季最佳新秀杰森·基德在谈到自己成功的历程时说："小时候，父母常常带我去打保龄球，我打得不好，每一次总是找借口解释由于这样或那样的原因使自己打不好，而不是诚心地去找没打好的原因。父亲就对我说：'小子，别再找借口了，这不是理由，你保龄球打得不好是因为你不练习。如果不努力练习，以后你有再多的借口你仍打不好。'他的话使我清醒了，现在我一发现自己的缺点便努力改正，决不找借口搪塞，这才是对己有益的。"达拉斯小牛队每次练完球，人们总会看到有个球员在球场内奔跑不辍一小时，一再练习投篮，那就是杰森·基德，因为他是一个不为自己寻找理由的人。

我们经常可以碰到类似的情况，遇到一些自己不愿干或不想干的事情，找个理由替自己推脱——"没有时间"；看到一些成功人士的事例，想到自己一事无成，找个理由自我安慰——"别人的机遇好，而自己不走运"……如果我们真的想做一件事，想得食不甘味，夜不能寐，就一定会去做，而且一定会做好。

某报有一篇人物专访：一位名气颇大的律师，其钢琴弹得不亚于专业水准，接受采访时记者问他："业务如此繁忙，你是如何抽空搞音乐的？"他笑笑答道："要是喜欢，总有时间。"每一个成功者都是那些清楚地知道自己需要什么的人，他们懂得如何去寻找，而不是整天为自己找理由开脱。

不为自己找借口，哪怕是看似合理的借口，只有这样我们才能强化完成任何一项工作的理念，最终获得成功。

"不要为自己寻找理由"，这看似简单的一句话，却是打开成功之门最好的钥匙。

一 不为失败找借口

我们因生活、工作琐碎而忙碌，承受太多压力，经受太多失败，这并不可怕；关键在于我们在失败面前，是一蹶不振，自暴自弃，还是找出原因，为成功做好准备？这是一个人能否取得成功的分水岭。

为什么微软的比尔·盖茨要说："微软离破产永远只有十八个月"？为什么华为的任正非要这样告诫华为人："十年来我天天思考的都是失败，对成功视而不见，也没有什么荣誉感、自豪感，而是有危机感"？

失败是一种挑战，也是一种测试，在一个人丧失了很多东西与条件的情况下，内在的力量到底有多大？没有勇气奋斗的、自我放弃的人，那么他的目标，就会离他越来越远。而那些毫不畏惧、勇往直前、永不放弃人生目标的人，才会在自己的生命中取得辉煌的功勋。

1.从失败中吸取教训

失败有时会使人清醒、冷静，使人重新估量自己的存在；成功有时会使人昏然、陶醉，使人过高地估计自己的价值。驾驭这两者，是在把握自己的人生之舵。

——贾曦光

有家企业招聘文职人员，招聘过程十分简单，就是让每个应聘者讲一则生活、工作中失败的故事。应聘者当中不乏博士、硕士，但他们最后都一个个被一位中专生击败。

这位中专生讲了这样一则故事。她说，中专毕业后来到深圳，应聘在一家公司任秘书。公司很大，员工也很多，每月中旬，老板都要例行向员工讲一次话。有一次，先她而来的老秘书出差，讲话稿自然由她写了。写好之后，老板忙于事务没有看稿，时间到了便匆匆讲了，结果读错了几个字，引起哄堂大笑。老板很生气，便将她辞了。

这确是一个失败的故事。众多应聘者往往讲到这里就结束了自己的故事。而这位中专生却继续讲道，她虽然被辞掉，但没有立即离开，她想，为什么老板会念错字，经打听才知道，老板仅仅只有小学文化程度。为此，她自责，要是在那些难认的字旁注上同音字就好了。

"这不是你的错。"有人同情她说。

"不是我的错，但至少说明我不是一个合格的秘书。因为秘书的基本条件就是吃透领导，我对他了解不够，就是我的错。"

"那是你应聘的时间太短。"又有人为她辩解。

"这不是时间长短的问题，而是我的工作主动性不够。"

讲到这里，总经理打断了她的话，宣布她已经被录取了。

我们因生活、工作琐碎而忙碌，承受太多压力，经受太多失败，这并不可怕；关键在于我们在失败面前，是一蹶不振，自暴自弃，还是找出原因，为成功做好准备。这是一个人能否取得成功的分水岭。

人非草木，孰能无过。不要怕失败，人只有经过失败，并利用失败，才会变得聪明。正像一位伟人说过，错误和挫折使我们变得聪明起来。失败不是人生最后的句号，挫折是人生最大的财富。成功青睐的往往是失败过的人，不断从失败中走出来的人要比从成功中走出来的人辉煌得多。

有人在工作中敢于去做，敢于创新，这种人当然比那些从来不主动去做，或从来只是墨守成规的去做的人更容易犯错，更容易品味到失败的滋味。但只有不断从失败中吸取教训，我们才会不断进步。

有个渔人有着一流的捕鱼技术，被人们尊称为"渔王"。然而"渔王"年老的时候非常苦恼，因为他的三个儿子的渔技都很平庸。于是他经常向人诉说心中的苦恼："我真不明白，我捕鱼的技术这么好，我的儿子们为什么这么差？我从他们懂事起就传授捕鱼技术给他们，从最基本的东西教起，告诉他们怎样织网最容易捕捉到鱼，怎样划船最不会惊动鱼，怎样下网最容易请鱼入瓮。他们长大了，我又教他们怎样识潮汐，辨鱼汛……凡是我长年辛辛苦苦总结出来的经验，我都毫无保留地传授给了他们，可他们的捕鱼技术竟然赶不上技术比我差的渔民的儿子！"一位路人听了他的诉说后，问："你一直手把手地教他们吗？""是的，为了让他们得到一流的捕鱼技术，我教得很仔细很耐心。""他们一直跟随着你吗？""是的，为了让他们少走弯路，我一直让他们跟着我学。"路人说："这样说来，你的错误就很明显了。你只传授给了他们技术，却没传授给他们教训，对于才能来说，没有教训与没有经验一样，都不能使人成大器。"

没有失败，照样成不了才，因为没有人可以从不失败。

一位事业有成的企业家，对于自己的儿子有些不放心，因为从小在优越的环境里长大，他的儿子养成了依赖别人的习惯，难以真正做到有担当，面对自己蒸蒸日上的产业，为了家业能够得以发扬光大，这位企业家决心培养儿子的男子气概。一个暑假，他把孩子带到一位著名的教育家朋友家里，委托他利用一个月的时间对儿子进行一些教育。一个月后，这位企业家如约来接自己的儿子，这位教育家胸有成竹地把企业家带到一个房间里。并安排企业家的儿子和一个拳击教练进行一场比赛，以展示这一个月的训练成果。教练一出手，这位儿子便应声倒地。他站起来继续迎接挑战，但马上又被打倒。他就又站起来……就这样来来回回一共 16 次。

这位教育家问企业家说："你觉得你孩子的表现够不够男子气概?"企业家羞愧地说："我简直羞愧死了！想不到我送他来这里受训一个月，看到的结果是他这么不经打，被人一打就倒。"这位教育家却微微一笑说："我很遗憾，因为你只看到了表面的胜负。你有没有看到你儿子那种倒下去立刻又站起来的勇气和毅力呢？这才是真正的男子气概啊！"

这位企业家才意识到：没有人能够躲避失败，人生的光荣不在于永不失败，而在于屡败屡战。只要站起来比倒下去多一次，就是成功。而这一个月的时间，已经教会了儿子做人的真谛。

2.挫折是你人生的经验

> 一个人的圣灵必须饱受挫折，才能有船舵般的稳重航行于大海中，否则，将只是风的玩具。
>
> ——叔本华

曾经有一位成功的企业家说："如果你想取得成功，那就请加快你失败的速度。"每个人都希望自己能够拥有一帆风顺的人生，但这毕竟是一种美好的想象，人的一生中，成功和失败是相伴的，挫折往往是成功的序曲。很多的人都是在经历了无数次失败后，才取得了成功。

有这样一个人，他21岁时自己做生意惨败，所有的家当全部被他输掉了，22岁他参加议员竞选，同样败得一塌糊涂，24岁时他重新做生意，但是又受到一次重创，26岁时从小青梅竹马的爱人因病永远离开了他，因为这个原因，27岁那年他的精神崩溃了，直到34岁时他才振作起来，重新参加国会竞选，最终还是失败了，45岁时他竞选参议员失败，47岁时竞选副总统，仍然是以失败告终，49岁他参加竞选参议员失败，直到52岁时，他成功当选美国总统，他就是人人熟知的亚伯拉罕·林肯总统。当他成功地实现自己的目标时，才领悟到原来之前的挫折，只是为了让他有力量来为成功努力。

我国一句古话说得好，天将降大任于斯人也，必先苦其心志，劳其筋骨，饿其体肤。讲的就是，一个人在成就大业之前，是需要经历各种痛苦的磨炼，这样才能够成为最终的成功者，真正的勇敢者，是不惧怕失败的。关键是看你从每次失败中汲取了什么，认真总结失败的原因，为下一次的成功积累经验，做到这些，就无愧于每一次失败了，也无愧于每一次辛苦的努力。

一个阿拉伯的富翁，在一次大生意中亏光了所有的钱，并且欠下了债。他卖掉了他的房子、汽车，用来还清债务。此刻，他孤独一人，无儿无女，穷困潦倒，只有一只心爱的猎狗和一本书与他相依为命，相依相随。

在一个大雪纷飞的夜晚，他来到一座荒僻的村庄，找到了一个避风的茅棚。他看到里面有一盏油灯，于是用身上仅存的一根火柴点燃了油灯，拿出书来准备读书。但是一阵风忽然把灯吹熄了，四周立刻漆黑一片。这位孤独的老人陷入了黑暗之中，对人生感到了彻底的绝望，他甚至想到了结束自己的生命。但是，立在身边的猎狗给了他一丝慰藉。他无奈地叹了一口气沉沉睡去。第二天醒来，他忽然发现心爱的猎狗也被人杀死在门外。抚摸着这只相依为命的猎狗，他突然决定要结束自己的生命，世间再没有什么值得留恋的了。于是，他最后扫视了一眼周围的一切。

这时，他发现整个村庄都沉寂在一片可怕的寂静之中。他不禁急步向前，想去看个究竟。啊，太可怕了！尸体，到处是尸体，一片狼藉。显然，这个村昨夜遭到了匪徒的洗劫，整个村庄一个活口也没留下来。看到这可怕的场面，老人不由心念急转。啊！我是这里唯一幸存的人，我一定要坚强地活下去。此时，一轮红日冉冉升起，照得四周一片光亮。老人欣慰地想，我是这个村庄里唯一的幸存者，我没有理由不珍惜自己。虽然我失去了心爱的猎狗，但是，我得到了生命，这才是人生最宝贵的。老人怀着坚定的信念，迎着灿烂的太阳又出发了。

人，每个人都会碰到挫折和失败，特别是在职场上拼搏的人们，在你为失败而痛苦时，其实，你已经得到了人生的经验。关键是你要有悟性，人生其实就是一连串的失与得。

3.善待失败

成功常会成为下一个失败的原因，反之，任何失败也都可能因智慧和努力而成为下一次大成功的原因。

——松下幸之助

"我在这儿已经做了30年，"一位员工抱怨他没有升级，"我比你提拔的许多人多了20年的经验。"

"不对，"老板说："你只有一年的经验，你从自己的错误中，没学到任何教训，你仍在犯你第一年刚做事时的错误。"

不能从失败中学到教训是悲哀的！即使是一些小小的错误，你都应从其中学到些什么。

错误对我们的损失是否非常严重，往往不在错误本身，而在于犯错人的态度。能从失败中获得教训的人，就能把错误的损失降至最低。

英国的索冉指出："失败不该成为颓丧、失志的原因，应该成为新鲜的刺激。"唯一避免犯错的方法是什么事都不做，有些错误确实会造成严重的影响，所谓"一失足成千古恨，再回头已是百年身"。然而，"失败为成功之母"，没有失败，没有挫折，就无法成就伟大的事业。

失败是一种人生体验。爱迪生的2000多次失败，最终为人类带来光明；袁隆平从无数次的失败中成就了伟业，解决了中国人的吃饭问题；莱特兄弟的失败，使人们渴望飞翔的愿望变成现实……大波大浪才能显示水平的能力，大起大落才能磨炼人的意志，大悲大喜才能清洗人的心灵，大羞大耻才能洗涤人的灵魂。每个人活在社会中，都不可能一帆风顺，每个成功的故事里都写满了辛酸失败的故事。每个人在与命运的抗争中，都会有过失败的经历。为什么有的人，失败了能够重新站起来走向成功，关键是他把失败当成人生的加油站,等自己人生的驿站里加满了油,他会加足马力冲向理想的彼岸。有的人一遇到失败,就像泄了气的皮球,他的理想再高,他也没有力量冲向蓝天。

敢于正视失败,敢于面对失败的考验,能以正确的态度,昂扬的斗志,迎难而上,不退缩,不消沉,不迷惑,不脆弱,才能有成功的希望。

现在大家都很熟悉一个词组:"有氧运动"。但是,"有氧运动"能够成为医学主流术语,却要感谢一个人,此人名叫库柏。1960 年,库柏对我们习以为常的吃药治病发出了质疑。他提出的结论是:大多数的生病现象是人正常的身体调节,如果人不生病的话,人就没有自我调节、吐故纳新的功能了。既然生病是对人的一种自我调节,就不能在生病的时候大治特治,因为你去治的时候,杀死病菌的同时,也在损害自己的身体。

由此,他提出了医学史上一个革命性的理论,叫做"善待疾病"。什么叫善待疾病? 意思就是说,对于疾病的态度要改变,平时我们要通过体育锻炼来提高身体免疫能力,而真正生病的时候,如果不是什么大病,你倒不用去吃多少药,因为疾病正在帮助你调节身体。

库柏后来成了美国的卫生部长,他的有氧训练理论成为全球医学的主流术语。我们现在主流的康复方式都是按照他的理论去做的,包括运动员恢复。

库柏理论对于工作有着十分重要的意义。失败之于工作,与疾病之于人,道理是一样的。既然失败是工作不可避免的,那么,减少失败的最好办法就是善待失败。失败并不说明你真的不行,而是告诫你还需努力。失败并不说明你真的很笨,而是提醒你在某方面有待改进。失败并不意味着你一事无成,可能是在启示你,也许你不适合于这种工作。失败帮你积累经验,这个方法可能不行。失败帮你增加了一个成功的机会,减少了一个犯错的机会。失败的次数愈多,离成功的距离就愈近!

谁都不想失败,没有谁会刻意地去赞美失败,但失败自有它存在的好处,没有失败的苦涩,成功就没有那么的甜蜜。失败是一剂居安思危、医治骄奢的良药。假如事业中没有失败,那反而是一种缺憾。正是尝够了失败的痛苦,人才会变得成熟起来!

人生本来就是由一连串成功和失败组成的,重要的不是在失败的时候下猛药，重要的是在成功的时候加强自身的免疫力。就像任正非对华为的提醒一样："我们还太嫩，我们公司经过十年的顺利发展，没有经历过挫折。不经过挫折，就不知道如何走向正确的道路。磨难是一笔财富，而我们没有经过磨难，这是我们最大的弱点。"

4.在失败面前要屡败屡战

光荣的成功不在于永不失败，而在于屡仆屡起。

——拿破仑

爱默生说："伟大高贵人物最明显的标志，就是他坚定的意志，不管环境变化到何种地步，他的初衷与希望，仍然不会有丝毫的改变，而终至克服障碍，以达到企望的目的。""跌倒了再站起来，在失败中求胜利。"这是历代伟人的成功秘诀。有人问一个孩子，他是怎样学会溜冰的？那孩子回答道："哦，跌倒了爬起来，爬起来再跌倒，就学会了。"使得个人成功，使得军队胜利的，实际上就是这样的一种精神。跌倒不算失败，跌倒了站不起来，才是失败。

因此，要看出一个人的品格，最好是看他遇到逆境以后怎样行动。失败之后，能否激发他的能力，想出更多的计谋？是使他更勇往直前，还是心灰意冷？

也许过去的一切，对一些人来说是一部极痛苦、极失望的伤心史。所以，有的人在回想过去时，会觉得自己处处失败、碌碌无为，他们竟然在衷心希望成功的事情上失败了，或许他们至亲至爱的亲属朋友，竟然离他而去，也许他们曾经失掉了职位，或是事业失败，或是因为种种原因而不能使自己的家庭得以维系。在这种人看来，自己的前途似乎是十分的惨淡。然而即使有上述的种种不幸，只要你不甘屈服，则胜利就在远方向你招手。

失败是一种挑战，也是一种测试，在一个人丧失了很多东西与条件的情况下，内在的力量到底有多大？没有勇气奋斗的、自我放弃的人，那么他的目标，就会离他越来越远。而那些毫不畏惧、勇往直前、永不放弃人生目标的人，才会在自己的生命取得辉煌的功勋。

有人或许要说，已经失败多次了，所以再试也是徒劳无益，这种想法真是太自暴自弃了！对意志永不屈服的人，就没有所谓失败。无论成功是多么遥远,失败的次数是多么多,最后的胜利仍然在他的期待之中。狄更斯在他小说里讲到一个守财奴斯克鲁奇,最初是个爱财如命、一毛不拔、残酷无情的家伙,他甚至把全部的精神都钻在钱眼里。可是到了晚年,他竟然变成一个慷慨的慈善家、一个宽宏大量的人、一个真诚爱人的人。狄更斯的这部小说并非完全虚构,世界上也真有这样的事实。人的禀性都可以由恶劣变为善良,人的事业又何尝不能由失败变为成功呢?现实生活中这样的例子也不少,许多人失败了再站起来,沮丧却不惧挫折,抱着不屈不挠的无畏精神,向前奋进,最终获得了成功。

世间真正伟大的人,对于世间所谓的种种成败,并不介意,所谓"不以物喜,不以己悲"。这种人无论面对多么大的失望,绝不失去镇静,这样的人终能获得最后的胜利。在狂风暴雨的袭击中,那些心灵脆弱的人唯有束手待毙,但有些人的自信精神,却依然存在,而这种精神使得他们能够克服外在的一切困难,去获得成功。

美国著名的电台广播员莎莉·拉斐尔在她的 30 年职业生涯中,曾遭 18 次辞退,可是每次她都放眼最高处,确定更远大的目标。

最初由于美国的无线电台认为女性不能吸引听众,没有一家肯雇用莎莉。她好不容易在纽约一家电台谋到一份差事,不久又遭辞退了,辞退她的理由是说她跟不上时代。

莎莉并没有因此灰心丧气,她总结了失败的教训,又向国家广播公司电台推销她的清谈节目构想。电台勉强答应了,但提出要她在政治台主持节目。"我对政治所知不多,恐怕很难成功。"她曾一度犹豫,但坚定的信心促使她大胆地去尝试了。她对广播早已轻车熟路,于是她利用自己的长处和平易近人的作风,大谈 7 月 4 日美国国庆节对她自己有何意义。另外,她还邀请听众打电话来畅谈他们的感受。听众立刻对这个节目产生兴趣,她也就因此而一夜成名。

如今,莎莉·拉斐尔已成为自办电视节目的主持人,曾两度获奖。在美国、加拿大每天有 800 万观众收看这个节目。她说:"我遭人辞退 18 次,本来大有可能被这些遭遇所吓退,甘愿放弃,做不成我想做的事情。结果相反,我让它们鞭策我勇往直前。"

美国著名成功学家温特·菲力说："失败，是走上更高地位的开始。"许多人所以获得最后的胜利，就在于他们屡败屡战。对于没有遇见过大失败的人，有时反而让他不知道什么是大胜利。通常来说，失败会给勇敢者以果断和决心。的确，逆境可以激励人心，帮助你战胜生活大路上的"恐怖地带"。因此，一个不了解自己生活强项的人，最终只能是吞下失败的苦果。

5.面对现实，用行动改变现状

惊风骇浪中，拿定着舵，虽千转百折，但仍朝着正确的方向前进，才终有达到彼岸的时候。

——邹韬奋

一个人常会突然想到某个主意后去行动，结果对自己以后的人生产生极大的影响。其实这种突然想到的事，并不是偶然产生的，而是和那个人过去的人生经历有关联。所以，某些灵感可以说是必然会产生出来的。

很多人都有这样的经验，因为偶然产生出来的灵感，完成了许多棘手的工作。当然，这也是需要努力并抱着良好的思想才行。而这种努力和想象，也会酝酿出更好的灵感的萌芽来。

想成功，必须行动才行。只要积极地工作，灵感就会涌出来；只要有信念，就可以得到很多灵感，成功也会更快到来。同时，更重要的是，要看你有没有决心，凡是要完成一件事，就必须有决心。不能活用自己特性的时候，只要有决心，有时也可以做好工作。

一位年届不惑的经理苦恼地来见心理专家希尔。

他很苦恼地说："我恐怕会失去工作了，我有预感我离开这家公司的日子不远了。"

"为什么呢？"

"因为统计资料对我不利。我这个部门的销售业绩比去年降低了9%，但是全公司的销售额却增加了68%。最近，总经理把我叫去，责备我跟不上公司的进度。"

"我好像一个快淹死的人，旁边站着一群旁观者等着我没顶。我猜我是无能为力了，我很害怕，但是我仍希望会有转机。"他继续说道。

希尔反问他:"只是希望能够吗？" 接着希尔停了一下,"为什么不采取行动来支持你的希望呢？"

"请指教。"他说。

"第一项行动,立刻想办法将销售额提高。这是必须采取的措施。你的营业额下降一定有原因,把原因找出来,然后想办法改进。我并不能准确指出提高营业额的方法,但是总会有办法的。"

"还要使你的助理打起精神,你自己也不能再像一个快淹死的人,要让你周围的人都知道你活得很好。"

这时他的眼神又露出自信的野心,然后他问道:"刚才你说了第一项行动。第二项是什么？"

"第二项行动是为了保险起见,去留意更好的工作机会。我并不认为你的工作会保不住,但是骑驴找马,比失业了再找工作要好。"

一段时间后这位经理打电话给希尔:"我们上次见过以后, 我就努力去改进。最重要的步骤是改变我的推销员。我现在每天早上都开一次例会,我真的使推销员们又充满了干劲。"

"成果当然也出现了。我们上周的周营业额比去年的业绩好得多,而且比所有部门的平均业绩也好得多。"

"一切又变得十分美好。"这位经理说。

在工作中,时刻具备忧患意识,能激发自身能力的充分发挥。当自己处于不利境地时,焦虑、哀叹都是没有用的,唯有面对事实,用行动来改变现状！

6.不放弃就不算输

坚忍是成功的一大因素，只要在门上敲得够久、够大声，终必会把人唤醒。

——华兹华斯

海明威的名著《老人与海》里面有这样一句话："英雄可以被毁灭，但是不能被击败。"

尼采说过这样一句名言："受苦的人，没有悲观的权利。"

英雄的肉体可以被毁灭，但是精神和斗志不能被击败。受苦的人，因为要克服困境，所以不但不能悲观，而且要比别人更积极！在冰天雪地中历险的人，也都知道，凡是在中途说"我撑不下去了，让我躺下来喘口气"的同伴，必然很快就会死亡，因为当他不再走、不再动，他的体温迅速降低，跟着就被冻死。

在事业的战场上，我们不但要有跌倒之后再爬起来的毅力，拾起武器再战的勇气，而且从被击败的一刻，就要开始下一波的奋斗，甚至不允许自己倒下，不准许自己悲观。那么，我们就不是彻底输，只是暂时地"没有赢"！

有位外资企业的管理顾问，他的办公室里，各种豪华的摆设、考究的地毯、忙进忙出的员工告诉参观的人士，他的公司成就非凡。就是这位管理顾问成功的背后，也藏着鲜为人知的辛酸史。他创业之初的头半年，把十年前的存款用得账户上为 0.00 元。管理顾问因为付不起房租，一连几个月都以办公室为家。他因为坚持实现自己的理想，而拒绝了几家跨国企业的高薪诚聘。他曾被顾客拒绝过、冷落过，但欢迎他、尊敬他的客户和拒绝过、冷落他的客户几乎同样多。

八年艰苦卓绝的努力，八年拼搏挣扎的抗战，管理顾问没有一句牢骚话，他反而对手下员工们说，我还在学习啊。这是一种无形的、捉摸不定的生意，竞争很激烈，实在不好做，但不管怎样，我还是要继续学下去。有一位员工看到他的老总清削但刚毅的面容，忍不住问，这几年来您感到过疲倦吗？管理顾问大笑，说，没有，我不觉得辛苦，反而认为是受用无穷的经验。

这是一个成功者的平常心深刻再现，他认真、踏实、肯干。我们完全有理由相信，彪炳的功业，无一不受过无情的打击，只是这些成功者能坚持到底，终于获得辉煌成果。

天底下没有不劳而获的果实，如果能利用种种困难与失败，决不轻言放弃，使你更上一层楼，那么一定可以达到成功。

不管做什么事，只要放弃了，就没有成功的机会；不放弃，就会一直拥有成功的希望。如果你有99%想要成功的欲望，却有1%想要放弃的念头，这样只能与成功无缘。

遭受困难，有的人在一个月之后放弃，在两个月之后放弃，在三个月之后放弃……这些人抱着这样的习惯和态度，是不可能成功的。因为，放弃本身也是一种习惯；放弃，代表你对困难的恐惧，对成功的恐惧。

不要因困难而变成一位恐惧的懦夫。当你尽了最大的努力还没有成功时，不要放弃，只要开始另一个计划就行了。

希腊一位名叫戴莫森的演说家，由于口吃，说话吐字不清晰而自感到羞于见人。戴莫森的父亲留下一块土地，希望儿子富裕起来。然而，希腊当时有一条法律规定，某人在向社会公众声明土地所有权之前，首先要在公开的辩论中战胜所有人，否则，他的土地就会被没收，由政府公开拍卖。口吃，加上性格内向，戴莫森在辩论赛中惨败，失去了那块土地的所有权。在这次事件的严重刺激下，戴莫森认识到，失败很难使人坚持下去，而只要不放弃，成功就容易继续下去。从此他发奋努力，创造了希腊有史以来的演讲高潮。戴莫森成功了，他从此受到许多有同样口吃的老人、青年和孩子的崇拜。

拿破仑·希尔说，在放弃所控制的地方，是不可能取得任何有价值的成就的。轻言放弃是意志的地牢，它跑进里面躲藏起来，企图在里面隐居。放弃带来迷信，而迷信是一把短剑，伪善者用它来刺杀灵魂。

不管你做什么事情，如果你选对了行业，如果你切实渴望成功，只要你不放弃，就会到达成功的彼岸，幸福女神就会垂青于你。

有的人为了自己的梦想，可以坚持一年，两年，甚至十年，二十年，有的人则能够坚持一辈子，至死不渝，在他眼里，想要成功就不能放弃，放弃就一定不会成功。

你若不是逼迫自己走向失败、悲哀，就是正引导着自己攀向成功的最高峰，这完全取决于你如何去做，如何去想。如果你要求自己获得成功，并与之配合明智的行动，那么，你定会获得成功。

7.碰到困难绝不后退

没有战胜过困难，没有负过重负的人，不能成为真正的人。

——苏霍姆林斯基

做事遇到困难，是再通常不过的事情了，我们每个人在任何时候都会遇到大大小小不同的困难，这些困难也向我们提出了不同的挑战，我们的回答就是："战胜困难的人，就是强者！"说，总归是容易的，那么我们将如何依靠我们自身的优势与强项去战胜困难呢？

人生如战场，试想一下，如果你身临战场，当你遇到困难和敌人时就赶紧后退，其后果如何？把事情做好，把困难解决掉，这不也是一种"作战"吗？因此，当你在自己的生活和事业中碰到困难时，应遵循一个原则——绝不言退，发挥自己的优势！

碰到困难绝不言退，发挥自己的优势，这包含着两个意思：

第一：做给别人看

要让别人知道你并不是一个懦弱之人，一个胆小鬼。即使你做事失败了，你不怕困难的精神和勇气也会得到他人的赞赏；如果你顺利地克服了困难，这就更加向他人证实了你的能力！如果有人出于对你的不服、怀疑、中伤、嫉妒而故意给你出些难题，当你一一解决时，你不仅解除了他人的不良心理，而且还提高了自己的地位。

第二：做给自己看

一个人一生中不可能一帆风顺，事事顺心如意。碰到点困难，这并不可怕，应把困难当成是对自己一种考验与磨炼。也许你不一定能解决所有的困难，但在克服这些困难的过程中，你在智慧、经验、心志、胸怀等各方面都会有所成长，所谓"不经一事，不长一智"，说的就是这一道理。这对你日后面对困难有很大的帮助，因为你至少学会了。如果你顺利地克服了困难，那么在这一过程中你所累积的经验和信心将是你一生当中最可贵的财富。

可见，"绝不言退"并不只是单纯的勉励自己的话，实际上，它具有很大的价值。

如果你不相信，那就想象一种"遇难即退"的后果吧，这种人首先就会被人认为是一种庸庸懦懦之人，没有人认为他能成就大事；而事实上也是如此，因为他闪躲、逃避，无法克服困难、提升自己，自然也只能做一些无关紧要的小事情了。

当然，克服困难也要讲究方式方法，有些困难确实很大，你肯定不可能马上解决，在这种情况下，你只有采取其他更聪明的方法来解决，不能硬战死战，否则会让自己碰得头破血流。也许你会认为这是一种退却，不！这种解决办法与退却完全不同！

因为你并未放弃解决这一困难，只是采取了一种灵活的方式。在你的心里，时时还想着这一困难，并且正想着用各种办法去加以解决，所以这不算退却。当你碰到困难时，可以首先评估一下：

（1）这一困难的难度有多大？

（2）自己的能力如何？

（3）有无外力可以援助？

（4）如果万一失败，自己对失败的承受力如何？

（5）这一困难值不值得自己去克服？

"留得青山在，不怕没柴烧"，如果你评估的结果对自己不利，那就完全可以采取缓兵之计。如果有机会获胜，而且你也应该去克服这种困难，那就要竭尽全力了。

机会稍纵即逝，如果你轻易放弃，也许会形成一种习惯，而一个人一旦养成稍微遇到点难处就放弃的习惯，那一辈子恐怕都做不成什么大事。

你是不是轻易放弃的人？如果不幸你是的话，那就从今天起，坚强、勇敢地面对困难与挑战，永远不要轻易放弃吧！

8.危机里的机会

永恒的东西每个人都会碰到，有限的东西只有某些人才能碰到。

——皮尔士

汉语中"危机"一词事实上有两层象征意义：象征着危险，也象征着机会。当危机到来时，要尽力看到隐藏在危机背后的机会。

试举两例：在强生公司处理羟苯基乙酰胺事件的过程中，一个大型的免费电话网迅速建立起来作为危机热线，为人们提供信息、解除人们的忧虑、回答他们提出来的问题。危机过去了，但是这个电话系统保留下来了。

在接下来的几年里，当需要快速、巨大的交流能力时，这个系统又几次派上了用场。1990 年，当雨果飓风肆虐地击打大西洋海岸时，强生公司重新开启了那个免费电话系统，并且作为一项公共服务，也供交流紧急事件之用。

同样，个人的生活和职业也经常受到危机的影响。1989 年月 10 月，加利福尼亚州发生了一次地震，这次地震造成的伤亡人数要远远少于以前，这应该归功于当地许多政府和市政当局的极好的应急计划。地震之后的第 30 天，海湾大桥重新运行。大量的新闻报道覆盖了那个月内的一系列事件，人们惊奇地发现一些人的生活和职业都达到了一个崭新的高度，因为这次地震提供给他们一次展示自己处理危机情形的能力。

对于你正在忍受危机，"希望的种子"又在哪里呢？不断去寻找——它就在那里。为从危机中得到教训和机会，甚至值得忍受它所带来的痛苦。

这里有应付危机的七个步骤，可以为你提供必要的毅力、智慧、能量和回应的行为：

（1）.回头集中你的想法

你必须看到宏观的情况，并且是尽可能快的看到。试图承担起一个外部咨询员的角色，即一个你可以求助解决问题的人。如果你可以以一种独立的、客观的眼光来看待正在发生的问题，那些需要的行为将会变得更加清晰。尽力以局外人的身份和眼光看待危机。

（2）.清理办公桌

花费几分钟的时间，为采取行动创造一个可行的、良好的环境。拿走办公桌上面乱七八糟的东西，这样可以帮助你集中注意力。

（3）.控制或者减少干扰

为了避免尽可能多的干扰，你可以做哪些事情？你在办公室或者其他的地方有一个藏身之所没有？你可以让其他人处理你的电话或接待造访者吗？

（4）.清楚优先事务和截止期限

快速决定引起危机的截止期限是否是一个真正的截止期限。也许你根本就没有遇到危机，如果你确实遇到了一次危机，那就加倍进行工作。还有其他重要的事情吗？将新的优先的事务重新分配给其他人。

（5）.同一时刻集中精力进行一件事情

集中精力进行最重要的任务，一直坚持下去，直到将其完成为止。然后，你可以将注意力转到其他的任务上面。

（6）.请求帮助

现在不是单枪匹马闯天下的时代。记着社会关系对于你的成功十分重要。请求任何可以得到的帮助，并且充分利用它们！

（7）."一切都会过去的"

在面临危机时，脑海中要时刻记得这句话。无论面临的情况是多么的糟糕，你最终都会度过它的。你以前会遇到危机，你以后也肯定会遇到危机的。

二　要为成功找方法

成功属于那些善于找方法的人，而不是善于找借口的人。

不惧困难，相信自己，找到方法就能令你走出困境，为你赢得更多的机会，为你的事业发展开创出一片新天地。

问题不会自动消失，只有方法找对了，你才能成功地解决它。但是方法不是固定不变的，也不是等来的，它往往需要你绞尽脑汁地去思考、琢磨、反复试验。

一句"没办法"，我们似乎为自己找到了不做事的理由。但也正是一句"没办法"，浇灭了很多创造之花，阻碍了我们前进的步伐！是真的没办法吗？还是我们根本没有好好动脑筋想办法？

1.成功属于找方法的人

要懂得如何善用策略，这样才会使你处处一帆风顺。 ——戴尔·卡耐基

成功属于那些善于找方法的人，而不是善于找借口的人。

我们通常可以看到这样的现象：两个员工做性质相同的工作，一个加班加点、身心疲惫仍然做得不好，而另一个则轻轻松松地完成任务并得到了上司的赏识。因为在这里，方法起了决定性作用。只有方法对了，才能省时省力地完成任务。

好的方法往往能争取到更大的发展空间。1956 年，美国福特汽车公司推出了一款性能优越、款式新颖、价格合理的新车。但这款新车的销售业绩远远没有达到预期效果。公司的经理们绞尽脑汁也没有找到让产品畅销的办法。

刚毕业的见习工程师艾柯卡是个有心人，他了解情况后就开始琢磨怎样能让这款汽车畅销起来。有一天，他向经理提出了一个创意，在报上登广告，标题是："花 56 元买一辆 56 型福特。"这是个很吸引人的口号，很多人纷纷打听详细的内容，原来艾柯卡的方法是：谁想买 56 型福特汽车，只需先付 20%的现金，余下部分可按每月付 56 美元的办法分三年付清。

他的建议被公司采纳，而且成效显著。"花 56 元买一辆 56 型福特"的广告深入人心，它打消了很多人对车价的顾虑，创造了一个销售奇迹。艾柯卡的才能很快受到赏识，不久他就被调往华盛顿总部为地区经理，并最终坐上了福特公司总裁的宝座。

不惧困难，相信自己，找到方法就能令你走出困境，为你赢得更多的机会，为你的事业发展开创出一片新天地。

问题不会自动消失，只有方法找对了，你才能成功地解决它。但是方法不

是固定不变的,也不是等来的,它往往需要你绞尽脑汁地去思考、琢磨、反复试验。

　　要找到一种好方法,思维的转换非常重要。

2.方法为王,方法总比问题多

做任何事都要讲究方法,方法对头,才能使问题迎刃而解,起到事半功倍的效果。

——王梓坤

最优秀的人,是最重视方法的人。他们相信凡事都会有方法解决,而且是总有更好的方法。

主动找方法解决问题的人,总是社会的稀缺资源。不管是国内还是国外,只要有这样的人出现,他们就能够像明星一样闪耀。哪怕他没有刻意去追求机会,机会也会主动找上门来。

假如你通过找方法做了一件乃至几件让人佩服的事,就能很快脱颖而出,并获取更多的发展机会。

小李被董事长任命为销售经理,这个消息是同事们所没有意料到的,谁都知道,公司目前的境况不佳,迫切需要拓展业务以求生存,这个销售经理的位置更显得重要了,也正由于此,这个位置一直没有找到合适的人选。与其他几个较资深的同事相比,貌不惊人、言不出众的小李并无多少优势可言。

很快有好事者传言,小李的提升,得益于前些日子大厦电梯的突然停电。

那天晚上公司里加班,近 10 点时才结束,小李走得最迟,在电梯口遇到了董事长等人。电梯运行时突然因停电卡住了,四周顿时一片漆黑,时间一分一秒地过去,大家开始抱怨,两个不知名的女孩更显得局促不安。这时闪出了一小串火苗,是从打火机发出的,人们立刻安静下来。在近一个小时的时间里,小李的打火机忽亮忽灭,而他什么也没说。

有些人对小李的提升不服。不久后,董事长在公司员工的会议上说了这件事并解释道:"因为在黑暗里,小李点燃手中所有的火种,而不像有些人那样在抱怨诅咒这不愉快的事件和黑暗，我们公司要走出低谷，而不被一时的困难压倒，需要小李这样的人。"

越是在困境中，就越是考验一个人的能力与品格的时候。埋怨是无济于事的，而应该利用手中的"火种"去战胜黑暗，创造一个光明的前程。

有问题就要解决。怎样解决？当然是用方法解决。只要找对了方法，再难的问题也不是问题。

（1）.类比法

所谓类比，是从两个和两类对象具有某些相似或相同的属性的事实出发，推出其中一个对象可能具有另一个或另一类对象已经具有的其他属性的思维方法。类比在指导发明和解决问题时，是有很大的指引作用，得到了思想家、科学家们的很高评价。天文学家开普勒说："类比是我最可靠的老师。"哲学家康德说："每当理性缺乏可靠的论证思路时，类比这个方法往往指引我们前进。"现在，类比的作用受到了越来越多的重视。日本学者大鹿·让认为："创造联想的心理机制首先是类比……即使人们已经了解了创造的心理过程，也不可从外面进入类似的心理状态……因此，为了给创造活动提供一个良好的心理状态，得采用一个特殊的方法，简单地说，就是使用类比。"

1930 年末，"高斯号"探险船来到了南极。这时正好下了一场特大的暴风雪，气温下降到零下五十六摄氏度，船被冻结在一望无际的冰原中，无法挪动一步。船员们先是用铁锤、锯子去砸冰、锯冰，后来又用炸药去炸冰，但都无法开出一条通道来。

这时，有个船员想起了一件事。有一个瞎子在太阳底下卖罐。一种是白罐，一种是黑罐，白的便宜黑的贵。尽管两种罐的形状大小一模一样，但那个瞎子只要用手一摸，就可以准确地知道哪只是白，哪只是黑的。有人问他什么原因。瞎子说："白罐能反射阳光，黑罐能吸收阳光，所以在阳光下，黑罐要比白罐热，我一摸就能分开是白的还是黑的。"

于是这个船员就向船长建议，把黑炭、煤屑、垃圾撒到船周围的冰上，让它吸收太阳光，把冰化掉。船长觉得有理，就发动全体船员把所有的黑炭、煤屑、垃圾都运到冰上去，足足铺了两千米长，一直延伸到只结了一些薄冰的海面上去。南极从 9 月开始就没有黑夜了，太阳始终悬挂在天空。这两千米的冰带吸收了太阳的热量后就逐渐化掉。不久"高斯号"终于脱了险。

这名船员在这里使用的就是类比法。

（2）.逆向法

逆向法就是大违常理，从反面探究和解决问题的方法。很多时候，对问题只从一个角度去想，很可能进入死胡同，因为事实也许存在完全相反的可能；有时，问题实在很棘手，从正面无法解决。这时，假如探寻逆向方法，反倒会有出乎意料的结果。

举世闻名的好莱坞影城坐落在美国的洛杉矶。在当今"崇拜影视明星"的热潮中，它受尽世人的瞩目，里面充满了值得大力开发的机遇，因而它的周围聚集了一些生意上的经营高手，他们在这里开发了不少颇有特色的聪明生意。

吉迪先生就是其中一员。他的办事眼光与众不同，头脑转变得异常灵活，所做的生意也就别具一格，在寻找好莱坞的商机中，他清楚地看到竞争对手们争先恐后地围绕当世的明星，在其身上大做文章。这些老星、新星、男星、女星、童星、巨星等"星族"身上的机遇，可谓是被千般搜刮，万般利用了。吉迪意识到这样跟着做下去，不会有多大的收获，想要出奇制胜更是难上加难。有一天，他突然灵机一动，脑筋一转，想出了一条极具特色、超乎寻常的开发之路。

吉迪从过去的报纸杂志里找出每位好莱坞明星的资料，按时间先后加以整理，描绘出每位明星的人生轨迹，开办了"明星追悼会"。游客们可以从中了解自己崇拜的明星的生平事迹，既增长了知识，又满足了自己的怀旧心理，最后他们还可以参观巨星们灵魂升天处。特别是一些死于非命的明星更是引人注目。例如，莎朗蒂当年遇害的小楼，吊唁者络绎不绝。参观者每人需要缴纳 25 美元的介绍费。它无穷的魅力吸引了众多的游客，吉迪因此"日进斗金"，名利双收。

致富最怕的就是总跟在人家后面走。如果这样，你得到的永远是残羹剩汤。不想跟着走，那该怎么办？办法只有两个：不是跑到人家前面去，就是与其背道而驰。如果你是一个脑筋转换特别灵活的人，那就不妨多去想想反面的路。

（3）.侧面法

侧面法就是在思考问题时不从"正面"角度出发，而是通过出人意料的侧面来思考和解决问题。

毛姆是英国著名作家。在他未成名前，生活很困窘，写的书卖不出去。后来，他想了一个办法，在一家最有名的报纸上登了一则广告："本人是一位年轻有教养、爱好广泛的百万富翁，希望找一位与毛姆小说中的女主角一样的女性结婚。"

毛姆的小说很快就被抢购一空。

本来是卖书的广告，结果却通过一则征婚广告来实现。这，就是侧向的魅力！

（4）.设身处地法

卡耐基曾用某家大礼堂讲课。有一天，他突然接到通知，租金要提高3倍。卡耐基前去与经理交涉。他说："我接到通知，有点震惊，不过这不怪你。如果我是你，我也会这么做。因为你是旅馆的经理，你的职责是使旅馆尽可能赢利。"紧接着，卡耐基为他算了一笔账，将礼堂用于办舞会、晚会，当然会获大利。但你撵走了我，也等于撵走了成千上万有文化的中层管理人员，而他们光顾贵旅社，是你花五千元也买不到的活广告。那么，哪样更有利呢？经理被他说服了。

卡耐基之所以成功地说服了经理，在于当他说"如果我是你，我也会这么做"时，他已经完全站到了经理的角度。接着，他站在经理的角度上算了一笔账，抓住了经理的兴奋点——赢利，使经理心甘情愿地把天平砝码加到卡耐基这边。

汽车大王福特说过一句话：假如有什么成功秘诀的话，就是设身处地替别人着想，了解别人的态度和观点。因为这样不但能得到你与对方的沟通和理解，而且更为清楚地了解了对方的思想轨迹及其中的"要害点"，从而做到有的放矢，击中"要害"。

（5）.以退为进法

遇到困难与问题,应该百折不挠,不达目的誓不休。这是一种很好的精神。然而,具体解决难题的过程,并不是任何时候都要一味地往前冲,撞了南墙也不懂得回头。有时候,就得特别强调退。能进,也能退,这才是一种完整的智慧。

曾经有一位留美计算机博士学成后在当地找工作,他每天抱着博士证,进这个公司,出那个集团。在他看来,博士生就业标准自然要高。谁知,他四处碰壁,被各家公司拒之门外。想来想去,他决定收起各种学位证书,以一种最低身份去求职。

很快地,博士生被一家公司应聘为程序录入员。这件工作对他来说,堪称小菜一碟,但他吸取前几次找工作的教训,不敢马虎。不久,公司经理发现他能找出并纠正程序中的错误,不是普通的程序员所能比的。这时,博士生亮出了自己的学士证,老板给他换了个和大学生相称的工作。过了一段时间,经理发现他能经常提出一些有价值的建议,比普通的大学生要强得多,这时,他亮出了硕士证书,老板见后又提升了他。最后,老板觉得他还是和别人不同,就和他谈了一次,此时,博士生终于拿出了自己的博士证。于是,老板对他的实际水平有了全面的认识,毫不犹豫地重用了他。

这位博士生找工作的经历表明,做事时如果直接进取就容易失败,后退一步曲线再进,却能如愿以偿。以退为进,由低到高,这就是自我表现的一种艺术,也是做事的一种策略。

（6）.装傻充愣法

聪明人为什么聪明?因为聪明人常常想到普通人想不到的主意;"傻子"为什么也聪明? 因为"傻子"常常做出别人不敢想、不愿做的事。

聪明人走到智慧边是走大门,正面进攻;"傻子"则是乱来一气,东冲西撞,歪打正着。

东晋元帝时,庾冰任吴郡内史。因其勤政爱民,为乡里做过许多好事,让天下百姓敬仰。一次庾冰遇险,被叛军悬赏缉拿,他只好躲进一条破船上去。几天过去,船上没了东西吃,船主便上岸去买东西。

当他买完东西,几杯酒下肚返回时,正好看见一队叛军前来搜查,怎么办?船主一阵惊恐过后,很快镇定下来。这时叛军已到了岸边,要让庾冰逃跑已不可能。这时的船主,精赤了上身,踉跄着奔上岸,手舞着船桨,歪歪扭扭地奔叛军而去,满嘴酒气地对叛军嚷嚷:"你……你们不是要捉庾冰吗?快拿赏钱……给我,他就在……在我的船上。拿赏钱……买酒喝……"庾冰在舱内害怕得厉害,可又无可奈何。

"去去去!哪来的酒鬼?"叛军见船又小,又破,又脏,也懒得再看,便骂骂咧咧地悻悻而去。庾冰死里逃生,躲过了一劫。

这个事例中的船主走的就是"傻子"路线,他依靠装傻卖愣达到自己救人的目的。

(7).相似联想法

所谓相似联想,即由此事物的某一特点,联想到彼事物相似的某一特点的过程。相似联想是进行创造性劳动经常使用的思维方法。

运用相似联想一个关键点就是寻找事物之间的共同点,相似点。世界上没有两片完全相同的树叶;同样,世界上也没有两片完全不同的树叶。任何两种事物或者观念之间,都有或多或少的相似点。一旦在思维中抓住了相似点,便能够把千差万别的事物联系起来思考,从而解决问题。

在欧洲中世纪,活版印刷机是由古登堡发明的。据说,古登堡首先研究了硬币打印机,它能在金币上压出印痕。可惜印出的面积太小,没办法用来印书。接着,古登堡又看到了葡萄压榨机,那是两块上下相对的很大的平板,成串的葡萄放在两块板之间便能压出汁水。古登堡仔细比较了两种机械,从"求同视角"出发,把二者的长处结合起来,经过多次试验,终于发明了欧洲第一台活版印刷机,使长期被僧侣和贵族阶层所垄断的文化知识迅速传播到民间。

有问题,有困难,不要怕问题,不要怕困难,不要找借口,要积极找方法,越去找方法,便越会找方法,越会找方法,就越能创造大的价值。主动找方法,不仅能提高做事的效率,还能提高做事的信心。

对于通过思索以寻找解决问题方法的重要性,许多杰出的人士都深有体会。

比尔·盖茨曾说："一个出色的员工,应该董得:要想让客户再度选择你的商品,就应该去寻找一个让客户再度接受你的理由,任何产品遇到了你善于思索的大脑,都肯定能有办法让它和微软的视窗一样行销天下的。"

洛克菲勒也曾经一再地告诫他的职员:"请你们不要忘了思索,就像不要忘了吃饭一样。"

只要努力去找,解决困难的方法总是有的,而这些方法一定会让你有所收益。

为寻找方法而经常思考吧!它会带给你意想不到的惊喜。

3.开动脑筋,寻找方法解决难题

最重要的事,经营者不能忽略大事。应该以关心和达观的态度,经常和部属研究工作方法。

——松下幸之助

当我们遭受到许多苦难时,容易产生"我实在吃不消了"的意识而想逃避。而且,不敢面对苦难勇敢地站起来,只是想办法要逃开。像这样消极的态度,是决不可能产生任何效果的。

最重要的还是,不管遭受怎样的困难,也千万不要害怕或担心。因为,这种害怕或担心,只会使那个困难更加困难,而使人认为不可能突破。但是,如果能把心朝着明朗的方向转变的话,有时就会知道,原来挡住前途的墙壁,并不怎么大,于是会产生突破这道墙壁的勇气来。

当我们遭受到大的困难时,一般人都会认为:"这件事我无法解决。"其实,这是极大的错误,因为,自己无法解决的事,决不可能发生在自己身上。最主要的还在于,你是否能面对困难勇敢地站起来。

你有相当好的经历,而且你也有丰富、宝贵的才能,不是吗?你对事业绝对抱有希望,只是你自己的否定思考阻碍了你前途的发展。所以你非做不可的事,是将你对人生否定的心,转变成具有建设性的心。你必须信赖你自己精神的力量、能力、经验,如此一来,你的人生将能得到完全的改变。

11岁的男孩大卫,想买一部三速自行车,但他替人割草扫叶所得,离自己的目标仍然很远。

冬令初寒,路面冰结之日,他刚刚清理完炉灰,就看见一部车子,车轮拼命滚动,想爬上门前山坡。这就使他想到了一个主意,在当地报纸刊出广告说:"炉灰——圣诞节最佳礼品。送给雪地驾车的朋友,有意想不到之妙用:怀恩城 0.15 美元一袋，其他地区 0.25 美元。请电告怀恩城——2771。"

广告刊出后，存货立即脱手。买主大都是些玩世不恭的人，想找一些新奇的圣诞礼物送给亲友。因此几天后，大卫又刊登广告说："炉灰——圣诞节使诸君光顾向隅，至感歉疚。现有新货应市。请即购买一袋置之车厢，以备冰天路滑时使用。"

第二天怀恩城大雪纷纷，一直持续了一个星期。一时订单如雪片飞来。最后生意兴隆得影响到大卫的功课。他的母亲快刀斩乱麻不允许大卫再只顾生意不顾功课了。可是到了这个时候，大卫和妹妹两人都已各拥有一辆崭新三速自行车了。

年龄不是问题，一个 11 岁的小男孩都能经商赚钱，你还有什么是不能做的？勤于动脑，勇于实践，生活中处处都有成功的机会。

建议你这样做：

第一，在每天的生活中不断吸收新知识，每天至少阅读 30 分钟与工作有关的书籍。

第二，针对某个问题，集中火力专攻约 2 个小时的时间，然后停下来休息或做别的事，过一阵子再面对时，你会发觉问题变得简单多了。

第三，训练自己有建设性的思考习惯，把潜意识沉浸在富于创造性的行动中。

第四，排除会导致失败的消极观念及怨恨、嫉妒等不好的感情，输入正确有益的积极观念，你便可获得成功所需要的积极人生态度。

4.一流员工与末流员工的区别

如果你有智慧，请你拿出来；如果你缺少智慧，请你流汗；如果你既缺少智慧，又不愿意流汗，请你离开！

——牛根生

清华大学高级总裁班曾经接受这样的一份调查问卷："什么样的员工是你们最喜欢的员工？哪一种员工是你们最不愿意接受的员工？"

对于第一个问题，总裁班给出的答案是：没安排工作却能主动找事做的员工，通过方法提升业绩的员工，从不抱怨的员工，执行力强的员工，能为公司提建设性意见的员工。对于第二个问题，总裁班给出的答案是：做事不努力而找借口的员工，损公肥私的员工，过于斤斤计较的员工，华而不实的员工，受不得委屈的员工。

这两个答案证实了这样一个结论：凡事找借口的员工，是公司里最不受欢迎的员工；凡事主动找方法的员工，是公司里最受欢迎的员工。

在职场中，那些找借口的人，最不会主动想办法解决问题，哪怕有现成的办法摆在面前，他也难以接受。这就是一流员工与末流员工的根本区别。

阿当应聘到一家皮鞋店当营业员的第一天，便碰到了一位挑剔的顾客。

这是一位穿着时尚的女孩，挑了半天皮鞋却连一双都看不上，阿当耐心地又拿出一双新潮时装鞋，说："小姐，这鞋款式不错，穿在你脚上定会足下生辉。"

"真的？"那女郎浅浅一笑，拿鞋试了一下，"哟，是不错，好，我就买这双。多少钱？""360元。"阿当回答。

那女郎打开钱包取钱，突然眉一皱，"糟了，我钱未带够，身边只有250元，这样吧，我先付250元，余下的110元明天拿来给你，好吗？"说完，两只眼睛热辣辣地盯着阿当。

阿当给她看得不好意思,忙说,"可以!可以!"说完,随即在一张纸上写着"购鞋一双360元,先付250元,暂欠110元。"写好后递给那女郎:"对不起,麻烦你签个名。"那女郎先是一愣,随即爽快地签下了"刘沙沙"三个字。

阿当收了钱利索地将鞋包扎起来,那女孩拎过鞋子,抛了个媚眼,走了。

这一切都被老板看在眼里,"这女人你认识?"

阿当摇摇头:"不认得。"

老板一听火了:"不认得你怎么能赊给她呢?你被她骗了。"

阿当胸有成竹地说:"我已将两只鞋子全部调成左脚的,她过几天肯定要来换。"

老板恍然大悟,不由开心地竖起了大拇指:"真是高招啊!"

过了一段时间,阿当被提升为销售部的经理。

主动找方法的人永远是职场的明星,他们在公司里创造着主要的效益,是今日公司最器重的员工,是明日公司的领导以至领袖。

杨先生是浙江温州人,十多年前,他的一位远房亲戚在欧洲开饭店,邀请他过去帮忙。没料到,他到欧洲不久,亲戚就突然患病去世了,饭店很快也垮了。

杨先生不想回国,就在当地找了份工作。几年后,他到了一家中等规模的保健品厂工作。公司的产品不错,但知名度却很有限。

杨先生从推销员干起,一直做到主管。一次他坐飞机出差,不料却遇到了意想不到的劫机。度过了惊心动魄的十个小时之后,在各界的努力下,问题终于解决了,他可以回家了。就在要走出机舱的一瞬间,他突然想到电影中经常看到的情景:当被劫机的人从机舱走出来时,总会有不少记者前来采访。

为什么自己不利用这个机会、宣传一下自己的公司形象呢?

于是,杨先生立即做了一个在那种情况下谁都没想到的举动:从箱子里找出一张大纸,在上面写了一行大字:"我是××公司的××,我和公司××牌保健品安然无恙,非常感谢营救我们的人!"

他打着这样的牌子一出机舱,立即就被电视台的镜头捕捉住了。他立刻成了这次劫机事件的明星,很多家新闻媒体都对他进行了采访报道。

等他回到公司的时候,公司的董事长和总经理带着所有的中层主管,都站在门口夹道欢迎他。原来,他在机场别出心裁的举动,使得公司和产品的名字几乎在一瞬间家喻户晓了。公司的电话都快打爆了,客户的订单更是一个接一个。董事长动情地说:"没想到你在那样的情况下,首先想到的竟然是公司和产品。毫无疑问,你是最优秀的推销主管!"董事长当场宣读了对他的任命书:主管营销和公司的副总经理。之后,公司还奖励了他一笔丰厚的奖金。

一位老总说,他曾经正式招聘过一位员工,但没想到,还不到半个月时间,他就不得不把她辞退了。

那位员工是一位刚毕业的女大学生,学识不错,形象也很好,但有一个明显的毛病:做事不认真,遇到问题总是找借口搪塞。

刚开始上班时大家对她印象还不错。但没过几天,她就开始迟到,办公室领导几次向她提出,她总是找这样或那样的借口来解释。

一天,领导安排她到北京大学送材料,要跑三个地方,结果她仅仅跑了一个就回来了。领导问她怎么回事,她解释说:"北大好大啊。我都在传达室问了几次,才问到一个地方。"

老总生气了:"这三个单位都是北大著名的单位,你跑了一下午,怎么会只找到这一个单位呢?"

她急着辩解:"我真的去找了,不信你去问传达室的人!"

老总心里更有气了:我去问传达室干什么?你自己没有找到单位,还叫老总去核实,这是什么话?

其他员工也好心地帮她出主意:你可以找北大的总机问问三个单位的电话,然后分别联系,问好具体怎么走再去;你不是找到了其中一个单位吗?你可以向他们询问其他两家怎么走;你还可以在进去后,问老师和学生……谁知她一点也不理会同事的好心,反而气鼓鼓地说:"反正我已经尽力了……"

就在这一瞬间,老总下了辞退她的决心:既然这已经是你尽力之后达到的水平,想必你也不会有更高的水平了。那么只好请你离开公司了!

尽管女孩的举动让很多人难以理解,但是像这种遇到问题不是想办法解决而是找借口推卸责任的人，在职场上并不少见。而他们的命运也显而易见——凡事找借口的人，只有被适退。

一流员工找方法，末流员工找借口。如果你想获得发展，你就应该寻找方法，不找借口。

5.想办法才会有办法

综观现代的学术工作者，其成就的大小和深浅，往往决定于方法是否多方面的，是否灵活运用得纯熟。
——姜亮夫

"实在是没办法！""一点办法也没有！"这样的话，你是否熟悉？是否你的身边，经常有这样的声音？当你向别人提出某种要求时，得到这样的回答，你是不是会觉得很失望？当你的上级给你下达某个任务，或者你的同事、顾客向你提出某个要求时，你是否也会这样回答？当你这样回答时，你是否能够同样体验别人对你的失望？

一句"没办法"，我们似乎为自己找到了不做事的理由。但也正是一句"没办法"，浇灭了很多创造之花，阻碍了我们前进的步伐！是真的没办法吗？还是我们根本没有好好动脑筋想办法？

辛巴是一个 16 岁的男孩，他想在暑假来临之前找到一份工作。

辛巴在广告栏上仔细寻找，终于选定了一个很适合他专长的工作，广告上说找工作的人要在第二天早上 8 点钟到达 76 号街的一个地方。辛巴在 7 点 45 分钟就到了那儿。可他看到已有 20 个男孩排在那里，他只是队伍中的第 21 名。

形势对他而言并不乐观。怎样才能引起特别注意而竞争成功呢？这是他的问题，他应该怎样处理这个问题呢？根据辛巴所说，只有一件事可做——想办法。因此他进入了那最令人痛苦也是令人快乐的程序——想办法。只要你认真思考，办法总是会有的。终于，辛巴想出了一个办法。他拿出一张纸，在上面写了一些东西，然后折得整整齐齐，走向秘书小姐，恭敬地说："小姐，请你马上把这张纸条转交给你的老板，这非常重要。"

"好啊！"她说，"让我来看看这张纸条。"她看了不禁微笑起来。她立刻站起来，走进老板的办公室。老板看了也大声笑了起来，因为纸条上写着：

"先生，我排在队伍中第 21 位，在你没看到我之前，请不要作决定。"

可想而知，他得到了这份工作，因为他很善于想办法。

一个会动脑筋想办法的人总能掌握住问题，也能够解决它。

辛巴懂得遇事必须想办法的道理，眉头一皱创意来，有了创意便有了优势，有了优势，机会自然属于他了。

上面讲的只是一个求职故事，但它充分说明了只要想办法就一定有办法。著名的思维学家吴甘霖先生说："我相信，更好的方法出现，很大程度上来自于是否有一个好的心态！想办法是想到办法的前提。如果让脑袋放假，就算是天才，面对问题时也会一筹莫展，所以办法是在想的过程中产生的，它不会凭空而出。"

法国数学家、哲学家彭加勒曾经说过："出人不意的灵感，只是经过了一些日子，通过有意识的努力后才产生。没有它们，机器不会开动，也不会产生出任何东西来。"

德国哲学家黑格尔曾嘲讽那些以为可以不经艰苦思索就能获得灵感的人："诗人马特尔坐在地窖里面对着六千瓶香槟酒，可就是产生不出诗的灵感来。最大的天才尽管朝朝暮暮躺在青草地上让微风吹来，眼望着天空……温柔的灵感也始终不会光顾他。"

我们平时喜欢讲一句话："眉头一皱，计上心来。"其实，这是在特定时期，特定人物的状况。要有好的点子和想法，应当付出更多的努力。

一位著名企业家说到这样一件事：

小时候，妈妈拿来一个苹果在手中，对我们说："这个苹果最大最好吃，谁都想得到它。很好，现在让我们来做个比赛，我把门前的草坪分成三块，你们三人一人一块，负责修剪好，谁干得最好，谁就有权得到它！"

我非常感谢母亲，她让我明白一个最简单也最重要的道理：要想得到最好的，就必须努力争第一。她一直都是这样教育我们，也是这样做的。在我们家里，你想要什么好东西要通过比赛来赢得，这很公平，你想要什么、想要多少，就必须为此付出多少努力和代价！

你看，妈妈用一个巧妙的方法，让一个苹果的香味永留儿子的心间。这便是方法的力量。

从前有一名在轮船上工作的美国青年，一心一意想做百万富翁。为了这个梦想，他去请教许多人。他们告诉他：你赤手空拳要做百万富翁，必须有方法才行。

于是，这名青年开始动脑子，想主意。美国许多制糖公司把方糖运往南美洲，都会使方糖在海运途中受潮造成巨大损失。这些公司花了很多钱请专家研究，却一直未能尽如人愿。而一个在轮船上工作的工人却用最简单的方法解决问题：在方糖包装盒的一角留个通气孔，这样，方糖就不会在海上运输时受潮了。

这种方法使各制糖公司减少了几千万美元的损失，而且简直不花成本。这个工人专利意识十分强，他马上为该方法申请了专利保护。后来，他把这个专利卖给各制糖公司，成了百万富翁。

上面这个点子又启发了一个日本人，这个日本人想：钻孔的方法可用于其他许多方面，不光是方糖包装盒。他研究了许多东西，最终发现：在打火机的火芯盖上钻个小孔，能够大量延长油的使用时间。他凭着这个专利也发了财。

你看，这就是用方法成功的奥秘。

许多人抱怨自己做不好事情，原因可能就在缺少一个运用好的方法上。人的智力提高是一个逐步的过程。只要你能够战胜对艰难的畏惧，并下决心去努力，你就能越来越多地找到解决问题的方法，并越来越智力超群！

6.方法比态度更重要

> 如果你做某件事，那就把它做好。如果你不会或不愿做好它，那最好不要去做。
>
> ——托尔斯泰

我们无一例外地被教导过，做事情要有恒心和毅力。比如"只要努力，再努力，就可以达到目的"等说法，我们早已十分熟悉了。你如果按照这样的准则做事，你常常会不断地遇到挫折和产生负疚感。由于"不惜代价，坚持到底"这一教条的原因，那些中途放弃的人，就常常被认为"半途而废"，令周围的人失望。

正是因为这个害人的教条，使我们即使有捷径也不去走，而去简就繁，并以此为美德，加以宣扬。

正确的方法比执著的态度更重要。我们应该调整思维，尽可能用简便的方式达到目标。你应该选择用简易的方式工作。

了解解决问题的捷径并非坏事，成功者常常采用这种方法：

（1）.换成简单的语言

错综复杂的问题都可以分解成简单的问题或语言。

例如：总销量：25,873,892 美元

成本：14,263,128 美元

如果科长问成本销售量的百分之几，就可以用简单方式表示，即把销售量看成是 25，把成本看成是 14，14:25 这样就可推测出成本占销售量的 56%。无论什么问题，只要把它简单化就容易找到解决的办法。

（2）.把别人的终点当做自己的起点

博古通今、多才多世的里欧纳尔德·文奇说："不能青出于蓝的弟子，不算

是好弟子。"

一位年轻优秀的科学家皮耶·艾维迪也说："比起史坦因美兹等科学界的巨人，我们只能算是小人物。但踏在巨人肩上的小人物，却能比巨人看得更远。"皮耶在钻研新课题时，常应用这句话，他把与研究题目有关的资料收集到手，然后加以阅读和检讨。

（3）.学习别人的做法

比如要推出新式录音机该怎么做？假如本身缺乏这方面的经验，若完全靠自己的构思，不仅浪费时间，还会出错。经营录音机的公司总有好几家，是消息的最好来源。但不能依样画葫芦，而是利用先进的既有经验来发挥自己的构思。不论面临什么问题，都要看看人家是怎么解决问题的，然后再加以改善。

（4）.使用淘汰法

有时因为解决问题的方法过多，反而不知如何取舍。可以采取淘汰法，把不好的逐一去掉。

例如跳舞比赛，如果一次想从舞者中选出优胜者是很困难的，因此便采取淘汰法。每次评审一组，有缺点就退场，这样陆续淘汰直至两组，最后剩下优胜者的一组。当你要从几个东西中选出最喜欢的时，如果把不喜欢的逐一淘汰，事情就会变得容易了。

（5）.向别人说明

能否提出更新更好的解决办法，这与了解问题的程度有关。为了验证自己的想法，最好将计划向第三者提出。

纽约某石油公司的老板常常把太太当做练习讲演的对象。这位太太对石油所知不多，却能耐着性子聆听，结果对她先生帮助很大。原来，这位经营者了解到把想法用语言表现出来后，可以发现其中的缺陷。

三　让自己不可替代

工作中就是这样：有了敏锐的洞察力、快速的反应力，才会有超群的业绩；每个员工在原有速度上提高一点点，整个公司的效率就会提高一截。只有高效率才能在市场中占有一席之地，并进一步取得优势地位。这是这个快节奏社会发展的要求。

任何一个人如果拥有了他人不可替代的能力，就会使自己的地位变得十分稳固，因此，也会让一切都在自己的掌控之中，只有让自己的工作技能无可替代，才能立于不败之地。

自信是人格的核心力量。我们向哪里要自信呢？我们不用像唐僧到西天取经一样要历经无数的劫难，我们的自信就在我们自己的体内，自信是一种天赋，是一种与生俱来的自然力量，它与自我实现同属人性最伟大的潜能，只是在成长过程中不幸被磨难侵蚀、被恐惧所削弱了，通过训练，它完全可以重放光芒。

1.走在别人的前面

在这个动荡不安的环境里，善于操纵形象信息的风头人物明显地占便宜。

——阿尔温·托夫勒

曾有人这样形容现代职业人的竞争环境："每一条跑道上都挤满了参赛选手，每一个行业都挤满了竞争对手。"在人满为患的跑道上和拥挤的行业竞争通道中，怎样才能成为一匹黑马，成为令人羡慕的领跑者呢？最简捷的方法就是比别人早一点做好准备，走在别人的前面。

有哲人说："你永远不可能比别人多长一个脑袋，但预先准备，却能使你变得不可替代。"

在一个企业中成为一个不可替代、不可缺少的人，是每个员工的梦想。有人说过："成功等于准备加上适时的机遇。"那么，当这种机遇到来时，你能不能抓紧它，这就要看你有没有完全准备好。

杨仪大学毕业后，受聘于一家商贸公司。从上班的第一天起，杨仪便时时叮嘱自己，要做一名好员工。杨仪每天在完成自己手头的工作后，总是习惯为第二天的工作做好准备。对此，同事们都不以为然，其中一些人还笑他傻，甚至有人对他说："喂，杨仪，你这么积极主动干什么，明天的事明天再做也不迟呀！再说，老板也不知道你一天到底干了多少，你这是何苦呢？"

面对同事们的嘲笑，杨仪并未放在心上，他仍然每天干完自己的工作后，又开始为第二天的工作做准备。

一次，老板突然来到办公室，对杨仪说："我下午要去纽约，参加一个国际性的商务会议，我让你们准备的那份法文资料是否准备好了？"

"啊？法文资料？"办公室主任亚迪迟疑地说："你不是说明天去吗？所以，

那份法文资料我还未让他们准备呢。"

"我原计划明天去,但主办方突然改变了时间,我必须在今天下午就得动身。再说,这件事不是一个星期前就交给你去办理了吗?"老板怒气冲冲地说。

"老板,你需要的法文资料我已经准备好了。"杨仪从抽屉里拿出已准备齐全的资料,递给了老板。

"好样的,小伙子!"老板转怒为喜,拍着杨仪的肩膀说,"你能提前做好手头的工作,就证明你是优秀的。"

一个月后,老板宣布,办公室主任亚迪被解雇,新任主任就是杨仪。

毫无疑问,杨仪之所以得到老板的青睐,关键在于他能走在别人前面,并出色地完成工作。

安娜在一家服装公司做销售工作,业绩一直不错。可是公司为了开拓第三市场,决定减少服装的生产量,裁减员工,以达到压缩成本的目的,资金被转向了第三产生——房地产业。

现在,所有员工都面临着被裁减的危险,大家都人人自危。销售岗位要裁去一半人员,这不能不让所有销售人员心里打起鼓来。大家平常工作都差不了太多,谁走谁不走呢?

面对这种情况,安娜却镇定自若,似乎并没有太在意。最后的结果是销售部人员走了一半,副主管也被辞退了,而安娜升任了此职。

原来,安娜在平常的工作中,就十分注意整理所有客户的资料,又利用业余的时间学习编程工作,为公司建立了一个庞大的数据库。这个数据库的建立为销售渠道的正规化提供了科学的依据,大大地提高了工作效率。早在一个月前,安娜就向主管拿出了这个数据库,得到了认可,正在等待讨论通过与实施。

升职后的安娜除了将销售方式正规化外,还积极联系境外的销售客户。当第一次与意大利出口贸易签单时,总经理发现安娜竟能用流利的意大利语与客户交谈,不禁更加对她另眼相看。不久安娜理所当然地升为副经理,成为公司的骨干。

工作中就是这样:有了敏锐的洞察力、快速的反应力,才会有超群的业绩;

每个员工在原有速度上提高一点点，整个公司的效率就会提高一截。只有高效率才能在市场中占有一席之地，并进一步取得优势地位。这是这个快节奏社会发展的要求。

当你越过起跑线后，脚下就是自己的跑道了，你不能撞上别人，也不能被别人撞上。这里有一些方法，可以让你跑得更快：

（1）.以你之长换他人之长

面对越来越复杂的工作，很少有人能拥有足够的知识和技术独立完成，所以必须要互帮互助，才能事半功倍。办公室明星非常清楚自己的优势和缺点，也明白谁是可能为自己提供支援的同事，而且他了解这种关系中的经济性——一般的员工会认为要求他人提供帮助是一种权利，只要一通电话，对方就应该伸出援手。但办公室明星深知，这种合作关系是一种以物易物的结果，自己也必须贡献出别人所缺乏的专长。

（2）.累积自我管理经验

不要以为"只要我准时交差，就是自我管理"，对办公室明星而言，那只是时间管理，真正的自我管理不只是在单项工作方面，还包括保持办公桌面整洁，更包括累积人际关系等。

（3）.接纳不同的观点

一般的员工习惯用自己的观点去看世界，办公室明星则从自己的视野中跳出来，接纳不同的观点。例如：竞争者怎么做，客户怎么想，同事、老板怎么想。他们会积累自己的工作案例，总结出不同的认知模式，然后应用于自身。

（4）.有意识地树立"领袖"形象

办公室明星的领导能力体现在带领一组人完成工作，而不是体现在所谓"领袖"的伟大理想和魅力上。他们充分了解并发挥三种"领袖"特质：拥有广博的知识，有适时的创造能力，并关注办公室中的每个成员。他们了解自己的责任是激发组织能力的动力，同时也不遗漏任何细节，例如准时开会等。

2.提升自我价值

人生的价值，即以其人对于当代所做的工作为尺度。

——徐玮

职场中，无论你身处何种境地，你都需要让自己不断超越过去，向优秀努力。第一个冲向终点的人不一定是起跑最快的人，而常常是那些有强烈的成功欲望的人；工作中最后的胜利者也一定是那些能够不断提升自我价值的员工。

一位出版社的编辑从不惹是生非，每天按时上班，按时下班，工作上也很少出错。但半年后，她被辞退了。其父为此事闹到单位："我女儿也没犯什么错误，怎么就不让干了呢？"

的确，没犯错误理应正常工作，但在现代职场，没犯错误已不是工作的充分条件，因为在"没犯错误"之上还有"表现良好"，在"表现良好"之上还有"表现优秀"。职场最先选择的自然是"表现优秀"的人，而"没犯错误"的人只能被淘汰了，因为没有会舍弃黄金而取粗沙的。

所以，工作中仅仅是"称职"是不够的，要想拥有现在的工作，就必须做到"出色"。

一位研究动物学的教授常请自己的一些学生帮助自己照看小动物。这些学生在学习之余，帮教授清扫动物棚舍，或是换换水，喂喂食，当然，教授会适当地付给他们一些报酬。

可一段时间后，教授发现，坚持来实验室的只有一名叫陈文的学生了。原因是另外的学生讨厌动物们发出的特殊气味而不愿来实验室。而对于陈文，教授见他每天一如既往地来实验室帮忙，觉得他多少有些与众不同。

当时，正值社会经济不景气，要找到一份合适且中意的工作非常困难。一些优等生甚至使尽各种手段想留在学校，因为他们知道学校每年都会聘用一些优等生，充实到学校的各个科系，而这也正是优等生们梦寐以求的事。但今年，所有的优等生都失望了，因为直到当他们跨出校门时，任何人都未接到学校的聘用书。

离校那天，陈文照顾完小动物们后，又整理了一下教授的办公桌。就在他准备回宿舍拿自己的行李离校时，教授从校长办公室回来了，他把一个信封递到了陈文手里。

陈文接到信封，发现里面是学校给他的聘用书。

"可是，教授，我不是优等生，我的成绩单上有'C'。"陈文又不解地说。

"成绩只代表你学习的分数，但我们聘用人更看重的是他的工作能力和高贵的品质。通过这一段时间的观察，我发现你是最棒的，是不可替代的，你在得到这个职位前，就已经身在其位了，所以我向校长推荐了你！"

就这样，陈文得到了其他优等生梦想得到的工作。陈文得到这个职位的原因就是在其他人都放弃手头的工作时，他依然坚守在不属于自己的岗位上，不计报酬地工作着。后来，学校几次提升了陈文的职务，并增加了他的薪水，还让他独立担任了一个科研项目的负责人。

陈文之所以在较短的时间内取得了巨大的成功，皆因为他在不断地提升自我价值，使自己变成真正不可替代的人。

任何一个人如果拥有了他人不可替代的能力，就会使自己的地位变得十分稳固，因此，也会让一切都在自己的掌控之中，只有让自己的工作技能无可替代，才能立于不败之地。

3.超越平庸，迈向卓越

> 不论你的工作是精细或粗重，种植玉米或抒写诗歌，只要它是诚实的工作，能符合自己的意愿，它便会为感官和思想赢得一份回报。　——爱默生

人生面临的最大挑战不是天灾人祸也不是改变命运的选择，而是日复一日、年复一年地重复极其枯燥的工作的每一天。能在旷日持久的平凡工作中孕育伟大，在重复单调的工作中享受生活，才是工作最大的意义。所以，我们要努力在平凡的岗位上创造出不平凡的业绩，把简单的事情做得不简单。

我们都见过孩子们在游戏时的情景。他们有时小心翼翼，辛辛苦苦地用积木搭成一座房屋；有时费不少精力，画了一张很漂亮的图画。可是，当我们正在旁边为他们的成果庆贺赞赏的时候，他们却毫不留恋地把他们所搭成的房屋推倒，把那张画随手揉成了一团。

于是，成年人往往禁不住为他们惋惜："为什么好不容易做出来的成绩，这样不知道珍惜爱护呢？为什么不把它们好好地保存起来，留着慢慢地欣赏呢？"

可是，当他们又重起炉灶，用自己的手和脑，创造出另一件更新的、更好的作品来时，我们才开始领悟到，在这方面来说，孩子们比我们成人是强得多了！他们是永不满意自己目前的成绩的。

因为他们知道自己将更有进步，将会做出比目前更好、更可贵的作品来。所以，他们从不会像成人那样，停下来，自我陶醉地欣赏自己工作的成果；把自己工作的成果谨慎地珍藏着，唯恐一旦弄坏，自己就再没有把握做出一个比这个更好的东西来了！在这方面，成年人就往往逊色得多了。一个人，一旦对自己的成绩珍重欣赏，不敢重起炉灶，重新创造的时候，那就暗示着他的学

习能量到了一定的限度,暗示着他不会再有新的进展了。

许多成功的人都知道,要想使自己平凡的工作不再平凡,做好一件事——超过别人所期望你做的,你就会如愿以偿。这种额外的工作可以使人对本行业拥有一种宽广的眼界,与此同时获得更多的机会。

以下是一些平庸者的心态:

(1)."成功的关键在于运气"

很多人坚信成功是由于有好的机会,因此,他们被动地等待命运的安排,而不去主动地计划、经营自己的生活。没有积极的心态就没有前行的动力,就不可能面对人生的各种富有挑战的工作。

(2)."由老板决定升迁的快慢"

如果过于迷信老板对你升迁的影响,你会因迎合他的好恶而妨碍了自己真正的成长。如果你失败了,你又会归咎于老板,而看不到自己的问题,这样会使你走入歧途。

(3)."不管事大事小都要尽力去做"

有些人总说自己忙,老有干不完的事,由于事无巨细,浪费了很多时间和精力。应该把要做的事做好计划,分清轻重缓急;要抓住主要矛盾,不要眉毛胡子一把抓。

(4)."只有改正了缺点才能得到升迁"

这种想法使人注意了自己的不足,而忽略了自己的强项。一个人要完成自己的职位计划,要依靠自己的优势,将自己的强项发挥出来后,再去试着纠正弱点,这是扬长避短。

(5)."邻家的绿地总是更绿更好"

这就是常见的"这山望着那山高"的心态。总是觉得别人的工作更理想,因此产生"跳槽"的想法,而没有想到在新的工作岗位要建立新的人际关系,面对新的矛盾和挑战。其实不管从事什么工作都是不容易的,都要有现实的态度。

在我们的生活中,工作占我们一天 1/3 的时间,是我们人生的重要组成部分。但每个人对工作的定义不同,有的人认为工作是为了衣食住行,是生活的代价,是不可避免的劳碌!而有的人则认为工作是理想的奋斗,是自己一生的事业!

如果在平凡岗位上的我们,以敷衍的态度对待工作,每天被动地、机械地工作,同时不停地抱怨工作的劳碌辛苦,没有任何趣味,那我们的环境会自己变好吗?收入会增加吗?会开心吗?不会,当然不会!只能永远做等待下班、等待工资、等待被淘汰的三等人!

苏格拉底说过的一句话:"每个人身上都有太阳,只是要让它发出光来。"

我们大都是平凡的人,我们都做着平凡的工作、平凡的事,都处在平凡的工作岗位上,而无论我们处于什么岗位,或者做什么工作、什么事,我们都应该具有岗位责任感,有责任把工作做好,使我们不至于流于平庸。

4.善于表现自己的才能

如果你对自己的能力充满信心，就不能等待别人来发现、来了解，应该
积极地表现自己。

——岛田男

有些人整天埋头苦干，兢兢业业地完成自己的工作，还是几年都得不到晋升；而有些人工作不一定比前者更卖力，却不断得到晋升，这是什么原因呢？

一户人家养了一条狗、一只猫。狗是勤快的。每天，当主人家中无人时，狗便竖起两只耳朵，虎视眈眈地巡视在主人家的周围，哪怕有一丁点的动静，狗也要狂吠着疾奔过去，就像一名恪尽职守的警察，兢兢业业地为主人家做着看家护院的工作。每当主人家有人时，它的精神便稍稍放松了，有时还会伏地沉睡。于是，主人家每一个人的眼里，这只狗是懒惰的，极不称职的，便也经常不喂饱它，更别提奖赏它好吃的了。猫是懒惰的。每当家中无人时，便伏地大睡，哪怕三五成群的老鼠在主人家中肆虐。睡好了，就到处散散步，活动活动身子骨。等主人家中有人时，它的精神也养好了，这儿瞅瞅那儿望望，也像一名恪尽职守的警察，时不时地，它还要去给主人舔舔脚、逗逗趣。在主人的眼中，这无疑是一只极勤快、极尽职守的猫。好吃的自然给了它。由于猫的不尽职守，主人家的耗子越来越多。终于有一天，耗子将主人家唯一值钱的家当咬坏了，主人震怒了。他召集家人说："你们看看，我们家的猫这样勤快，耗子都猖狂到了这种地步，我认为一个重要的原因就是那只懒狗，它整天睡觉也不帮猫捉几只耗子。我郑重宣布，将狗赶出家门，再养一只猫。大家意见如何？"家人纷纷附和说，这只狗是够懒的，每天只知道睡觉，你看猫，每天多勤快，抓耗子吃得多胖，都有些走不动了。是该将狗赶走，再养一只猫。于是，狗被一步三回头地赶出了家门。自始至终，它也不明白赶它走的原因。它只看到，那只

肥猫在它身后窃窃地、轻蔑地笑着。

仔细留意一下生活,这样的故事不止一个。

这里不是要你去学猫的投机取巧。没有实力,光靠表面工作,总有一天会露出马脚,而被主人赶出家门。但有了实力,我们还需要巧妙的表现出自己的实力。要是落得故事中的狗的地步,岂不是很惨?世上千里马常有,而伯乐不常有,怎么办?就得善于表现自己的才能。况且,一个公司那么多员工,尤其是大公司,主管怎么可能对他每一个下属都了解。这时候我们就得自己来表现出自己的与众不同。让主管注意到你,这是表现才能的第一步。

美国钢铁大王卡内基小的时候,家里很穷。有一天,他放学回家时经过一个工地,看到一个像老板模样的人正在那儿指挥盖一幢摩天大楼。

卡内基走上前问道:"我长大后怎样才能像你一样成功?"

"第一要勤奋……"

"这我早知道了,那第二呢?"

"买件红衣服穿。"

卡内基满腹狐疑:"这和成功有关吗?"

那老板模样的人指着前面的工人说:"有啊,你看他们都是我的手下,但都穿着清一色的蓝衣服,所以我一个也不认识。"说完,他又指着旁边一个工人说:"你看那个穿红衣服的,就因为他穿得和旁人不同,这才引起我的注意,我也就认识了他,发现了他的才能,过几天,我会安排他一个职位的。"

不管上面那位穿红衣服的人最后是否升职,他这种与众不同的表现还是值得借鉴。

怎样做才称得上善于表现自己呢?

(1).要抢着做最热门的工作

所谓热门工作,是指切中社会热点,被上级领导和本单位同事们普遍看重,对社会进步和经济发展至关重要的工作。比如,组织部门的干部选拔工作、计划部门的项目审批工作等。通常,热门工作是由关键岗位的人员来做的。

但是,在特殊的情况下,关键部门不一定能做上热门工作,非关键部门也可以把热门工作拿到手。单位的具体工作非常多。这些工作并不一定都是领导所关心的,领导最关心的是那些关系到全局利益的较急、较难、较重的工作任务。

如果我们能以敏锐的观察力判断出一个时期内领导的工作思路,以自己的最大才智和干劲把领导目前最关心的事情办好,那么,无论在业绩上还是在上下级关系上,都能收到事半功倍的效果。

(2).要不失时机地汇报成绩

某局有两位处长:老李和小王,老李分管的是一个"大"处,事务较多,小王分管的是一个"小"处,事务相对轻闲,两人的工作都十分出色。

局里每个月都要派老李和小王向市里有关领导进行例行的工作汇报。老李是个实干派,对此类"嘴皮子上的功夫"不大注重,经常在汇报前准备不足,甚至有时因工作上的事而迟到片刻,所以老李的汇报总是被市里领导的秘书安排在最后。每次等到老李发言,市里领导不是已疲惫不堪就是不停地看表,催促他"简单一点,快点说"!

小王对于汇报的态度则与老李有天壤之别:他每次汇报都预先打好腹稿,并将要点记在纸上,以免遗忘。他每次都要求第一个汇报。在汇报过程中,他不但谈自己的工作,还要把处里的好人表扬一番。

一年后,该局的局长另调它处,局长位置出现空缺。经过上级领导的研究,决定由小王升任局长。

做人不要太谦虚,过分的谦虚就是虚伪,只有善于表现自己的才能,你才能被别人更多的了解,更好的认识。努力去做吧,不要埋没你的才华。

5.标新立异地推销自己

人必须掌握某种才能。没有超群的技术和才能，人的一生就将虚度过去。
——铃木健二

很多的成功者的机会都是靠自己的努力争取来的，是靠善于"标新立异"地推销自己得来的。战国历史上靠自己的努力自我推销的人大概要数毛遂名气最大了。

秦军在白起带领下，于长平大败赵军，乘着胜利的余威，秦军长驱直入，包围了赵国首都邯郸。情况万分危急，赵王派平原君赵胜出使楚国，请求援兵，并与楚国结盟。赵王深信平原君的办事能力，他命平原君在数千门客中挑选出 20 人作为随行，以壮声威。平原君挑来选去，只选出 19 人，还差一个名额。正在为难，门客毛遂走到平原君面前自我推荐说："另外一个名额我来顶上吧？"平原君对他不怎么熟悉，忙问："先生在我这里几年了？"毛遂答道："三年。"平原君对他没有一点印象，便笑着说："一个真正有才能的人，处身在世上正像一把锥子放在袋子里，锐利的锥尖锋芒必露出口袋外面。你已经来三年了，我没有听说周围的人夸奖过你。先生留在家里吧。"毛遂从容不迫地说："我要是老早被放进口袋里，那么，这把锥子不是才露一点点尖角，而是整个锥子锋芒毕露了。"毛遂说得有理，平原君频频点头，同意毛遂一同前往。

在楚赵谈判大会上，楚王无心帮助赵国，谈判没有丝毫进展。19 位门客一齐怂恿毛遂，叫毛遂上去谈。毛遂也不推辞，几步窜上台阶，对平原君说："为什么没有结果？"楚王听了，盛气凌人地说："你是谁？"平原君答："是手下办事人员。"楚王大声呵斥道："我在跟你主人谈判，没你的事，赶快给我走开。"毛遂毫不畏惧，他紧握宝剑凌近楚王跟前说："大王竟敢呵斥我，不怕欺了我的主人，是依仗楚国军队多吧？现在大王与我距离在十步之内，大王此刻的性命就握在我的手里，你兵再多，也帮不上忙。我家主人今天和你说得非常清楚，赵楚联合抗秦，不仅赵国受益，楚国也不会遭受池鱼之灾。你还呵斥什么？"楚王连连点头地说："是，是，先生言之有理，楚国愿意与赵国联合抗秦。"就这样，楚赵签订了联合抗秦的盟约，几天后，邯郸之围被解。

回到赵国后，平原君感慨地说："毛遂先生的三寸不烂之舌，胜过百万之师。如果不是他自荐，今天办事哪能这样顺利？"从此，推毛遂为座上宾。

"毛遂自荐"的故事，之所以千古流传成为佳话，不仅在于毛遂有才、有智、有略、有谋，主要还在于毛遂不守株待兔、坐等良机，而是利用自己的勇气和胆量主动争得了荐才、显才的机会。历史上因自荐而被重用的例子不胜枚举：秦朝时，年仅14岁的上卿甘罗；曾被认为"嫁不出去的丑女"而后成为齐宣王夫人的钟离春等。要想获得成功不可一味等待伯乐上门相才，而要主动争取施展才华的机会，即使伯乐上门相才，也须自己有显露才华的迹象为依据，才能相中。

露西是行政助理，公司里大小事情都由她处理，井井有条，人人都称赞她"和蔼可亲"、"责任感十足"，主管亦常说："没有她，我真不知怎样做。"

主管另有高就，露西一心以为主管这个空缺非己莫属了。可是，一个星期匆匆而过，一点动静也没有，露西开始焦虑起来，忙向其他同事打听，得到的消息是：公司已聘用一位新同事出任主管职位，而此人还在一家较小规模的公司里工作，学历亦不比她高。露西十分不满，老板怎么会漠视自己的存在？老板给出的答案，竟是露西的形象不佳。

无论上司、下属或任何人有所求，露西都不会拒绝，露西都肯迁就别人，除了获得"平易近人"的美誉外，同时被视为"没有性格"。还有，连鸡毛蒜皮之事也插手，从来不会逆上司旨意，给人"欠侵略性"之感。一般而言，老板在找一个要求具有开拓性和魄力十足的主管时，必然不会考虑这样的人。所以，为了在工作中有所收获，我们就要善于推销自己。

标新立异地推销自己，要把握以下几个分寸：

（1）.表现勤快些，可以给领导留下干练的印象

现在机关单位有这样一种不良的风气：工作效率低，做事拖拉，领导交给的工作不能及时完成，在领导面前摆架子等等。患有这种"病"的人为数不少，特别是刚刚走出校园踏入社会的大学毕业生，他们中的一些人往往不屑于做那种扫地打水之类的小事，而大事又做不了，这种下属是不可能给领导留下好印象的。

而相反，对于一个勤快的下属，领导会青睐有加的。毕业于某名牌大学的张建军在进了某机关单位后，勤勤恳恳，并没有把自己在校园中的"傲气"带入机关。对单位的领导和年长的同事，见面时都热情地打招呼。每天早晨提前半小时就赶到单位，把办公室的地板拖干净，每个同事的办公桌也擦干净，然后去打开水，给领导和同事先沏上一杯。领导对他的印象很好，同事们也交口称赞。

人际关系和业务能力对一个人的社会声誉都是很重要的，千万不要因为是件小事就不屑于去做。其实，小事更容易表现出一个人的处世态度和办事效率，更容易在领导面前表现自己。

（2）.学会领会领导的意图

领导交代你去做一件事，有时不便直截了当地告诉你。有时把话说到七分，剩下的三分就要靠你去揣摩。经常听到领导说某某"悟性太差，一件事交代了几遍也领会不了意图"，也听到有的领导说某某"脑瓜灵，一点就透"。

（3）.该出手时就出手

俗话说："不怕不识货，就怕货比货"，一个人在公共场合下表露自己的水平和能力，就是为了创造一个比较好的局面。领导要提拔某个下属，但怕众人不服，只有拿他的能力和业绩与其他的人相"比"，让事实说服众人，领导才能免遭偏袒之嫌。因此，一个聪明的下属应能体会到领导的这种难言之隐，多在公共场合下表现自己，以此换取领导的垂青。

（4）.能谋大事，方能受到领导的器重

小事比较容易表现自己，但在小事上做得好只能博得领导的好感，而不一定能得到领导的重用。因为，领导器重一个下属的能力和业绩，而不只是他的品德,仅靠做小事博得领导好感的人也许只能平平凡凡地度过一生。

因此,如果你想成大事,必须有自己的一手"绝技",别人完成不了的事你能够做得很好,这样一比,领导对你的印象就深刻多了,以后你也许就鸿运当头了。

6.在工作上及时抓住机会

当良机出现在我们面前时，我们要及时抓住它们，利用它们，这是工作
和生活的艺术。

——约翰逊

机会可以改变命运，但不要期望运气永远会笼罩你。

小王在合资公司做白领，觉得自己满腔抱负没有得到上级的赏识，经常
想：如果有一天能见到老总，有机会展示一下自己的才干就好了！小王的同事
小李，也有同样的想法，他更进一步，去打听老总上下班的时间，算好他大概
会在何时进电梯，他也在这个时候去坐电梯，希望能遇到老总，有机会可以打
个招呼。他们的同事小赵更进一步。他详细了解老总的奋斗历程，弄清老总毕
业的学校、人际风格、关心的问题，精心设计了几句简单却有分量的开场白，
在算好的时间去乘坐电梯，跟老总打过几次招呼后，终于有一天跟老总长谈
了一次，不久就争取到了更好的职位。愚者错失机会，智者善抓机会，成功者
创造机会。机会，对于不同的人来说，所引起的后果可能截然不同。机会不是
等来的，机会也是等不来的，它只给予准备好的人。因为没有充分的准备，即
使有机会，你也把握不住。

优秀的人不会等待机会的到来，而是寻找并抓住机会，把握机会，征服机
会，让机会成为服务于他的奴仆。今后，机会常常会出现在你前面，你完全可
以把握住机会，将它变为有利的条件。而你需要做的事情只有一件：行动起
来。自己不行动，机会再多也没有任何意义。软弱和犹豫不决的人总是找借口
说没有机会，他们总是喊：机会！请给我机会！其实，一个人生活中的每时每刻
都充满了机会。学校里的每一堂课是一次机会；每一次考试是一次机会；每一
篇发表在报纸上的报道是一次机会；每一次商业买卖是一次机会，每一次都

是展示你的优雅与礼貌、果断与勇气的机会,更是表现你诚实品质的机会。在这个世界上生存,本身就意味着上帝赋予了你奋斗进取的特权,你要利用这个机会,充分施展自己的才华,去追求成功,那么这个机会所能给予你的东西要远远大于它本身。懒惰的人总是抱怨自己没有机会,抱怨自己没有时间;而勤劳的人永远在孜孜不倦地工作着、努力着。有头脑的人能够从琐碎的小事中寻找出机会,而粗心大意的人却轻易地让机会从眼前飞走了。

久利希望能找到一份工作以填饱肚子。可是直至正午还一无所获。也许是太疲惫的缘故,不一会儿,他便靠着一棵树睡着了。

久利刚睡下,一辆华丽的马车,停在面前,一位绅士扶着妻子走下车,他们一眼就看见了熟睡的久利。绅士羡慕地说:"睡得多甜啊,要是我们也能那样睡会儿,那该有多么幸福啊。"

他的妻子也说:"像咱们这年龄,恐怕再也睡不了那么好的觉了!这个可爱的小伙子多像咱们的儿子,叫醒他好吗?"

"可是我们不知道他的品行。"绅士反驳道。

"看那面孔,多天真无邪。"妻子坚持着,可是两个人还是坐上马车离开了。

久利当然不会知道幸运刚刚降临又走远了。这位绅士很富有,而他唯一的孩子最近又死了,夫妻俩很想认个可爱的小伙子做儿子,并继承他们雄厚的家产。他们甚至在那一刻看中了久利,可久利睡得很香,根本没有醒来的意思。

不一会儿,一个美丽的女孩儿追着一只蝴蝶,来到了树下。她看见一只马蜂正落在久利的头顶,不由得拿出手绢替他驱赶着。这时她仔细地看了一眼久利,"多英俊的小伙子!他醒来时会是什么样子呢?"她在旁边坐了十多分钟,可久利还没有醒来。女孩快快地走了。这个女孩的父亲是个大富商,最近正在给女儿物色一个正直的小伙子,穷点儿不要紧,勤劳正直就好。也许她和久利会相识继而结合的,可久利依然睡着,女孩儿无声无息地走了。

下午,太阳那股热乎劲儿过去时,久利醒了,拍了拍屁股,沿着大道向前走去。工作还没有什么着落,对于他来说,刚才的一切至多也就是个梦,不过是在饥饿中睡了一个午觉而已。

守株待兔得来的永远只有一只兔子,只有积极地行动,才会获得成百上千只兔子。机遇不会从天而降,需要自己去争取,需要自己去创造。像久利这样错失良机,留下的只能是遗憾。

有的人之所以喜欢等待,不外乎有两种情况:一是等待贵人扶持;二是等待一切预备妥当。出门遇贵人,是值得庆幸的事。通常遇贵人是运气,是偶然的意外,可就偏偏有人误认为那是必然事件。于是,什么也不干,只等贵人出现,满以为靠贵人的提携,自己就可以不费吹灰之力出人头地了。这种等待贵人出现的心态,其实是希望不劳而获,吃免费的午餐,与守株待兔无异。这种心态也成为他不去努力的借口,引导着自己越走越远。

不难发现,在生活中存在着这样一个真理:积极行动的人不一定会获得机遇,但能够抓住机遇的人一定付出了积极行动。

要记住,不管你成了什么人或者你是什么人,如果你发现了机遇,就要立即行动,只有这样你才能走向成功。

7.让老板知道你是不可替代的

轻易地完成别人难以完成的工作是才能，完成有才能的人力所不及的工作是天才。

——阿米尔

从前有一位预言家的预言往往能够应验，百说百中。这让皇帝感觉威胁到了他的权威，于是皇帝就想置他于死地。一天晚上，皇帝召见预言家。之前，皇帝告诉埋伏在周围的士兵们，一旦他给了暗号，就冲出来杀死预言家。不久，预言家到了。在发出讯号之前，皇帝决定问他最后一个问题："你声称了解占星术而且清楚别人的命运，那么告诉我，你自己的命运如何，你能活多久？""我会在陛下驾崩前三天去世。"聪明的预言家回答说。结果，皇帝感觉到为难了。

你想，皇帝还会杀死预言家吗？皇帝担心自己会在预言家死后也死掉，结果预言家的命不但保住了，而且在他有生之年，皇帝不仅全力保护他，慷慨地赏赐他，还聘请高明的宫廷医生来照顾他的健康。最后预言家比皇帝还多活了好几年。这就是预言家的聪明。让皇帝相信失去自己可能会给他本人招来灾难，甚至死亡，皇帝就不敢冒着危险来找答案，这就是预言家真正的法力。

真正的聪明人宁愿人们需要他，而不是让别人感谢他。因为别人有求于你，便能铭记不忘，而感谢之辞转眼就会忘记了。与其让别人对你彬彬有礼，不如让别人对你有依赖之心。一旦别人对你不再有依赖心，也就不会对你毕恭毕敬了。有句成语叫"兔死狗烹"，其意在于一旦自己失去了存在的价值，就会被取代掉。只有时刻让人需要，你才能在别人心中有不落的地位。

感激其实是很容易被遗忘的，如果失去了被利用的价值，感激也就显得不重要了。在生活和工作中都是如此，你所能做的就是一直完善自己，使之变得不可替代。如果你的公司离了你而无法运转，那你的地位就是最高的。

这就是我们在工作中要做的，让老板知道，失去你，对他来说是一种损失，因为你是别人不可替代的。当然，这也在于你的工作能力，要确实做到没有人可以替代你，这并不是一件简单的事。那么，在工作中你要有意识的培养独立工作的能力，工作上的事不要依赖他人，而要能够独当一面。这样，你才有存在的价值。

你要让老板看中你的如下的闪光点：

（1）.敬业：认真地对待每份工作

珍惜你的生存权。一个人的工作是他生存的基本权利，有没有权利在这个世界上生存，就看他能不能认真地对待工作。能力不是主要的。能力差一点，只要有敬业精神，能力会提高的。

（2）.学习：学习也是工作能力

文凭只代表你过去的文化程度，它的价值只会体现在你的底薪上，它的有效期只有三个月。要想在这儿继续干下去，那就必须从小学生做起，积极主动地寻求新的知识。

（3）.专业：人才的价值是专业

你要让老板真正地感悟到你是人才，还应在你的专业技能上下工夫。切记，你的智慧，体现在专业技术的水准高低上。

（4）.创意：创意比知识更重要

信息时代是物质性极弱的时代，非物质需求成为人类的重要需求，信息网络的全球架构使人类生活的秩序和结构发生根本变化。人才，尤其是信息时代所需的人才，最重要的是智慧，不是知识。

（5）.个性：不循规蹈矩地做事情

人才更多的是指一种心态，是指与传统思维完全不一样的那种人。真正的人才不是看他学了多少知识，而是看他能不能承担风险，不循规蹈矩地做事情。

（6）.协作：聪明人的交叉激励

一种协作的文化，在信息流的增强之下，就会使公司的聪明人彼此发生可能的联系。当公司拥有一定数量的高智商人才并能良好协作时，其能量水平将会冲出一条路。交叉的激励产生新的思想——那些不太有经验的雇员也会因此被带动到一个更高的水平上。

8.相信自己是最棒的

信心是一种心境，有信心的人不会在转瞬间就消沉沮丧，如果一个人从他的荫庇所被驱逐出来，他就会去造一所尘世的风雨不能摧残的屋宇。

——海伦·凯勒

大千世界，芸芸众生，人们总是习惯于欣赏赞叹别的人和事，而且在望洋兴叹式的感慨之中，有些人消极地自惭形秽，有些人盲目地东施效颦，却很少有人认为自己是最棒的。

不论自己长得美还是丑，也不论自己活得伟大还是渺小，都要相信自己是最棒的。

当然，说自己是最棒的并不是自高自大。一个人不应该因为自己的默默无闻而烦恼自卑，看那春寒陡峭中的冰凌花，它从来不被人像牡丹那样地宠爱，而它仍旧义无反顾地迎着寒风倔强地开着。天底下的至香至色，只愿与清寒相伴。"人不知而不愠，不亦君子乎！"不卑不亢，落落大方，才是一个人有血有肉的风格。

毕业那年，经校方推荐，小青去一家外资企业应聘做翻译工作。

考点设在一家宾馆内，主考官是总公司派来的一位英籍华人，是位风姿绰约的女士，她还带了一位形影相随的摄像师。这位摄像师会将每位考生面试的动作和对话保存下来，带回英国，然后根据摄像机里的资料，由总公司人事部开会讨论敲定正式聘用人选。

论英语水平，当时小青是班上唯一过了英语六级的人，占有一定的优势。但是他性格孤僻，不善交际，平时在家里唱卡拉 OK 都打不开喉咙。要面临一场大型演出般的面试，真不知道结果会怎么样。面试前几天小青的英语老师就给他打过好几次电话,传授他面试秘诀。但不知怎么搞的,他的心里还是一点底都没有。

考生们一批批进去又一批批地出来,眼看轮到小青了,他的心急剧跳动起来,一种不祥之兆又袭上心头。就在这时,英语老师匆匆赶到现场,在他将进面试室准备录像的时候,英语老师从怀里掏出一个信封给他,说这里面装有校长的亲笔推荐信,面试前,只要亲手把这封信交给那位主考的女士带回英国,那么,就算他发挥得不尽如人意,该公司也一定会优先考虑录用他的。小青接过信的第一个念头便是:校长和该公司的决策人一定交情莫逆。至于英语老师如何弄来这封信,为什么给他这封信,他没时间去想。当时,小青如死囚接到赦免令般地攥住那封信,镇定自若地迈进面试室。

小青一进门,便恭敬地用双手把书信递到主考官面前。主考官满脸不解地看了看他,最终还是把信接了过去。等她拆开信把信看完时,脸上立即露出灿烂的笑容。小青心里一块莫名的"石头"悄然落地。

主考官放下信,让他面对摄像机用英语进行自我介绍。这段介绍,他平常需要五分钟才能把它讲完,可当时他只用了三分半钟就完成了任务。接下来的面试内容就是和另外几位英国人轮番进行情景对话,最后用英语回答主考官列出的几个专业提问。一场重大的面试前后不到 10 分钟,诸多大大小小的应聘考试,他感到那次最轻松,发挥得最好!

半个月后,他接到该外资企业的录用通知。他跑到英语老师家中,执意要宴请英语老师和校长,英语老师听完,哈哈大笑起来。

原来,那信封里装的根本就不是校长的推荐信,而是英语老师自己用英文写的一句话,翻译成中文就是:"相信我的表现不会让你们失望"。

自卑就像蛀虫一样啃噬着你的人格,它是你走向成功的绊脚石,它是快乐生活的拦路虎。自信可以释放人的各种力量。自信的人胆大,自信的人英勇,自信的人坦诚,自信的人开朗,自信的人乐观,自信的人豁达,自信的人谦虚,自信的人热情,自信的人热爱生活,自信的人无所畏惧,自信的人快乐,自信的人容易接受自己的缺点,自信的人较客观,自信的人对自己较负责,自信的人较易控制自己的情绪,自信的人较易接受现实,自信的人更富有同情心,自信的人更具爱的能力，自信的人人际关系更深刻。

自信是人格的核心力量。我们向哪里要自信呢？我们不用像唐僧到西天取经一样要历经无数的劫难，我们的自信就在我们自己的体内，自信是一种天赋，是一种与生俱来的自然力量，它与自我实现同属人性最伟大的潜能，只是在成长过程中不幸被磨难侵蚀、被恐惧所削弱了，通过训练，它完全可以重放光芒。

四　因工作受人尊重

　　工作是美丽的，工作是庄严的，工作是幸福的。只有在工作中，我们才会感觉到生命的悸动，才能让生命具有价值，才可以使衣食住行得到保障，也可以变得更加智慧、勇敢、坚毅和高尚起来。

　　当你走上社会之后，工作就是你一生的重要责任，你要靠工作来养家糊口，要在工作中发挥才能实现自我。因此，当你走上工作岗位之后，一定要记住：别在工作上被人看不起！

　　成就感来自工作！作为一名公司的员工，敢于质疑自己的工作，敢于找出工作中的不足，才会在工作中不断进步，进而走向成功。

1.工作面前人人平等

即使是最低微的工作，在他动手干的那一刻，他的心灵便进入了一种真正的和谐。

——卡莱尔

对于工作，有一个基本原则，那就是"要做就做得更好，否则就不做"。这与有人说"能完成100%的就绝不只做99%"意思是一样的。

在这个世界上，没有任何卑微的工作，只有一些被假象蒙蔽的人。什么样的人就会什么样地去工作。如果一个人瞧不起他的工作，那么他决不会尊重自己；如果一个人认为工作枯燥无味，那么他一定是一个没有情调的人；如果一个人认为他的工作无法发挥他的特长，那么他也许真的没有什么特长。

有一位职业顾问说："从工作中最容易看出一个人的全部。一个人能不能取得伟大的成就，就看他工作时的精神是否饱满，态度是否端正，是否因工作的普通而轻视它。有些抱怨自己目前从事的工作的人，说自己之所以抱怨工作是因为自己应该从事更好、更有档次的工作，其实他们不知道每一份工作都是庄严神圣的。"

工作是美丽的，工作是庄严的，工作是幸福的。只有在工作中，我们才会感觉到生命的悸动，才能让生命具有价值，才可以使衣食住行得到保障，也可以变得更加智慧、勇敢、坚毅和高尚起来。

姜林是名牌大学的毕业生，在一家省级机关上班。踌躇满志，一腔热血，不料上班以后才发现，每日无非是些琐碎事务，既不要太多的智慧，也看不出什么成果，便不知不觉散漫了下来。

一次部门开大会，处里彻夜准备文件，姜林的工作是装订和封套。处长一再叮嘱："一定要做好准备工作，别到时措手不及。"

姜林心里很是不快,想初中生也会的事,还用得着这样嘱咐?似乎是不相信自己一样。文件终于完成,交到他手里。姜林开始一件件装订,没想到只订了几十份,订书机的钉子用完了。他漫不经心地抽开订书钉的纸盒。脑海里"嗡"地一声:里面是空的。所有的人都在翻箱倒柜,却连半根钉子也找不到。此时已是深夜十二点半,而文件必须在明早八点大会召开之前发到代表手中。处长咆哮道:"不是叫你做好准备的吗?连这点小事也做不好,你究竟能干什么?!"他无言以对,脸上滚烫。

　　后来几经周折,才找到一家通宵服务的商务中心。终于赶在开会之前,将文件整齐漂亮地发放到了代表手中。

　　事后,姜林灰头灰脑等着训斥,平时被他认为是严厉而不近人情的处长,却只说了一句话:"你要记住,工作面前人人平等。"

　　对于每个员工来说,都要树立"工作面前人人平等"的从业理念,而且无论对于任何工作,我们都应该按照这个原则去做,不能把工作分为三六九等,然后区别对待。

　　佛堂里,正和佛印禅师一起打坐参禅的大学士苏东坡突然问道:"你看我打坐的样子怎么样?"

　　"像一尊佛!"佛印说。

　　"你看我坐的样子怎么样?"佛印见苏东坡非常高兴,也问道。

　　"像堆牛粪。"苏东坡说。

　　佛印知道苏东坡又趁机"嘲弄"自己,也不在意,只是笑而不语。

　　苏东坡以为赢了佛印,回到家后,就眉飞色舞地向妹妹苏小妹叙说了一遍。

　　苏小妹却正色道:"心如佛,所以看人像佛。心如粪,所以看人如粪。哥哥,你实在是比不上佛印禅师的境界啊!"

　　对待工作不也是如此吗?相由心生,境随心现。你怎么看待工作,它就是怎么样的:无论什么工作,如果你把它看得低贱,它就会成为低贱的;如果你把它看作高尚的,它就会成为高尚的——即使在一般人眼中它是低贱的。因为当你以高度负责的精神来做这件工作时,它就会因你的责任心和高度负责的行动使之变得高尚起来。

林肯说:"只有卑下的人,没有卑下的工作。"我们可以说:"尊敬工作就是尊敬自己。"

2.干一行,爱一行

爱你的工作,你在工作中自然会受到奖励。
——托尔斯泰

一个人可能由于能力、经验、经济条件等方面的原因,正从事着一件自己内心不太愿意干的工作,这是现实生活中经常能遇见的事情。

不论什么原因,既然你从事了这一职业,选择了这一岗位,就必须接受它,以高度的事业心投身其中,尽自己最大的努力,实现工作卓越和自我超越。

热爱自己的职业,热忱地投入工作,干一行,爱一行,从中你会发现工作的价值。

只要你热爱自己的工作岗位,即使是平凡的工作,你也可以把它做得很出色。

她毕业那年,被分配到一所偏僻的小学教书,从繁华的城市一下子来到偏远的乡村,她的内心充满了失落、迷茫。

一段日子里,班里一个女孩子引起了她的注意,那个女生高挑的个儿,系着一条红领巾,看上去很滑稽。她发现,全校只有那个女生一个人戴红领巾。

有一天,她对那个女孩说:"你可以不戴红领巾,像其他同学一样。"

"但……我是中队长。"她一脸认真。

……

她从这句话中受到很大的震动。从此告别虚浮的幻想,在大山一隅做着她的教师梦。

以后,当浮华虚荣向她侵袭时,她总是告诫自己:我是教师。

老人们常说:干一行,敬一行。连起码的敬业精神都没有,是做不好工作的。不要被世俗所左右,做好自己的事便是最大的幸福。

　　小虎和小彪是同班同学，毕业后一起到南方一座城市打工，流浪了很久，一直没找到合适的工作。有个老乡知道了说："如果你俩不怕苦，不嫌累，我可以给你们介绍个差事。"两个人饭都没得吃了，哪里还顾得了那么多，虽然是大学生，也只好到一家货运公司做包装员。

　　俩人的工作是将客户送来发运的货物，进行二次打包，然后发运到其他地方。公司生意很好，货源不断，俩人忙得不可开交。开始两个人干得热火朝天，对新工作充满好奇和热情。时间久了，每天重复着同样的流程——装箱、封口、打井字绳、写运号，单调乏味的工作让人渐失兴趣。小彪心想自己好歹也是个大学生，居然干着这些无须动脑筋的粗活，真是对自己的小瞧，是自轻自贱的行为啊。心里有了想法，情绪受到波动，也就不再追求包装质量，只要合格就行了。有一次甚至出了差错，幸亏发现及时，才没有造成损失。不过毕竟遭受过找工作的困境，小彪还是坚持做了下来，只是谈不上有多少兴趣。

　　小虎的想法不一样，他想自己刚刚参加工作，没有实践经验，每一份工作都是学习的好机会，应该好好珍惜，因此他工作起来干劲十足，总是把包装做得又快又好。每一个包装做完，他会把井字绳的四条边重新梳理一遍，比机器包扎得还漂亮。因为这个多出来的动作，小虎每打好一个包，要比别人多花五秒钟。包装工作是按件计酬，所以其他的都笑小虎有些傻气，又不是给自己包嫁妆，何必那么仔细呢？小虎笑笑，依然重复着自己的动作。

　　有一天，一个老主顾告诉公司老板，本来另外一家公司开出了更低的运输价格，但仍然决定把业务留在这家公司。老板不解，问为什么？老主顾说："我曾经抽查了一批货，几个运输公司办理的都有，唯有你们公司的包装让人满意，特别是那个井字绳，方方正正，松紧适度，比机器做出来的都棒。"老板听到这话，若有所悟，他仔细观察每个包装员的工作，发现了小虎的额外动作，也就是这个动作，才给客人留下了深刻印象。

　　老板查看了小虎的个人简历，微微笑了。他叫来小虎，问他："你喜欢这份工作吗？"小虎坦然回答："我珍惜每一次工作机会，努力将它做得更好。"老板又问："难道不感觉委屈，不感到屈才吗？"小虎说："只有将现有工作做好了，才有机会从事其他工作，实现自己的理想。"老板十分满意小虎的表现，赞扬道:"那么多包装员,只有你的活儿在追求完美。"

　　没多久,一道任命通知下来,小虎提升为主管,成为包装部的头儿。小彪怎么也想不明白,小虎工作闷声不响,是怎么被老板看上的呢?

　　态度决定一切,对工作要热爱,艺术家总是追求出色的作品,对工作也应像创作一样,永不满足,不懈追求,希望它完美些,再完美些。不要想着在给他人工作,多想想是给自己创造展示的机会。要相信,干一行就爱一行,说不定真的能改变人生命运。

3.别在工作上被人看不起

没有任何事物比人的存在更高，没有任何事情比人的存在更具尊严。

——弗洛姆

如果你已经踏入社会，并有工作经验，你就会发现，不管是哪个行业都有一种现象：有些人总是受人敬重，有些人就是被人看不起。那些被人看不起的人也许有少数人日后会出人意料地有所发展，但绝大多数人终将默默无闻。

当你走上社会之后，工作就是你一生的重要责任，你要靠工作来养家糊口，要在工作中发挥才能实现自我。因此，当你走上工作岗位之后，一定要记住：别在工作上被人看不起！被人看不起虽然不一定会影响你的一生，但绝对不是什么好事，对你也不会有什么积极的影响。

维斯卡亚公司是美国 20 世纪 80 年代最为著名的机械制造公司，其产品销往全世界，并代表着当今重型机械制造业的最高水平。许多人毕业后到该公司求职遭拒绝，原因很简单：该公司的高技术人员爆满，不再需要各种高技术人才。但是优厚的待遇和足以自豪、炫耀的地位仍然向那些有志的求职者闪烁着诱人的光环。

詹姆斯和许多人的命运一样，在该公司每年一次的用人测试会上被拒绝申请，其实这时的用人测试会已经是徒有虚名。詹姆斯并没有死心，他发誓一定要进入维斯卡亚重型机械制造公司。于是他采取了一个特殊的策略——假装自己一无所长。

他先找到公司人事部，提出为该公司无偿提供劳动力，请求公司分派给他任何工作，他都不计任何报酬来完成。公司起初觉得这简直不可思议，但考虑到不用任何花费，也用不着操心，于是便分派他去打扫车间里的废铁屑。一年来,詹姆斯勤勤恳恳地重复着这种简单但是劳累的工作。为了糊口,下班后他还要去酒吧打工。这样虽然得到老板及工人们的好感,但是仍然没有一个人提到录用他的问题。

1990 年初,公司的许多订单纷纷被退回,理由均是产品质量有问题,为此公司将蒙受巨大的损失。公司董事会为了挽救颓势,紧急召开会议商议解决,当会议进行一大半却尚未见眉目时,詹姆斯闯入会议室,提出要直接见总经理。在会上,詹姆斯把他对这一问题出现的原因做了令人信服的解释,并且就工程技术上的问题提出了自己的看法,随后拿出了自己对产品的改造设计图。这个设计非常先进,恰到好处地保留了原来机械的优点,同时克服了已出现的弊病。总经理及董事会的董事见到这个编外清洁工如此精明在行,便询问他的背景以及现状。詹姆斯面对公司的最高决策者们,将自己的意图和盘托出,经董事会举手表决,詹姆斯当即被聘为公司负责生产技术问题的副总经理。

原来,詹姆斯在做清扫工时,利用清扫工到处走动的特点,细心观察了整个公司各部门的生产情况,并一一作了详细记录,发现了所存在的技术性问题并想出了解决的办法。为此,他花了近一年的时间搞设计,做了大量的统计数据,为最后一展雄姿奠定了基础。

吃得苦中苦,方为人上人。在刚涉入社会的时候,不妨从基础干起。有所失必有所得,只有放得下,才能拿得起。舍不得放下自己的虚架子,怎么能得到别人的赏识呢?

4.树立个人的品牌

> 一个人如果在某一天沉静地抱着伟人的目标工作着，这一天就是为纪念他而设的。
>
> ——爱默生

当今时代，一个人的事业已经从做一份工作、追求一个职业，发展到要树立个人的品牌。如何在公司的裁人风潮中稳坐钓鱼台？如何在工作中脱颖而出？答案就是：树立个人的品牌。美国著名家电公司惠耳浦执行总裁惠特克说："如果我们拥有客户忠诚的品牌，那么这就是其他竞争厂家无法复制的一个优势。""商海沉浮，适者生存"，打造个人品牌也是职场竞争的取胜之道。竞争不可怕，裁员也不可怕，可怕的是自己没有精湛的专业技能，没有形成独具特色的工作风格，没有具备别人不可代替的价值。如果你想在越来越激烈的职场竞争中取胜，你就应该从现在开始，把自己当作一个品牌去经营。

"铁打的职位，流水的人才"，所谓的人才都会面临着人才竞争环境带来的机会和威胁。管理专家指出，有了个人品牌的人才，才能在职场中成为"不倒翁"。"品牌价值说"是20世纪末的热门话题，却被视为管理学上一个稍瞬即逝的新玩意，但一些职业经理人却发现品牌意识、认知价值、企业忠诚度和强有力的品牌个性，是人才竞争中必不可少的利器。其中，不乏有许多人才尝到了打造个人品牌的甜头。譬如《逆风飞扬》一书的作者吴士宏，通过叙述自己在两家著名跨国公司的十四年修炼的故事，塑造了打工女皇的传奇，从而为她在职场中建立了牢不可破的个人品牌。事实上，不只是企业、产品需要建立品牌，个人品牌同样是一个人才宝贵的无形资产，其价值甚至高于人才的有形资产，是无法估量的。

微软公司的比尔·盖茨的个人品牌形象通过公司品牌传播设计者的精心

策划和设计后,运用多种传播渠道和手段推出,将比尔·盖茨描绘成一个英雄出少年的商业奇才。成为世界人民心目中的传奇人物和偶像。

而微软公司的总裁史蒂夫·鲍尔墨则给人一种行事干练、执法严明、决策果断和不怒自威的形象,人们视他为微软的 very key man(非常关键的人物)。在每年一度的微软世界销售大会上,来自全世界的数千名微软公司的销售人员汇集在一起,在这时,比尔·盖茨和史蒂夫·鲍尔墨都会出现在会场,两人像天才的煽动家一样发表演说,现场的热烈几乎要将房顶掀开。他们两人的个人品牌形象相辅相成,与企业的品牌交相辉映。

维珍公司的创始人理查德·布兰森就更加是企业领袖个人品牌形象树立和传播的典范人物了。从维珍公司当年从一个电话亭般的小办公室起家开始,布兰森开始运用各种创意独特,甚至有些出格的手段来传播他个人和维珍公司的品牌形象。驾热气球横渡大西洋,打破横渡大西洋的世界纪录;海湾战争期间派遣维珍集团的飞机紧急飞往伊拉克接送英国人质;开着坦克在皇家马路上游行;肆无忌惮的激怒英航的首脑;穿着脏兮兮、邋遢的惨不忍睹的毛衣出现在《泰晤士报》的头版头条。在那个策略家为王的时代里,人们说他是个机会主义者,只是会钻空子,耍小聪明、哗众取宠罢了,但事实胜过雄辩,布兰森成功了,人们暧昧地称他为冒险家布兰森、冒失鬼布兰森。维珍集团的影响力也越来越大,生意蒸蒸日上。

苹果电脑的创始人史蒂夫·乔布斯,这个天才的电脑神通,自从创立苹果以来,其个人魅力便使得身边聚集了许多业界的高手,乔布斯天才的电脑天赋;平易近人的处世风格;绝妙的创意脑筋;伟大的目标;处变不惊的领导风范使得苹果公司的雇员对他的崇敬简直就是一种宗教般的狂热。雇员甚至对外面的人说:我为乔布斯工作!从创业到隐退,到再次复出乔布斯的个人品牌形象都无一例外的成为吸引着世界人们眼球的热点。苹果在经过了风雨飘摇之后因乔布斯的复出而逐渐稳定。

我国的职业经理人们,或经过了多年外企文化的熏陶;或在各大中型民营企业的锤炼;在长期的商道生涯中几番沉浮,逐渐意识到了建立个人品牌对于提升自己的商业影响力,延续自己的商业生命的重要性。他们纷纷在打造自身品牌上下工夫,而且卓有成效者不乏其人。譬如:派力的屈云波、惠普的高建华、威莱数码姚吉庆、TCL吴士宏等。

品牌与"身价"也是紧密联系在一起的,个人品牌知名度越高,给企业带来的利益就会越大,个人的身价自然也就不菲。唐山市百货大楼家电销售部名牌服务员王志鹏创下了个人月销售额超百万元的纪录,石家庄市北国商城名牌售货员陈凯,在袜子销售的小天地里做出了大文章,创造出个人年销售额30万元的纪录。著名篮球运动员姚明,由于自己的精湛球艺而被选入NBA 2003年全明星首发阵容,姚明的出现为火箭队带来了空前的商机和人气。火箭队在姚明身上获得了巨大利益。姚明在NBA的生涯中,个人实际收入将达到1.8亿美元,相当于6万工人一年的工业增加值,若用于投资,可创造5万多个就业机会,而围绕姚明的产业开发,将会超过11亿美元。

职场竞争中,个人的工作方法、工作技巧都可以被竞争对手复制,但是,个人品牌是无法复制的,它是优秀人才的关键性标志。

个人品牌有几个特征:第一,个人品牌的最基本特征是质量保障。这一点跟产品品牌一样。它体现在两方面:一方面是个人业务技能上的高质量;另一方面是人品质量。也就是说既要有才更要有德。第二,个人品牌讲究持久性和可靠性。建立了个人品牌,就说明你的做事态度和工作能力是有保证的。第三,品牌形成是一个慢慢培养和积累的过程。任何产品或企业的品牌不是自封的,而要经过各方检验、认可才能形成。对个人品牌而言,也不是自封的,而是被大家所公认的。第四,个人一旦形成品牌后,他跟职场的关系就会发生根本性变化。像一个企业一样,如果有了品牌,它做任何事就会相对容易一些。同样对个人来讲,一旦建立了品牌,工作就会事半功倍。如何建立个人品牌呢?建立个人品牌的十个基本方法是:

（1）.想清楚"我是谁？我想成为谁？"

从小我们就在写《我的理想》,今天,我们就要面对理想了。不妨找几个知心朋友,跟他们一起聊聊"我的理想",发掘出内心真正想做的工作和真正适合自己的工作。像成龙那样想:我是谁？我想成为谁？

（2）.为未来有保障而工作

个人品牌的重点是个人技能,他强调个人必须具备有市场价值的技能,有令人印象深刻的特色,而且还有流传的口碑。个人的品牌经营是,个人的人格特质和想传达的信息是一致的。很多人以为要装得什么都懂才行。其实恰恰相反,你刚步入社会,不可能十项全能,而是要了解自己的局限与弱点,那种想什么都做的人最后只会迷失自己。我们不能"为了吃肉而去养猪,为了养猪而去种草,为了种草而去打铁做锄头……最后成了打铁专家,吃肉的事儿早给忘了!"

（3）.给个人品牌一个定位

个人品牌的价值,就是自身能力的价值。我们可以从这几个问题,来测评一下自己的品牌价值:你的知名度如何?你以哪几件事情闻名一时?你有几项技能比别人强?你过去的一年中学到了什么?你的履历表与别人有何不同?而且,品牌要有明确的定位。建立个人品牌的第一件事就是要找出自己与他人不同的特质。别人认为你最大的长处是什么?最值得人注意的个人特质是什么?你每一次都能完成既定的工作吗?你总是预先一步解决问题吗?晚上在床上,好好想一想:你将如何与众不同?

（4）.清楚表达你个人的价值观

你所重视的价值,就像串联一切的订书钉,它决定了你愿意学习、专精的技能,决定了你的方向,决定你希望参与的工作。你心目中的愿望是什么呢?如果你说不出来,就说明你不清楚自己的价值观。

（5）.专精于你目前的工作

个人品牌是一个接一个的工作来表现的。你应该将 90% 的时间用在拼命完成工作。所以你的工作日程表就是你个人品牌建立的蓝图。此外,切记:品牌最重要的就是要讲信誉,言行一致。每一次都不是过度承诺,每一次都能得到好的循环。别人的评价会让尚未和你共事的人也认识你。品牌不是个商标,而是信赖标记。要成功建立个人品牌,你必须绝对的诚信。个人品牌的一字一句,就是品牌的契约;信用就是品牌!

（6）.包装自己

个人品牌就是你整套的包装,你的每分钟、每一天,都是有意识的表现。你就是自己的设计师,要控制自己的包装、与包装传递的各种信息。包装就是要展现品牌的个性。而且包装是一种诱惑,是简化与加速决定的工具。包装的内容重要,呈现内容的设计也同样重要。虽然不必成为毕加索,但是你要每天想、甚至是迷于设计,每天都要生活在设计中。如果你不能够提供意见与表达自己,你就会淹没在人群中。什么是成功的包装?你现在就去超级市场,你会发现,吸引人的包装的共同元素是:活力、明确、惊喜、信任、耀眼、平易、亲近。

(7).需要多元的能力,身兼多样的工作

个人品牌就像一人一个企业,需要身兼多职,要具备多种能力,随时变换角色。并且,一定要有玩商业游戏的心理准备,也就是要了解如何运用你的品牌赚钱。

(8).要有令人叫绝的思想

好的思想、计划会使别人认可你。现代人的生涯是个棋盘,甚至是个迷宫,充满了向前、向左、向右,有的时候甚至必须向后的移步走。重要的是你必须学习新技能、积累新经验、发展新能力、建立新关系,而且不断地打造自己的品牌。

(9).需要有魔力的焦点,而且要专注于这"一"点上

不鸣则已,一鸣惊人。寻找人生的焦点,要有良好的洞察力。自我洞察不是生来就有的,是从大量的生活经验中形成的。如果一个人不具备自我洞察的素质,那么他就难以从别人的劝告中学到什么。

(10).扮演自己的公关经理

建立个人品牌,为的是提高知名度,需要利用每个机会,向别人推销自己。要掌握很好的口语表达技巧。虽然不需要做一个演讲家,但一定要清楚、从容地表达自己。要充满热情地说服别人。建立个人品牌的重要技巧,就是设法用心经营自己的人际网络,增加能见度。了解别人的需求,参加到更多的活动中去,展现自己的能力。广结善缘很重要:大家知道你想要什么、能力如何,有合适的机会自然就会想到你。最后提醒你,这十个方法都是很实际的建议,但在落实的过程中,千万不要失去了自己整体的规划——就是个人品牌在你生命中的意义。忘记了这一点,所有的努力,都要将失去焦点和力量。

乔·吉拉德是享誉世界的营销专家。在商业推销史上,他创造了一种有节奏、有频率的放长线钓大鱼的促销法。他认为所有已经认识的人都是潜在的客户,对这些潜在的客户,他每年大约寄上 12 封广告信函,每次均以不同的色彩及形状投递,并且在信封上尽力避免使用与他的行业有关的名称。

元月里,吉拉德的信函展现的是一幅精美的喜庆气氛图案,同时配以几个大字:"恭贺新禧!"下面是一个简单的署名:"雪佛兰轿车,乔·吉拉德上。"此外再无多余的话。

2 月份,吉拉德寄的信函上写着:"请你享受快乐的情人节。"以下仍是简短的签名。

3 月份,吉拉德寄的信函上写着:"祝你圣巴特利库节快乐!"(圣巴特利库节是爱尔兰人的节日。)也许你是波兰人,或是捷克人,但这无关紧要,关键的是他不忘向你表示祝愿。

然后是 4 月、5 月、6 月……

我们不要小看这几张印刷品,它们起的作用非常大。不少客户一到节日,往往会问夫人:"过节有没有人来信?"这样一来,每年中就有 12 次机会,使吉拉德的汽车在愉悦的气氛中来到每个家庭。

在整个推销过程中,吉拉德没有说一句:"请你们买我的汽车吧!"但这种"不说之说",不讲推销的推销,反而给人们留下了最深刻、最美好的印象。等他们打算要买汽车时,往往第一个想到的就是吉拉德。

像一个企业一样,如果有了品牌,它做任何事就会相对容易一些。同样对个人来讲,一旦建立了品牌,工作就会事半功倍。

打造个人品牌,营销精彩人生。在有限空间向无限发展,追寻生命中的绿色田园。"海阔凭鱼跃,天高任鸟飞",描绘的就是如今的人才自由发挥的时代。建立个人品牌对于自我价值的实现尤为重要,其成功的概率也远远大于那些缺少个人品牌的人才。当然,个人品牌不是自封的,也不是天上掉下来的,而是一个人才在他的职业生涯中慢慢培养和积累起来的。建立个人品牌,就说明你的做事态度和工作能力是有保障的,也一定会为企业创造较大的价值,企业使用这样的人也会信任和放心。

5.成就感来自工作

一个有真正大才能的人在工作过程中会感到最高尚的快乐。 ——歌德

小娅最近工作遇到低潮，她觉得自己的工作似乎十分的不重要，全是一些事务性的工作。日复一日，时间久了，她就觉得上班只是为了赚取那一点微薄的薪水，她常常在想，自己这样"为钱辛苦为钱忙"，到底有什么意义？

其实，像小娅这样的心态在上班族中是很常见的。总是觉得自己的工作不重要，总是觉得工作没有意义没有目标，这样长久下来，当然会觉得很无力。

2005 年 CCTV、智联招聘联手《每日经济新闻》等国内十余家媒体，开展了一项名为"2005CCTV 中国年度雇主调查"的活动，许多工作人员同时在上海、南京、成都、广州等国内十余个城市同步进行"快乐指数"调查，意在推动雇主与雇员之间和谐关系的建设，为提升雇员的"快乐指数"指点方向。

调查显示，有 37.72% 的被调查者选择"总的来说是快乐的"，有 41.64% 的被调查者表示"不快乐的时候多"，还有 20.64% 的被调查者表示"很痛苦，想换工作"。可见，工作不快乐者居多，占总体的 62.28%，职场"快乐指数"低迷。

在对有关"快乐因子"——"挣钱多少"、"工作是否能体现自己的能力和价值"、"公司的管理是否有序公平"、"在工作中是否得到尊重"、"是否有发展的机会"、"公司气氛是否友好有人情味"等八大因子的调查中，"工作是否能体现自己的能力和价值"高居榜首，"是否有发展的机会"紧随其后，"公司气氛是否友好有人情味"位居第三。

从以上排名不难看出，现代职场人对于成就感、成长感与归属感有着强烈关注，其中成就感是快乐工作最有效的催化剂，而这三项体验恰恰是此次雇主调查活动在"快乐工作"主旨下最为关注的。

让工作愉快的方法很多,因为工作带来的成就感,绝对是工作愉快的重要来源。但是,如何让工作充满成就感呢?

(1).看重自己的工作

首先,你一定要重视自己的工作,不管你做的是什么,都要告诉自己,每一份工作都是对公司有贡献的。有了这种心态,在面对工作的时候,自然能够全力以赴,如果顺利完成,也会充满成就感。

很多人抱怨自己的工作总是一成不变,十分的无趣,但仔细想想,如果每个人都不看重自己手边的工作,那么公司是不可能顺利运转的。

就像盖房子的工人,也许他每天的工作就是一成不变的砌砖,他也可以认为自己的工作乏味无聊,但他也可以相信自己做的是很重要的事。

如果他在过程中稍有怠惰,可能就会造成日后屋子的不坚固;但如果他看重自己的工作,那么在完成每间屋子的砌砖工作时,就觉得自己又成就了一个温暖的家,自然会觉得十分有成就。

因此,相信自己的工作很重要,并且将工作做到最好,就是对公司最大的贡献,连带地也会觉得每天都过得很充实。

(2).主动争取任务

有时公司会有一些额外的工作,并不属于谁的分内工作,这个时候大家总是不希望事情落到自己头上,如果工作本身很有挑战性,或是能让自己学到更多东西的话,不妨自告奋勇将事情接下来。

你如果能这样为公司"解围",一定可以受到主管或老板的重视,做一些例行事务之外的工作,并将任务圆满完成,更能让上级肯定你,自己也会觉得成就感十足。

(3).不怕独挡一面

有时有些工作需要你独挡一面去完成,或许会让你觉得担心。但是换个角度想,如果有这种机会,更应该好好把握。

因为能独当一面完成一件工作,期间所有的事情都是自己规划、执行,当事情的成果出现之后,当然会觉得很有成就感!

年轻的约翰·沃纳梅克出身贫寒,接受教育和获取知识的机会都很有限。

然而,他却是一个肯动脑筋、努力工作的人。

最先,他在费城找了一份书店售货员的工作,每天徒步 8 英里上下班。虽然报酬每周仅有 20 美元,但他却能紧张勤劳不懈怠地对待工作,每天把柜台擦拭得干干净净,把书籍摆放得整整齐齐,并时刻笑对每位顾客。同时,他利用业余时间来不断地充实自己。他这种勤奋刻苦、努力工作的精神被传为佳话,感动了许多人。后来,他进入了一家制衣店,周薪变成了 40 美元。他更加努力地工作,到了不惑之年,他终于成为了一个颇有成就的商人。

唯有努力工作,才能够获得成就感。约翰·沃纳梅克创造出辉煌人生,所凭借的也正是努力工作的精神。

成就感来自工作!作为一名公司的员工,敢于质疑自己的工作,敢于找出工作中的不足,才会在工作中不断进步,进而走向成功。

只有培养出自己的创新能力、实践能力,才有可能取得骄人的业绩。若坚持这样去做,你会发现自己离成功越来越近,你会发现成就感就在你的眼前。

6.真心付出就有收获

要找出来我价值多少，那是别人的事情。主要的能够献出自己。

——屠格涅夫

有头小猪向神请求做他的门徒，神欣然答应。这时刚好有一头小牛由泥沼爬出来，浑身都是泥。神对小猪说："去帮它洗洗身子吧！"小猪诧异道："我是神的门徒，怎么能去伺候那脏兮兮的小牛呢？"神说："你不去伺候别人，别人怎会知道你是我的门徒呢？"

原来要变成神很简单，只要真心付出就可以了。

工作中又何尝不是如此？没有真心实意的付出，没有辛苦的耕耘，业绩总不会自己跑出来。所以，我们在工作中不要避重就轻，逃避自己的职责。

有一户人家养了两头驴子。这户人家经常要运东西。有一次，这两头驴子各拉一辆大车去另一座城市。在拉车的途中，前面的那头驴子走得很好，而后面的那一头却常常停下来。于是主人就把后面一辆车上的货挪到前面一辆车上去。等到后面那辆车上的东西都搬完了，后面那头驴子便轻快地前进，并且对前面那头驴子说："你辛苦吧，流汗吧，你越是努力干，人家越是要折磨你。真是一个傻子。"前面那头驴子也不理会它，只顾自己好好地拉车。等把货物运到以后，主人心想"既然有一头驴子不能拉货物，那我养着它干嘛？不如好好地喂养另一头，把这头驴子宰掉，总还能拿到一张皮吧。"于是，他便这么做了。

我们在工作时所具有的精神，不但对于工作的效率有很大关系，而且对于我们本人的品格，也有重要的影响。工作就是一个人人格的表现，你的工作就是你的志趣、理想，只要看到了一个人在工作时的精神状态，也就知道了他在其他方面的精神状态。因此，在任何情形之下，你都不能对工作产生厌恶感。假使你为环境所迫，而只能做些乏味的工作，那你也应该努力设法从这乏味的工作中找出一些兴趣和意义来。要知道凡是应当做而又必须做的工作，总不可能是完全没有意义的，问题全在于你对待工作的精神状态如何。良好的精神状态，会使任何工作都成为有意义、有兴趣的工作。因此，我们应该在心中立下这样的信念和决心：从事一项工作，必须不顾一切，尽最大的努力。如果你对工作不忠实，不尽力，那将贬损自己，糟蹋自己。老板不在身边却更加卖力工作的人，将会获得更多奖赏。如果只有在别人注意时才有好的表现，那么你永远无法达到成功的顶峰。如果你对自己的期望比老板对你的期许更高，那么你就无需担心会失去工作。同样，如果你能达成自己的最高标准那么升迁晋级也将指日可待。

我们经常发现，那些被认为一夜成名的人，其实在功成名就之前，早已默默无闻地努力了很长的一段时间。成功是一种努力的累积，不论任何行业，想攀上顶端，通常都需要漫长的时间去努力和精心地规划。如果想登上成功之梯的最高阶梯，你永远也不能寻找借口，即使面对缺乏挑战或毫无乐趣的工作，最后也能获得回报。当你养成这种自动自发的习惯，你就有可能成为老板和领导者。

那些成就大业的人和凡事得过且过的人之间最根本的区别在于，成功者懂得为自己的行为负责，懂得真心实意的付出自己的努力。没有人能促使你成功，也没有人能阻挠你达成自己的目标。如果你的心中也有一头偷懒的驴子，那么，赶紧将其驱除吧，小心它会将你拉进失败的陷阱。